# 全球发展倡议

## 理论突破与实践创新

### 兼论与"一带一路"倡议的关系

赵江林　著

Global Development Initiative

中国社会科学出版社

图书在版编目(CIP)数据

全球发展倡议：理论突破与实践创新：兼论与"一带一路"倡议的关系 / 赵江林著. -- 北京：中国社会科学出版社, 2024.12. -- ISBN 978-7-5227-3987-8

Ⅰ. F113

中国国家版本馆 CIP 数据核字第 20241YK208 号

| | |
|---|---|
| 出 版 人 | 赵剑英 |
| 责任编辑 | 郭曼曼　曲　迪 |
| 责任校对 | 赵雪姣 |
| 责任印制 | 李寡寡 |

| | |
|---|---|
| 出　　版 | 中国社会科学出版社 |
| 社　　址 | 北京鼓楼西大街甲 158 号 |
| 邮　　编 | 100720 |
| 网　　址 | http://www.csspw.cn |
| 发 行 部 | 010-84083685 |
| 门 市 部 | 010-84029450 |
| 经　　销 | 新华书店及其他书店 |

| | |
|---|---|
| 印　　刷 | 北京君升印刷有限公司 |
| 装　　订 | 廊坊市广阳区广增装订厂 |
| 版　　次 | 2024 年 12 月第 1 版 |
| 印　　次 | 2024 年 12 月第 1 次印刷 |

| | |
|---|---|
| 开　　本 | 710×1000　1/16 |
| 印　　张 | 15.75 |
| 字　　数 | 208 千字 |
| 定　　价 | 89.00 元 |

凡购买中国社会科学出版社图书，如有质量问题请与本社营销中心联系调换
电话：010-84083683
版权所有　侵权必究

# 目 录

前 言 ……………………………………………………… (1)

一 全球发展结构性问题与新型全球发展观 ………… (1)
  （一）当今全球发展面临的主要问题 ……………… (1)
  （二）全球发展问题是历史产物 …………………… (11)
  （三）新自由主义失败与新型全球发展观塑造 ……… (15)
  （四）塑造新型全球发展观是当务之急 …………… (18)

二 全球发展议题的理论化构建 ………………………… (43)
  （一）习近平有关全球发展的重要论述 …………… (43)
  （二）国内有关全球发展倡议的研究综述 ………… (78)
  （三）有关全球发展倡议的学理探讨 ……………… (91)

三 全球发展倡议与"一带一路"倡议的关系 ………… (111)
  （一）有关全球发展倡议和"一带一路"倡议关系的
      中国官方表述 …………………………………… (111)
  （二）国际智库有关全球发展倡议和"一带一路"倡议
      关系的论述 ……………………………………… (113)
  （三）关于全球发展倡议和"一带一路"倡议关系的
      进一步讨论 ……………………………………… (115)

## 四 全球发展倡议的初步实践议程 ……………………（124）
（一）全球发展倡议的提出与推进 ……………………（124）
（二）全球发展倡议的主要内容 ………………………（138）
（三）全球发展倡议取得的进展与贡献 ………………（147）
（四）有关全球发展倡议性质的讨论 …………………（156）

## 五 中国推进全球发展倡议的可行性 ……………………（163）
（一）国际层面 …………………………………………（163）
（二）发展中国家层面 …………………………………（183）
（三）中国层面 …………………………………………（191）

## 六 积极推进全球发展倡议务实落地 ……………………（212）
（一）推进全球发展倡议应坚持的原则 ………………（212）
（二）推进全球发展倡议可采取的具体举措 …………（216）
（三）推进全球发展倡议和"一带一路"倡议
　　　相互促进 …………………………………………（220）
（四）推动全球发展倡议与其他全球倡议相互
　　　促进 ………………………………………………（221）

**参考文献** ……………………………………………………（226）

# 前　言

2021年9月，习近平主席在第七十六届联合国大会一般性辩论会上向全世界提出全球发展倡议，呼吁"构建更加平等均衡的全球发展伙伴关系，推动多边发展合作进程协同增效，加快落实联合国二〇三〇年可持续发展议程。"[①] 这是世界上首个由发展中大国提出的谋求全球共同发展的倡议，其经济意义和政治意义必将不同凡响。

自第二次世界大战以来，以联合国为代表的国际社会不停地呼吁要关注发展中国家的发展问题，但是，长期以来，发展中国家的发展问题一直未能成为以西方国家为首的全球政治权力中心所关注的中心议题。联合国曾在不同历史时期提出推进发展中国家发展的多个倡议、决定或战略，发布多份涉及发展的研究报告，包括提出"千年发展目标"和《2030年可持续发展议程》，然而，诸多事项未能取得预期效果，不得不说与其政治动力不足有极大关系。

中华民族五千年灿烂文化自古就蕴含有"达则济天下"的文化基因。习近平主席指出，"世界进入新的动荡变革期。每一个负责任的政治家都必须以信心、勇气、担当，回答时代课题，

---

[①] 《习近平著作选读》第二卷，人民出版社2023年版，第514页。

作出历史抉择。"① 1956年11月，在中国刚刚经历百年耻辱还处在百废待兴的时候，毛泽东同志就指出，"中国是一个具有九百六十万平方公里土地和六万万人口的国家，中国应当对于人类有较大的贡献"，1985年邓小平同志指出，"到下世纪中叶……社会主义中国的分量巨额作用就不同了，我们就可以对人类有较大的贡献"②。这是老一辈无产阶级革命家对新中国未来发展寄予的美好祝愿。今天，全球发展倡议的提出使这一美好祝愿正在逐步变为现实。

历史地看，人类社会每一次遇到重大危机或转折关头，总有一种进步的力量在推动人类社会的前行，这种力量来自代表人类发展方向的规律和必然，可能最初很弱小，但最终必将战胜旧的力量。正如400年前工业化启蒙时期的新兴力量——资产阶级，"在它的不到一百年的阶级统治中所创造的生产力，比过去一切世代创造的全部生产力还要多，还要大。"③

作为世界上最大的发展中国家，中国提出全球发展倡议，并加强与2030年可持续发展议程的对接，无疑为全球发展议程提供了强大的政治动力。全球发展倡议是站在历史之需、时代之需、世界之需的高度，以中国力量、中国睿智、中国的天下情怀和担当精神作为强大的后盾和支撑，向世界数百年发展难题进行宣战。这一具有理论突破与实践创新的倡议必将有利于改善发展中国家整体的生存状态和发展状态，推动人类社会步入新发展阶段，进而创造全球发展的新高度。

本书以全球发展倡议为主要研究对象，重点讨论全球发展倡议提出的时代背景，与美西方国家发展理念进行比较，提出

---

① 《习近平著作选读》第二卷，人民出版社2023年版，第513页。
② 《努力为人类作出新的更大的贡献》，《人民日报》2017年11月15日第7版。
③ 《马克思恩格斯文集》第2卷，人民出版社2009年版，第36页。

有关全球发展理论与实践的新框架，以此回应全球发展议题。鉴于"一带一路"倡议与全球发展倡议存在理念与实践的重合性，这里也将讨论两大倡议的关系。本书认为，全球发展问题是一个结构性问题，其解决与否事关全球利益，美西方国家长期将发展问题视为"自然"演进进程，而非"人为"过程，其所热衷的新自由主义不过是将个人主义理念再度复制到发展中国家，试图在全球范围内赢得观念和实践上的胜利。然而，新自由主义的失败也表明，传统的发展理念解决不了全球发展问题，必须重塑新型全球发展观，才能彻底解决发展中国家的发展问题。全球发展倡议的提出是对当今发展问题的积极回应，其所主张的共同发展理念将是对传统发展理念的否定。因此，突出全球发展倡议的学理价值和实践价值是本书的努力所在。本书是2017年度国家社会科学基金"一带一路"建设研究专项项目（17VDL004）阶段性成果。

赵江林
中国社会科学院欧洲研究所副所长、研究员
2024年7月17日

# 一 全球发展结构性问题与新型全球发展观

全球发展问题，特别是发展中国家的发展问题并不完全属于发展中国家自身所要面对的个体问题，在很大程度上它是一个由来已久的、复杂的、带有全局利益的结构性问题，需要我们以新思维、新理念、新实践加以解决。

## （一）当今全球发展面临的主要问题

全球发展问题是一个长期存在的结构性问题。所谓结构性问题是指长期未能得到有效解决且影响未来发展进程的问题。自工业化启动以来，全球发展面临的主要问题一直处于解决程度不高的状态。

一是发展状态不平等不平衡不充分，甚至部分国家被边缘化的状态始终未能得到有效改观。最不发达国家[①]的存在就是全

---

[①] 1971年联合国大会通过决议，确立了"最不发达国家"的概念。联合国发展政策委员会每三年依据标准对最不发达国家名单进行认定：（1）人均国民总收入；（2）人力资产指数；（3）经济和环境脆弱性指数。一国要从最不发达国家名录中毕业，必须在连续两次审查中满足退出门槛的两项标准。当然联合国制定的标准也在不断提高。2015年3月制定的标准是人均收入1035美元以下，同时辅之营养、健康、入学率、识字率等多项指标，也包括经济受自然冲击程度、经济易受冲击程度、经济规模狭小程度、地理位置偏远程度等相对指标。根据《2022年最不发达国家报告（概要）》，全球有46个国家被列为最不发达国家。

球发展状态不平等不平衡不充分的最主要表现之一。这类国家人力资产水平较低，面临严重的可持续发展结构性障碍，极易受到经济和环境冲击的影响。2022年全球仍有46个国家被列为"最不发达国家"。相比其人口约占全球总人口14%的水平（见图1-1），最不发达国家在全球经济中的比重却低得多（见图1-2），其国内生产总值仅占全球的1.4%，外国直接投资仅占全球的1.6%（见图1-3），商品进口仅占全球1.4%（见图1-4），商品出口仅占全球1.0%（见图1-5）。私人消费仅占全球1.75%（见图1-6），投资仅占全球1.3%（见图1-7），农业仅占全球6.2%（见图1-8），制造业仅占全球1.2%（见图1-9），服务业仅占全球0.95%（见图1-10）。可以说，最不发达国家仍处于发展的"待机"状态，还未能集合本国的优势条件，推动自身的经济发展。考虑到发展中国家

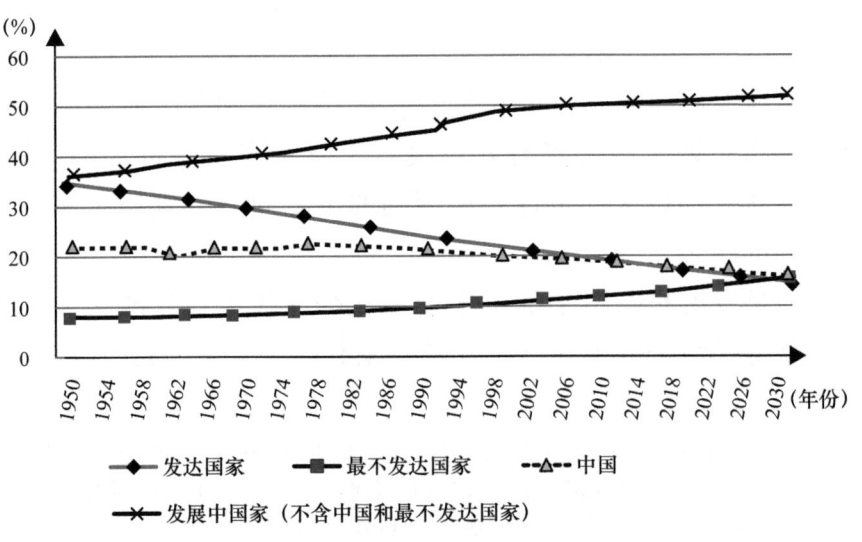

图1-1  1950—2030年世界人口构成

资料来源：联合国贸易和发展会议数据库官网（UNCTAD）。

一　全球发展结构性问题与新型全球发展观　3

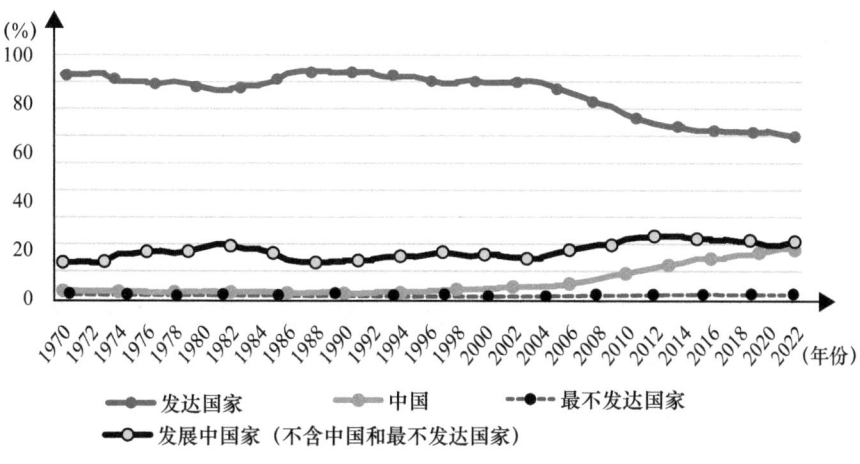

图1-2　1970—2022年世界GDP构成

资料来源：联合国贸易和发展会议数据库官网（UNCTAD）。

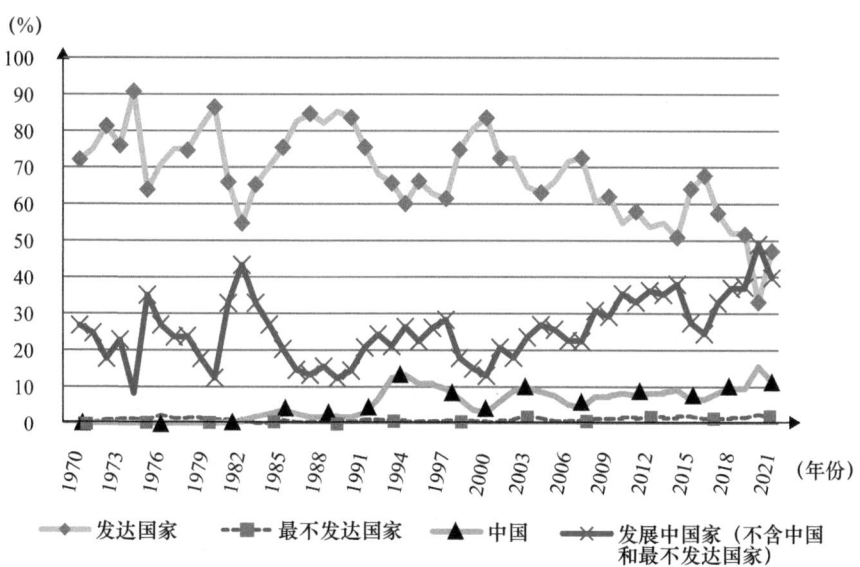

图1-3　1970—2021年世界外资流入构成

资料来源：联合国贸易和发展会议数据库官网（UNCTAD）。

**4** 全球发展倡议：理论突破与实践创新

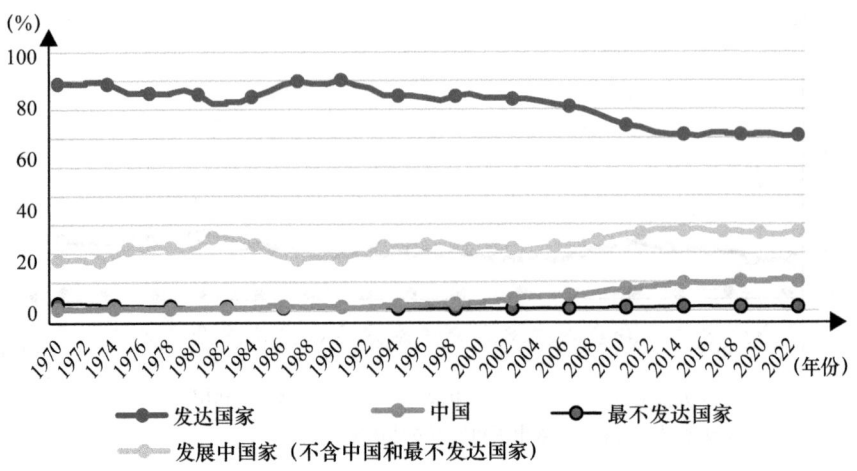

图 1-4　1970—2022 年世界进口构成

资料来源：联合国贸易和发展会议数据库官网（UNCTAD）。

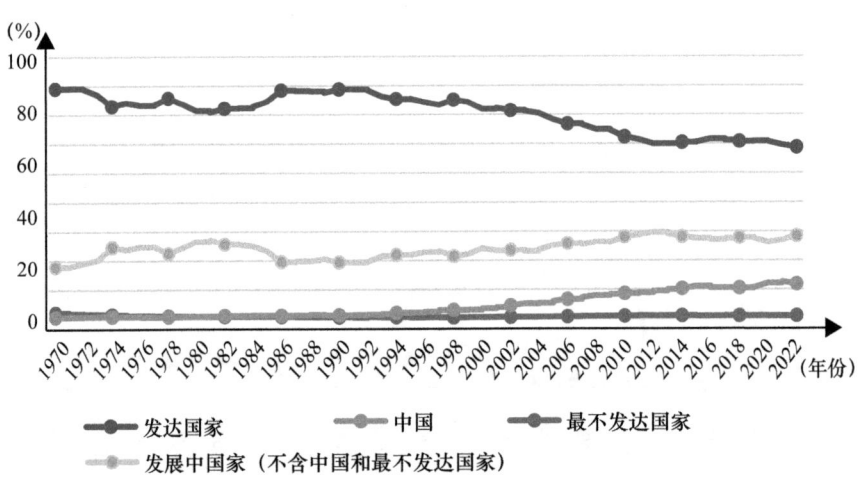

图 1-5　1970—2022 年世界出口构成

资料来源：联合国贸易和发展会议数据库官网（UNCTAD）。

一　全球发展结构性问题与新型全球发展观　5

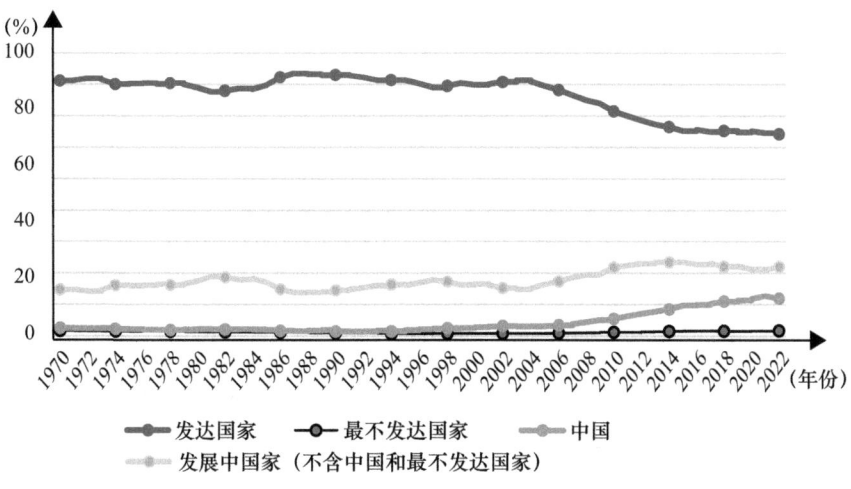

**图1-6　1970—2022年世界私人消费构成**

资料来源：联合国贸易和发展会议数据库官网（UNCTAD）。

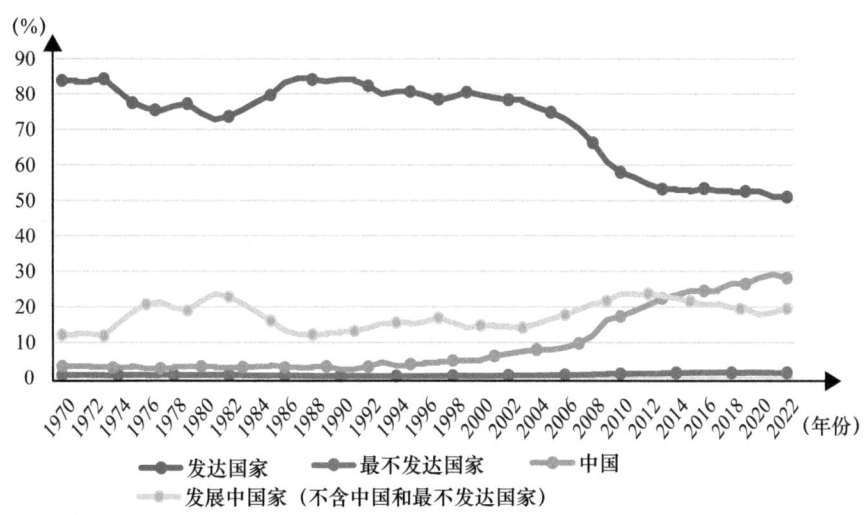

**图1-7　1970—2022年世界投资构成**

资料来源：联合国贸易和发展会议数据库官网（UNCTAD）。

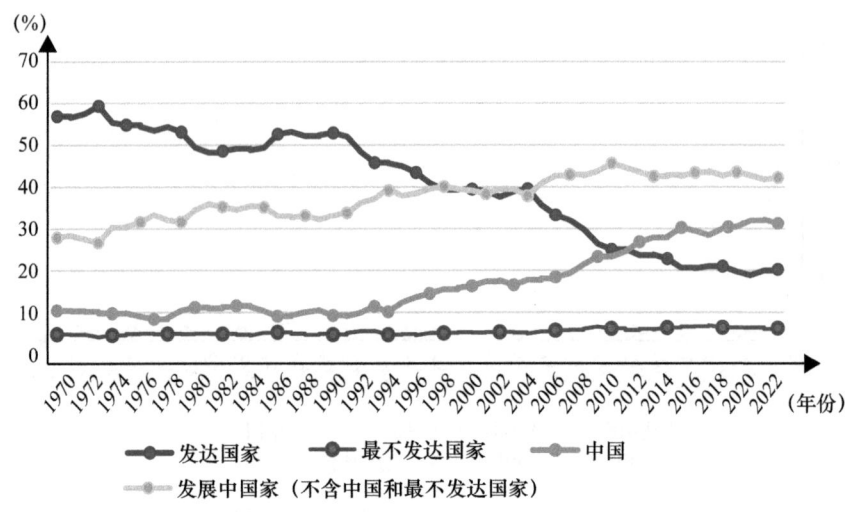

图1-8 1970—2022年世界农业构成

资料来源：联合国贸易和发展会议数据库官网（UNCTAD）。

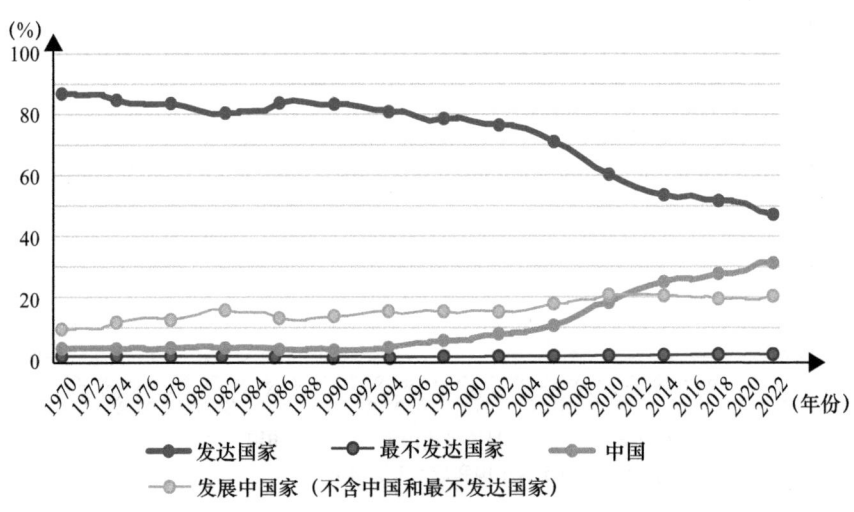

图1-9 1970—2022年世界制造业构成

资料来源：联合国贸易和发展会议数据库官网（UNCTAD）。

一　全球发展结构性问题与新型全球发展观　7

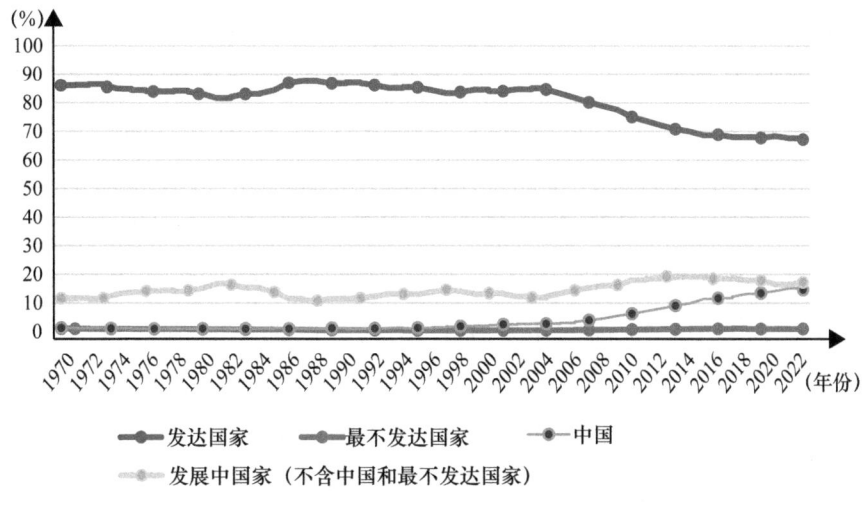

图1-10　1970—2022年世界服务业构成

资料来源：联合国贸易和发展会议数据库官网（UNCTAD）。

人口（含最不发达国家人口）在全球中占比之高，如果发展中国家人均收入能跨越发达国家最低门槛，可预见全球GDP将呈数倍扩张态势。以上表明全球经济发展和社会进步还远未达到最优状态，全球发展潜力远未获得充分挖掘，不平衡不充分的发展状态仍有巨大的改进和提升空间。

二是发展中国家经济和社会发展缺乏韧性。新冠疫情暴发对联合国全球发展议程造成的巨大冲击就是明显的例证。2021年7月联合国发布的《2021年可持续发展目标报告》显示，新冠疫情使各国落实2030年可持续发展17个目标存在不同程度延缓，某些领域甚至还出现倒退。2020年陷入贫困的人口数量从1.19亿增加到1.24亿，全球极端贫困率出现20多年来的首次上升，返贫人口数量有1.2亿。另外，无法达到最低阅读熟练水平的儿童人数增加了1.01亿，这有可能使20年的教育成果化为乌有。在消除饥饿方面，新冠疫情使2020年饥饿人口数量增加了8300万，共计达到1.32亿人。新冠疫情还进一步加剧了某些国家内部以及国家之间的收入不平等。国际货币基金组织的研究报告显示，新兴市场和发展中经济体的平均基尼系数升至0.427，与2008年水平大体相当。① 在债务方面，根据世界银行发布的2022版《世界发展报告》显示，新冠疫情引发的2020年经济衰退导致全球债务出现几十年来最大的单年增幅，中等收入和低收入国家债务占GDP比重平均增加约9个百分点，而过去十年年均增幅为1.9个百分点。根据联合国开发计划署统计，2021年人类发展指数30年来首次出现下降。有学者指出，在新冠疫情发生两年后，我们在消除新冠疫情造成的贫困人口增加方面几乎没有取得成功。我们正走在一条新的、更具挑战性的道路，如果要改变路径，需要做更多的工作。②

　　三是为可持续发展提供的储备不足。自进入工业社会以来，人与自然关系就发生了较大变化。随着工业化进程的不断推进，人类对大自然的破坏范围和强度越来越大，甚至开始威胁到人类自身的生存和发展。当人们认识到这一点时已是工业化进程开启百年之后的事情了。《增长的极限》是罗马俱乐部1972年3月发表的首份关于人与自然关系的报告。报告认为，大自然为人类发展提供的资源是有限的，在当前的状态下，人类生产生活已严重地威胁到大自然的自我修复能力，按照目前的资源消耗速度和人口增长率，人类经济增长将在很短的时间内就达到大自然可承载的极限，因此，报告呼吁转变发展模式，从无限增长调整为可持续增长模式，并把增长限制在大自然可承受的

---

① Gabriela Cugat, Futoshi Narita：《新冠疫情将如何加剧新兴市场和发展中经济体的不平等现象》，国际货币基金组织官网，2020年10月29日，https://www.imf.org/zh/Blogs/Articles/2020/10/29/blog-how-covid-19-will-increase-inequality-in-emerging-markets-and-developing-economies。

② Nishant Yonzan, Daniel Gerszon Mahler, Christoph Lakner, "Global Poverty in the 2020s is on a New, Worse Course", World Bank, October 14, 2022, https://blogs.worldbank.org/opendata/global-poverty-2020s-new-worse-course.

限度之内。① 基于对环境问题的重视，1972年6月联合国召开了首届人类环境会议，就发展中国家如何处理环境保护与经济发展的相互关系展开了研讨。可持续发展概念②的提出，进一步表明人类对经济发展和大自然之间关系的认知上升到一个新阶段。然而，时至今日，有关大自然能否继续支持全人类共同发展仍存在较大的不确定性。2023年7月，联合国粮食及农业组织等机构共同发布《2023年世界粮食安全和营养状况》报告。报告指出，自2019年以来，各种危机层出不穷，全球新增饥饿人口数量为1.22亿，目前全球约有饥饿人口数量为7.35亿。2021年9月国际劳工组织发布《2020—2022年世界社会保护报告》指出，目前全球仍有40多亿人没有任何社会保障。2022年6月联合国全球危机应对小组发布报告称，受俄乌冲突等因素影响，全球数十亿人面临最严峻的生活成本危机，发展中国家每年需要多花1.2万亿美元来提供社会保障，更是要以创纪录的4.3万亿美元来实现其可持续发展目标。此外，在缓解气候危机、遏制生物多样性丧失、重振可持续发展全球伙伴关系等方面也遭到不同程度的挑战。联合国秘书长古特雷斯在2023年发展筹资论坛开幕式上担忧地称，"2030年可持续发展议程正在变成一座理想中的海市蜃楼"，在2023年7月在联合国可持续发展高级别政治论坛部长级会议开幕式上说，"世界已经严重偏离了实现2030年可持续发展目标的轨道，半数以上可持续发展目标

---

① 其他较著名的报告有：《人类处在转折点》（1974）、《重建国际秩序》（1976）、《超越浪费的时代》（1978）、《人类的目标》（1978）、《学无止境》（1979）、《微电子学和社会》（1982）等。

② "可持续发展"的概念最早可追溯到1980年国际自然与自然资源保护同盟、联合国环境规划署等共同发表的《世界自然资源保护大纲》上："必须研究自然的、社会的、生态的、经济的以及利用自然资源过程中的基本关系，以确保全球的可持续发展。" 1981年，在美国出版发行的《建设一个可持续发展的社会》一书提出以控制人口增长、保护资源基础和开发再生能源来实现可持续发展。

的进展乏力……近三分之一的目标停滞不前或倒退"。目前可持续发展目标资金缺口从疫情前的 2.5 万亿美元上升到约 4.2 万亿美元。①

四是发展中国家的发展权得不到基本保障。尽管《联合国宪章》早就确立了发展面前人人平等、不使一个人掉队的基本原则，已通过 37 年的联合国《发展权利宣言》始终强调，每个人和所有各国人民均有权参与、促进并享受经济、社会与文化和政治发展。然而，时至今日，发展中国家的发展权仍难以得到保障。查尔斯·K. 威尔伯指出，第二次世界大战战后的发展并没有使世界上更多的穷人受益，这种后果是完全违反正义的，因为，最直接地面对生存的基本问题的，正是穷人。② 拉丁美洲的学者甚至主张用"解放"代替"发展"的概念。③ 就连西方学者也不得不承认，"《共产党宣言》的出版鼓励了世界各地成千上万的人为一个更加平等的社会而奋斗。"④ 中国现代国际关系研究院认为，当今世界，不少国家关于国家主权、领土完整等方面的问题未得到应有回应，对适合自身特点的发展道路、政治制度的基本追求未得到充分尊重，对发展权、话语权、治理权等平等权利的基本要求未得到有效实现。⑤ 因此，中国不得不在国际场合多次呼吁，在发展面前人人平等，不使一个人掉队。

---

① 《联合国秘书长：可持续发展面临风险，各国需加强行动》，新华网，2023 年 7 月 18 日，http://www.xinhuanet.com/photo/2023-07/18/c_1129755739_2.htm。
② [美] 查尔斯·K. 威尔伯：《发达与不发达问题的政治经济学》，高铦等译，商务印书馆 2015 年版，第 567 页。
③ [美] 查尔斯·K. 威尔伯：《发达与不发达问题的政治经济学》，高铦等译，商务印书馆 2015 年版，第 518、522 页。
④ [加] 罗伯特·奥布莱恩、马克·威廉姆斯：《国际政治经济学》，张发林译，中国人民大学出版社 2016 年版，第 74 页。
⑤ 中国现代国际关系研究院总体国家安全观研究中心：《深刻领悟全球安全倡议 统筹自身和共同安全》，全球视野，2022 年 4 月 30 日，http://www.52hrtt.com/admd/n/w/info/K1650613072681。

## （二）全球发展问题是历史产物

有学者指出，第三世界国家努力加入所谓的"成熟工业化国家"是"20世纪下半叶最为重要的事件"①。然而，这一最为重要的事件却一直未能完全取得国际共识。

从理念上看，西方国家的传统理念本身缺乏对落后国家的人文关怀。西方国家设计的发展道路从起步起就不是为人类整体发展服务的新道路。尽管工业革命极大地激励了个人主义发展，却也由此形成了西方国家一切以个人主义为出发点来看待世界的理念和思维定式。在西方发达国家看来，不发达国家之所以不发展，主要是由于他们的民众不聪明、不勤劳。美国学者戴维·S.兰德斯在其《国富国穷》一书中写道，"最有效的治疗法只能来自自身。……还得靠自己工作，节俭、诚实、耐心、顽强。"② 可以看出，在解决发展问题上，西方国家主张是个人主义至上加上少量援助。

从历史上看，西方国家也不愿着力解决发展中国家的落后问题。依靠自身先进的技术和先行起飞的优势，西方工业化在创造世界财富增长新机制的同时，也在创造不平等、不发达，因此，不可能寄希望于西方现代化理论来解决发展中国家的落后问题。基思·格里芬指出，"欧洲所支配的国际经济的自动作用首先造成了不发达，然后又阻挠摆脱不发达的行动。总之，不发达是历史过程的产物"③。第二次世界大战后，美国提出的

---

① ［美］费景汉、古斯塔夫·拉尼斯：《增长和发展——演进观点》，洪银兴等译，商务印书馆2014年版，第3—4页。
② ［美］戴维·S.兰德斯：《国富国穷》，门洪华等译，新华出版社2001年版，第740—741页。
③ ［美］基思·格里芬：《从理论上看不发达国家》，载［美］查尔斯·K.威尔伯《发达与不发达问题的政治经济学》，高铦等译，商务印书馆2015年版，第123页。

全球战略的四点行动计划是少数几个可圈可点的西方国家援助发展中国家计划①（"技术援助和开发落后地区"，即对亚、非、拉美不发达地区实行经济技术援助）。为掩盖历史真相，西方国家甚至创造出"欠发达"一词，试图洗白对不发达国家的殖民史，将不发达看作是一个与殖民历史、与西方国家、与以资本为中心的发展模式毫无关联的事情。吉尔贝·李斯特指出，由于第四点行动计划将"欠发达"定义为某种不足的状态，而不是历史环境的产物，将"欠发达国家"定义为穷国，而不问其贫困的原因，从而将增长和援助视为唯一可能的出路，从1949年开始，全球有20多亿居民通常是在他们本人不知晓的情况下被改变称谓，他们不再是非洲人、拉丁美洲人或者亚洲人，而全部是"欠发达国家人"，通过蔑视自己固有的价值来谋求彻底西方化。这些欠发达国家人也愿意利用"援助"来达到"发展"的意图。②以至于伊曼纽尔·沃勒斯坦认为，"创立资本主义不是一种荣耀，而是一种文化上的耻辱"。③

从战略上看，西方国家更多的是利用发展议题来实现自身的全球战略目标。在美国第四点行动计划④出台之后，美国国会于1950年6月通过"对外经济援助法案"，将第四点行动计划

---

① 1949年1月杜鲁门在第二任期总统就职演说中提出美国全球战略的四点行动计划，即支持联合国、战后欧洲经济复兴计划（马歇尔计划）、援助自由世界抵御侵略以及技术援助和开发落后区域计划。

② ［瑞士］吉尔贝·李斯特：《发展史——从西方的起源到全球的信仰》，陆象淦译，社会科学文献出版社2017年版，第115—116页。

③ ［美］伊曼纽尔·沃勒斯坦：《现代世界体系》第一卷，吕丹译，高等教育出版社1998年版，序言。

④ 西方学者指出，在第四点行动计划中，美国推出了"欠发达"概念，将发展中国家或欠发达国家因被西方国家殖民而导致落后的历史事实一笔勾销了，只是将欠发达作为一种现存的事实，而不再追溯原因，进而在政治上抹去西方国家殖民欠发达国家进而导致这些国家长期不发展的历史事实。

列入该法案第四节,称为"国际开发法案"。① 吉尔贝·李斯特指出,第四点行动计划实际上确认了一种全球战略。该战略首先是为世界最强国的特殊利益服务的,不过却装出一副只关心共同福利的姿态,将"发展"描述为一整套技术措施,以此凌驾于政治争论之上的,人们可以随时随地对它作出保守的或者革命的解释。该计划带有明显的政治倾向,出于冷战需要,美国试图以经济利益继续换取发展中国家的政治支持,以达到继续掌控发展中国家和遏制苏联的目的。②

从政治上看,西方国家试图通过政治议程来操纵发展中国家的发展问题。西方发达国家最忧虑的是众多发展中国家崛起会缩减它们享有"幸福生活"空间,因此,在经济、金融、政治、意识形态进行控制成为维持旧有体系的基本手法,核心是发展中国家最好永远处于"发展"状态上。第二次世界大战后,美国对不发达国家工业化的推进是有选择的,认同美国意识形态的则作为优选对象,这也是我们看到第二次世界大战后经济能够实现快速增长的东亚经济体往往是与美国有军事同盟关系的国家,同时美国也在打着所谓"民主"的旗号,随时要求这些国家进行民主化改革,以此扩张自身的势力范围,特别是"冷战"结束之后,民主旗号更是成为美国支持或制约不发达国家的主要评价标准,其结果是一些不发达国家被人为地排除在世界工业化、现代化进程之外。可以说,"政治标准"的设定限制了不发达国家对世界工业化进程的参与。

---

① 法案规定,美国将"援助"经济不发达地区,从事开发资源和改善他们的劳动、生活状况,办法是交换技术、知识和技能,向这些国家输出资本,鼓励进行生产性投资。这是一项利用美国先进的科学和发达的工业来改进和发展不发达地区的新计划。

② [瑞士]吉尔贝·李斯特:《发展史——从西方的起源到全球的信仰》,陆象淦译,社会科学文献出版社 2017 年版,第 114 页。

今天，面对中国提出共建"一带一路"倡议带来的政治压力，美国、欧洲一方面不得不提出新的支持发展中国家的计划，如"全球门户"计划、"重建更美好世界"倡议，但这些倡议不仅投入少，且多数资金都无法落实；另一方面则对"一带一路"倡议泼脏水。总之，出于政治的、历史的、经济的目的，最有能力帮助解决发展中国家发展问题的发达国家却对发展议题一直采取回避态度，以至于全球发展问题仍难以得到有效解决。

发展中国家的发展问题是全球长期累积下来的结构性问题，而造成这一结构性问题的发达国家难辞其咎。因此，不能把发展看作是个别国家、个别群体的事情，也不能简单地归结为个体国家努力不足，以"幸福的家庭都是相似的，不幸的家庭各有各的不幸"的态度来看待今天的发展问题。有学者指出，20世纪给予我们的最重要的经验教训就是，落后国家的问题不单是它们自己的问题，它们同样也是先进国家的问题。[1] 吉尔贝·李斯特认为，首先要肯定的是，"发展"并不仅限于南方国家，而且关系到整个世界，包括工业化国家在内。[2] 马丁·路德·金在其《我们向何处去》中说，"一个真正的价值观革命将让我们无法对刺目的贫富两极分化等闲视之。"[3] 因此，改变不发达国家落后状态是所有国家的共同使命，而不能将广泛存在的发展问题视为可以忍受的、公平的。所有国家都应正视发展问题，以减少发展的不平衡性、不平等性和不充分性。事实上，发展

---

[1] ［美］亚历山大·格申克龙：《经济落后的历史透视》，张凤林译，商务印书馆2012年版，第37页。

[2] ［瑞士］吉尔贝·李斯特：《发展史——从西方的起源到全球的信仰》，陆象淦译，社会科学文献出版社2017年版，第5页。

[3] ［美］马克·罗伯特·兰克：《国富民穷：美国贫穷何以影响我们每个人》，屈腾龙译，重庆大学出版社2014年版，第12页。

中国家获得充分、平等和可持续发展更有助于发达国家。这是因为发展中国家一旦获得发展之后，将为世界创造一个更大的发展空间，不仅能使全球生产要素充分流动，而且人员也将获得充分流动，世界资源配置将更能体现市场精神，或者说市场机制的作用基础也将更为广阔，世界资源配置效率也将获得进一步提升。因此解决发展难题是全球所有国家的共同责任和义务，是关乎全球未来的大事。

## （三）新自由主义失败与新型全球发展观塑造

作为西方国家发展的哲学理念，所谓的"自由主义"不过是以推崇西方自工业化以来的发展经验为依据，认为唯有个人主义才是发展经济的主要出发点和归宿，政府应该最大限度地约束自己的行为和作用空间，给个人以充分的发展自由，通过市场来实现资源配置。一国要想发展就必须采取西方已经实践并被证明是成功了的做法。由于有了西方国家的"榜样"作用，世界上一些发展中国家开始纷纷仿效西方国家的做法，来努力推进自身的工业化进程并希望有朝一日能够比肩西方国家。然而，除了极少数国家之外，西方"发展观"却一直在不断遭到来自现实的挑战。为此，西方国家不得不做一次理念调整，即从"自由主义"向"新自由主义"转变。

新自由主义其实仍主张延续传统自由主义理念，推崇市场经济、个人主义，主张一切私有化、反对国家对经济的过多干预。从西方思想界上升到政策界并形成政府意志则是以华盛顿共识为代表。"华盛顿共识"不仅体现这一时期西方政府的政策主张，同时也将这一共识向发展中国家兜售，并成为发展中国家有关经济发展的主要理念。20世纪80年代后期，以约翰·威廉姆森为首的小组设计了后来被称为"华盛顿共识"的一些原则，即十条经济增长和发展成功的必不可少的关键要素。这十条是：（1）加强财政纪律；（2）把公共支出从补贴（"尤其是无差别的补贴"）转向对基础教育、基本医疗保健、基础设施等有利于经济增长和穷人的投资；（3）改革税收，扩大税基，降低边际税率；（4）利率市场化，并保持实际利率为正（但是也不能太高）；（5）有竞争力的汇率；（6）贸易自由化。放开进口，重点要消除数量管制（许可证等），仍然存在的贸易保护全部采用较低的、相对统一的关税形式；（7）放松对外国直接投资的限制；（8）国有企业私有化；（9）放松政府管制，废除阻碍市场进入或限制竞争的管制措施，基于安全、环保和消费者保护等理由的管制和对金融机构的合理审慎监管除外；（10）保护知识产权。这10条共识核心理念是维持世界体系的自由主义原则，要求经济发展绩效不高的国家继续贯彻自由主义的原则，进一步市场化，并极尽可能地限制国家和政府力量在经济发展中的作用。其背后的逻辑为，经济发展绩效不高的国家是因为贯彻自由主义原则不彻底，国家或政府力量对经济体系干涉过多所致，自由主义仍然是解决一切发展问题的钥匙。因此，"新自由主义"试图对发展中国家发展问题做一次性的通盘解决，通过继续推进世界范围内的私有化、市场化和民主化来进行工业化，即所谓的"华盛顿共识"来改进发展中国家经济增长状况，以缓和与发展中国家的矛盾。然而，新自由主义不仅在发展中国家的实验以失败而告终，而且在西方发达国家的金融实验也以彻底失败而告终。

华盛顿共识在发展中国家失败的根本原因在于不顾世界发展的现实。

第一，世界发展早已进入新阶段。尽管世界工业化进程尚未完成，但是未完成工业化的国家早已面临不同于西方国家工业化时期的国际环境。西方为推进工业化而依靠掠夺他国资源的"资本原始积累"时期早已终结，后来者唯有在国内动用国家力量才能集中内部资源为工业化和经济增长创造起飞前提条件。这是东亚国家经济起飞的主要因素。相反，那些采取自由主义的国家却处于经济增长长期停顿状态，其关键在于国家对经济增长需要的资源采取放任的做法，仅仅依靠市场力量是难以集中国内资源完成工业化的初始任务的。

第二，观念发挥作用是有前提的。温特建构主义的诞生强调了理念、思想对国际秩序改变的重要性，认为国际秩序是利益和理念共同建构的结果。然而，建构主义所需要的一个重大前提是谁才有资格建构。显然，小国是不具备建构国际秩序能力的，唯有大国才能如此，因此，新自由主义不可能赋予仍为"小国"的发展中国家建构自身新秩序的能力，发展中国家只能从自身实际出发来完成工业化和经济增长所必要的储备。

第三，新自由主义不过是美西方国家继续维持其国际秩序的手法。不管西方学者提出怎样的构建世界经济体系的方案，其主张都没有超出自由主义思想的范畴和对西方构建的世界经济体系的维护上。西方学者认为，自由主义思想是构建现代世界经济体系的思想根基，在市场面前，物竞天择、适者生存是通行的法则。发展中国家的不发展是没有充分贯彻自由主义这一市场基本原则。西方国家根深蒂固的自由主义的理念一直在支配着世界经济体系的规则运转，到了今天，即使世界体系已经面临诸多的问题，也仍然在用自由主义理念治世，结果是造成了新自由主义对西方国家的反噬。美国著名经济学家理查德·沃尔夫认为，美国和欧洲的经济动荡不应被理解为金融危机或债务危机，而应被理解为资本主义的制度危机，而这场制度危机的背后价值根源就在于个人主义。个人主义反对权威和对个人的各种各样的支配，特别是国家对个人的支配，这也导致国家对金融监管的丧失。①

第四，资源约束更加趋紧。西方国家在进入工业化时期面临的资源约束远小于今天的发展中国家，同时，进入工业化的西方国家无论是人口还是国家数量也都远少于今天的发展中国家人口数量和国家数量。作为一个有着庞大人口且众多数量的国家群体，发展中国家不可能走传统西方国家的工业化老路子，不可能用一个西方国家的什么成功法宝就能解决自身的发展问题，而必须以创新理念、创新思维、创新模式来解决发展中国家发展问题。发展中国家的发展问题是一个复杂的系统工程，需要经济、政治和文化多重相互作用，才能得到更好的解决。这也是中国推出全球发展倡议来支持发展中国家发展的原因所在，而这一倡议背后则是新型全球发展观的体现。

## （四）塑造新型全球发展观是当务之急

### 1. 解决全球发展问题需要新范式

2022年3月，联合国秘书长古特雷斯在第五次联合国最不发达国家问题会议上表示，最不发达国家面临的是"道德上破产的全球金融体系"，这个体系是由有钱人和有权势的人设计的，目的是让自己受益，维持不平等，而不是促进发展。西方模式缺乏对发展中国家的包容，或者说，缺乏足够的空间容纳下世界诸多发展中国家通过不同路径达到发达水平。这也表明西方发展模式是一个注定存在失败国家的模式，一个不能使所有人富裕的模式是有问题的模式，不发达不是天生的，而是现有模式对发展中国

---

① 韦冬、沈永福：《比较与争锋：集体主义与个人主义的理论、问题与实践》，中国人民大学出版社2015年版，第194—197页。

家长期排斥的结果。一是经济方面。市场容量的有限性无法容纳更多的发展中国家进入工业化进程中，也就无法加入富裕行列。一方面，资本主义私有化与生产资料的社会化要求不匹配，导致资本主义的需求被限定在潜力水平之下，更多的消费被抑制，导致总体需求水平不高，无法为更多的发展中国家提供充裕的世界市场，导致发展中国家长期处于"发展"状态；另一方面，生产的无限扩张导致世界总需求小于总供给，生产能力过剩限制发展中国家制造能力的扩张，也使得发展中国家的发展被锁定。二是社会方面。西方发达国家对发展中国家的援助远低于发展中国家的现实需求，甚至无法保障发展中国家对援助的最低水平需求。特别是近年来，西方国家主导的援助越来越向轻型化发展，主要用于人力资源开发等，这导致发展中国家经济增长所需要的硬件条件难以得到有效满足。三是政治方面。在发达国家内部，发展同样是一个大问题。肯尼迪在1962年耶鲁大学毕业典礼致辞时说，"真理的大敌往往不是谎言——它是蓄意的、勉强的、欺诈的，而是错误的观念——它是持续的、有说服力的、不切实际的。"[①] 发展问题反映出来的是全球发展模式的结构性失败。因此，必须创造新的发展模式，来践行联合国"一个都不能少"的原则，推进共同发展。

增加"椅子"是当今全球发展的当务之急。西方"椅子"理论认为，不可能人人都达到享有富裕生活水平，这是因为"发展"的椅子很少，而需要坐椅子的人很多，一定会有一部分人坐不上椅子。更何况，发展议程本身就被西方国家长期掌控，拿出来的椅子更是少之又少，众多的发展中国家自然难以坐上椅子。这就是自工业化以来为什么只有少数国家、少数人

---

① ［美］马克·罗伯特·兰克：《国富民穷：美国贫穷何以影响我们每个人》，屈腾龙译，重庆大学出版社2014年版，第10页。

口能够享有工业化成果，更多的国家、更多的人口被排除在世界之外的主要原因。抢椅子游戏表明，当椅子和参与游戏的人员数目固定时，即参与游戏的人数大于椅子的个数，这就注定有部分人抢不到椅子。这就是一个结构性问题。随着发展中国家对"发展"议程的觉醒，允许更多的人进入发展状态而不是长期处于贫困性陷阱中，成为发展中国家共同的心愿。这就需要制造出更多的"椅子"供更多的发展中国家和地区使用。如果我们大量增加椅子个数，则有可能最后达到对椅子的需求等于椅子的供给，其结果是发展这一结构性问题有可能得到彻底解决。

要制造更多的"椅子"，就必须转化发展的思路或范式。即使在20世纪60年代全球普遍经历高增长时期，伊尔马·阿德尔曼也提出，"那里的发展好处非但没有自动地间接流下，发展过程却反而典型地使好处间接流上，受惠的是中产阶级和富人。"[①]之所以如此，是因为人们在关注增长问题的同时却"忘记"了做好分配的问题，出现了所谓"社会边缘的穷人"问题。由此推到全球范围内，罗伯特·麦克纳马拉于1973年在内罗毕世界银行理事会会议上说道：经济增长并不能均等地使穷人受惠。人口中最贫困的部分仍处于绝对贫困状态。[②] 萨米尔·阿明认为，"当代的全球化资本主义不再是人类追求个人和集体解放的适当框架，无论是单个的资本主义国家还是整个资本主义世界都是如此。资本主义不仅是一个以剥削工人（尤其是工人阶级）为基础的体系，而且已经成为全人类的敌人。现代帝国主义不能为广大亚非拉地区的绝大多数人提供任何东西，而这些地区的人口占

---

① ［美］伊尔马·阿德尔曼：《发展经济学：对其目标的重新估计》，《美国经济评论》1975年第65期。
② ［美］查尔斯·K.威尔伯：《发达与不发达问题的政治经济学》，高铦等译，商务印书馆2015年版，第19页。

全世界的80%。"① "经济学家们看错了20世纪最后25年中主要挑战的性质。这个挑战不是要达到高水平的人均国民生产总值增长率，而是要减少贫困、失业和不平等。"② 面对诸多因忽视发展遗留下来的问题，美国也认识到不能再像过去那样将发展问题视为自然而然的现象。③ 澳大利亚智库认为，拜登政府正进行一场悄无声息的经济革命。2023年4月，美国国家安全顾问杰克·沙利文在布鲁金斯学会发表了题为"更新美国经济领导力"的演讲。杰克·沙利文认为，几十年来，美国在国际经济关系中坚持自由模式，坚定不移地主张市场的力量、价格信号和利润动机是最优化经济的关键组成部分，时至今日，应加大国家对经济事务的指导。④

新范式的起点首先要认识到发展中国家的发展问题是西方发展模式结构性失败的结果。解决发展问题的关键是增加椅子以及为增加椅子提供政治支持。新范式把发展聚焦在主动应对发展问题，而不是谴责不发达国家个体，强调共同责任，指向的是不公正的现实，各国都应将不发达视为不可接受的和不道德的事情。新范式也强调共同投入。发展是公共问题，需要更多人的投入，而不是某几个机构的事情。总之，解决发展中国

---

① ［埃及］萨米尔·阿明：《世界规模的积累：欠发达理论批判》，杨明桩、杨光、李宝源译，社会科学文献出版社2017年版，第4页。

② ［美］查尔斯·K.威尔伯：《发达与不发达问题的政治经济学》，高铦等译，商务印书馆2015年版，第7页。

③ 加利福尼亚大学河滨分校的研究人员估计，2019年美国约有18.3万人死于贫困，贫困已成为美国人第四大死因。虽然凶杀案得到了更多关注，但在2019年，美国贫困致死人数是凶杀案致死人数的10倍。

④ 杰克·沙利文认为，拜登政府必须改变政策方向有四个原因。首先，不受政府约束的市场力量掏空了美国的产业基础。其次，地缘政治卷土重来，新自由主义思想在关键时期削弱了美国，并在其他时期引发了关键性弱点，最明显的是在半导体生产方面。再次，气候危机是由典型的市场失灵造成的。最后，不受约束的市场造成了无法忍受的经济不平等。

家的发展问题，需要有更宏观的视角。习近平主席指出，"世界又站在历史的十字路口。我坚信，人类和平发展进步的潮流不可阻挡。"①

### 2. "要把发展置于国际议程中心位置"

习近平主席在2022年6月全球发展高层对话会上指出，"要把发展置于国际议程中心位置，落实联合国2030年可持续发展议程，打造人人重视发展、各国共谋合作的政治共识。发达国家要履行义务，发展中国家要深化合作，南北双方要相向而行，共建团结、平等、均衡、普惠的全球发展伙伴关系，不让任何一个国家、任何一个人掉队。"②

发达国家，作为最有实力协助发展中国家发展的国家主体，出于政治目的，从未将发展中国家置于与发达国家平等的地位上考虑发展中国家的发展问题，也从未将发展议题置于优先需要处理的议程。在西方国家看来，发展中国家发展问题不外乎是发达国家史前的版本，只要沿着发达国家的路线走，就可以成为发达国家。基于此，发展不再被看作是与西方国家过去、现在和未来紧密相连的事情，也不被看作是全球共性问题，不需要全球共同面对的问题。因此，在西方传统经济学中，发展问题始终在西方经济学学者眼中是一个派生的、次要的问题，而不是作为主流经济学研究的对象，发展经济学内容不过是西方经济学+援助。基思·格里芬指出，大部分有关经济发展的理论工作，是由居住在西方发达国家中并在那里受教育的经济学家们进行的。他们之中的大

---

① 《习近平著作选读》第一卷，人民出版社2023年版，第516页。
② 《构建高质量伙伴关系 共创全球发展新时代》，《人民日报》2022年6月25日第2版。

多数人受到两大严重障碍，"对于和不发达有关的广泛历史动因缺乏了解；对于不发达国家中最大阶层（农村地区）的组织机构、行为反应和生活方式一无所知。"① 基思·格里芬认为，这种无知使传统的经济理论产生了许多不适合于不发达的现实的发展理论。人们把"欠发达"国家看成处在发展早期阶段的"发达"国家。也就是说，人们回避问题的本质："欠发达"国家属于世界体系的一部分，它们曾经有一个被纳入这一体系的历史过程，这就形成了它们的特殊结构。② 萨米尔·阿明指出，在第二次世界大战爆发之前，人们一直认为自由经营不仅可以使工业化的宗主国发展起来，也可以使被殖民地区发展起来，而比较利益和国际分工则构成自由经营的理论基础，甚至变成一种教条，以至于发展经济学从未对这一教条予以质疑。发展经济学理论不过是边际效用经济学一般原则在"欠发达"国家特殊条件下的运用而已，没有为丰富一般经济学理论作出贡献。因此，发展经济学真正诞生之日也就是它和这些教条决裂之时，这种近乎公开的决裂，也是对经济学理论基础的全面否定。③

尽管西方国家竭力掩盖发展问题，不过人们一直没有停止对发展问题的思考和探索。在第二次世界大战结束后不久，人们将注意力转向了经济发展。随着对发展的认识逐渐深入，人们对发展有了新的看法，有的对过于强调通过经济增长来追赶

---

① ［美］基思·格里芬：《从理论上看不发达国家》，载［美］查尔斯·K.威尔伯《发达与不发达问题的政治经济学》，高铦等译，商务印书馆2015年版，第42页。

② ［埃及］萨米尔·阿明：《世界规模的积累：欠发达理论批判》，杨明柱、杨光、李宝源译，社会科学文献出版社2017年版，第7页。

③ ［埃及］萨米尔·阿明：《世界规模的积累：欠发达理论批判》，杨明柱、杨光、李宝源译，社会科学文献出版社2017年版，第12页。

发达国家的消费水平质疑。有的主张通过就业和收入再分配政策来直接解决贫困问题。有的认为，发展必须包括从政治、经济和文化压迫下取得解放。查尔斯·K.威尔伯认为，必须把物质进步、平等、合作、经济与政治制度的民主管理以及个人自由都视为积极的好事。① 保罗·巴兰指出，从第二次世界大战到 20 世纪 50 年代中期，传统发展经济学的发展速度大大超过了它所分析的任何一种经济。它的发展，并且仍将继续发展，主要是对发达国家和国际机构提供的经济"援助"的增长作出的反应。换句话说，它是为发达资本主义国家政府（其销售对象）制定的理论，这些政府对什么理论符合它们的需要是十分挑剔的。它们需要的理论是既不怀疑资本主义体制（据认为经济发展是在这种体制中启动的），也不过分猛烈抨击发展中国家政府的社会政治本质。② 20 世纪 60 年代末，把经济发展看作是经济增长的观点遭到了质疑。一些经济学家提出经济发展是既有增长、又有平等。正如发展经济学家们所看到的，这种严酷的但迄今尚未为人们所承认的现实已经变得越来越清楚了，经济增长率本身并不会使普遍贫困问题迎刃而解，贫困问题的解决有赖于增长"方式"。结果，那种认为"功能性的"收入不平等可听之任之的主张如今很少再听到了，相反地，必须采取一些新的发展战略，这一点已经得到人们的普遍承认。③ 英国学者西尔斯认为，发展的含义包含很多善意和政治力量。一个国家除非在经济增长之外，在不平等、失业和贫

---

① ［美］查尔斯·K.威尔伯：《发达与不发达问题的政治经济学》，高铦等译，商务印书馆 2015 年版，序言，第 2 页。
② ［美］保罗·巴兰：《增长的政治经济学》，蔡中兴、杨宇光译，商务印书馆 2014 年版，第 43 页。
③ 亚伯拉罕·萨马特：《从"增长"到"基本需要"发展理论的演变》，《国际经济评论》1985 年第 6 期。

困等方面趋于减少，否则不可能得以发展。① 阿玛蒂亚·森曾提出一个便于比较、更为国际化的"发展"概念："发展的核心问题是以人为本的发展，发展进程应该为人们创造一种有益的环境，使其能够独立地和集体地发挥全部潜力，不断扩大其选择范围，并考虑后代发展的可持续性。"② 国际社会对于"发展"的界定也从狭隘的经济发展水平转向广义的"人的发展"水平。③ 西尔斯在《发展的含义》一文中指出，新古典主义发展范式在20世纪60年代已经丧失可信性了，发达国家的社会问题引起人们对经济增长所牺牲的环境代价的关注，而发达国家和发展中国家之间的人均收入差距的扩大也在引起人们的关注。④

发展是不可以被无限期搁置下去的议程。当今世界发展的基本矛盾是如何发展生产力的问题，推动更多的不发达国家的经济发展，使之从落后国家向工业国转变，这既是广大发展中国家长期存在的普遍愿望，同时也是世界整体发展所产生的内在要求。第二次世界大战后，众多的发展中国家在逐渐摆脱西方殖民统治、走上政治独立的道路之后，都渴望达到发达国家的发展水平，纷纷提出发展经济的目标。然而，关于发展中国家如何发展的问题却走了一条相当曲折的道路。最先起步的是拉美学者，为摆脱自身发展困境，提出进口替代论等，但是这

---

① [美]塞缪尔·亨廷顿等：《现代化：理论与历史经验的再探讨》，罗荣渠主编，上海译文出版社1993年版，第68页。

② 陈曦：《风云80载，"发展中国家"内涵几度变迁》，中国商务新闻网，2023年4月13日，https://www.comnews.cn/content/2023-04/11/content_24866.html。

③ 联合国发展政策委员会的评估指标体系依据收入、人力资产、经济和环境脆弱性三大指数及其项下15个指标进行加权计算，囊括了经济、文化、社会、生态等各领域，并兼顾地域差异、人均差距、代际公平和结构性失衡问题。

④ [美]塞缪尔·亨廷顿等：《现代化：理论与历史经验的再探讨》，罗荣渠主编，上海译文出版社1993年版，第67页。

一理论最大的问题是关起门来搞发展,没有将世界市场作为自己发展的机遇,反而视其为制约自身发展的条件。而东亚国家和地区则重新审视发展路径,逐渐打开国门,利用发达国家提供的产业转移的机遇,走出一条与拉美国家不同发展轨迹的道路,事实证明,东亚国家和地区的做法是成功的,也因此被世界银行称为"奇迹"。当然,无论是来自发达国家的发展经济学,还是发展中国家自己提出的发展经济学,仍是依附于西方经济学体系,未能自成体系,为世界发展提供了一套有别于西方经济学的新理论。

发展中国家也一直在为发展权而斗争。发展中国家集体兴起为其主张的新型世界经济秩序提供了充足的政治动力,以改变不合理的国际经济规则、追求平等的获利机会和获利结果为目标。以77国集团(截至2023年,已有134个成员)为代表的国际组织一直在为发展中国家争取更多的发展机会和发展权利。1964年77国集团发表的《七十七国联合宣言》正式宣告自身的经济主张,要求建立新的、公正的国际经济秩序,保障发展中国家集体的经济权益,促进和加快发展中国家的经济发展和社会进步,"发展中国家将自身团结视为这次会议的突出特点,这种团结源于面向发展的基本事实,国际贸易新政策需要与发展中国家发展具有共同利益"[①]。1964年10月0召开的第二次不结盟国家首脑会议首次提出了建立国际经济新秩序的口号,随后七十七国集团部长级会议也强调建立新秩序的重要性,并提出了具体主张。1974年第四次不结盟国家和政府首脑会议提出改变不平等的国际经济关系,同年,联合国第六届特别会议通过了关于《建立新的国际经济秩序宣言》和《建立新的国

---

① 陈曦:《风云80载,"发展中国家"内涵几度变迁》,中国商务新闻网,2023年4月13日,https://www.comnews.cn/content/2023-04/11/content_ 24866.html。

际经济秩序的行动纲领》，提出了建立新的国际经济秩序 20 项原则。① 1974 年 12 月，第二十九届联合国大会通过《各国经济权利和义务宪章》。② 1986 年，不结盟国家和政府首脑举行第十次会议宣布建立一个独立的国际机构——南方委员会。1987 年 10 月南方委员会在日内瓦宣告正式成立。南方委员会发表的《对南方的挑战》报告探讨了南方的发展问题，南南合作问题和南北关系问题。报告认为，许多国家经济增长导致了更大的不平衡、无计划的城市化、进口的增加和环境的恶化。随着实力的提升，发展中国家长期要求建立的国际经济新秩序正在发生悄然的改变。今天，由发展中国家新兴经济体创设的国际组织正在不断涌现，如亚洲基础设施投资银行、新开发银行等，打破了国际规则完全由发达国家垄断的历史。发达国家也不得不进行必要的调整，如国际货币基金组织投票权的改革就是如此，其大大增加了发展中国家在处理国际事务中的分量。

作为崛起中的发展中国家，中国是第一个以推进全球发展为目标的国家主体。习近平主席在第二届联合国全球可持续交通大会提出"各国一起发展才是真发展，大家共同富裕才是真富裕，提出要践行共商共建共享的全球治理观，集众智、汇众力，动员全球资源，应对全球挑战，促进全球发展。"③ 中国正同 100 多个

---

① 一切国家有平等地参加解决世界经济问题的权利；每个国家有权实行对本国发展最合适的经济和社会制度；任何国家都有权对其自然资源和国内一切经济活动行使永久主权；改革对发展中国家不利的国际金融和贸易制度；各国有权对跨国公司进行控制、监督和管理；加强发展中国家在经济、贸易、财政和技术方面的合作，等等。

② 文件规定：各国对其自然资源和一切经济活动拥有充分主权，改革不利于发展中国家的国际金融制度和贸易条件等。

③ 习近平：《与世界相交 与时代相通 在可持续发展道路上阔步前行——在第二届联合国全球可持续交通大会开幕式上的主旨讲话》，新华网，2021 年 10 月 14 日，http://www.xinhuanet.com/2021-10/14/c_1127958827.htm。

国家和国际组织推进全球发展倡议的落实，推动落实今年全球发展高层对话会的成果。中国愿加大对全球发展合作的资源投入，同各方共同构建全球发展共同体。2022年6月，全球发展高层对话会上习近平主席声明指出，"将发展问题置于国际合作议程的核心位置，致力于落实2030年可持续发展议程，推动构建团结、平等、均衡、普惠的全球发展伙伴关系，携手开创普惠平衡、协调包容、合作共赢、共同繁荣的全球发展新时代。"① 距离《联合国宪章》倡导发展议程已有70多年，全球发展倡议的提出，表明发展议题正在被拉回到国际合作议程中的核心位置。瑞典学者冈纳森认为，无论过去、现在和将来，都没有一种历史逻辑可以阻止欠发达国家的发展进程。当然，障碍是存在的，但它们并不是由必然的逻辑所造成的，而是由历史环境所造成，而历史环境很少或从不会老是保持不变。② 今天的中国正在从良好的制度③起步，鼓励世界制造更多的"椅子"，使发展中国家人人有座位。站在历史正确的一边，站在人类进步的一边，中国正在与各国一道走和平发展、开放发展、合作发展、共同发展的道路，推动构建全球发展命运共同体，共建更加美好的未来。

### 3. 全球发展倡议的提出与中国的新型全球发展观

全球发展倡议集中反映出新时代中国对全球发展的理念和行动主张，是基于中国发展经验和全球发展矛盾而提出的新型

---

① 《全球发展高层对话会主席声明》，外交部官网，2022年6月24日，https://www.mfa.gov.cn/web/ziliao_674904/1179_674909/202206/t20220624_10709803.shtml。

② ［美］塞缪尔·亨廷顿等：《现代化：理论与历史经验的再探讨》，罗荣渠主编，上海译文出版社1993年版，第214页。

③ 经济学家给"良好的制度"下了个定义：经济层面、社会层面以及政治层面的制度，能够激励人民以个体身份积极从事生产从而有利于积累国家财富的。参见［美］贾雷德·戴蒙德《为什么有的国家富裕，有的国家贫穷》，栾奇译，中信出版集团2017年版，第50页。

全球发展观，目的是解决长期困扰人类发展的难题，至少为人类社会踏上新的发展征程提供初始安排。不同于西方国家的发展理念，全球发展倡议是以人为本的中国发展经验的国际延伸，符合发展中国家民众的长久心愿，必然代表人类未来前行之路。

（1）以发展优先取代竞争优先的发展理念。当今全球发展模式仍主要沿用近400年来西方国家采用的模式，通过自由主义方式鼓励个人、国家或其他行为主体参与竞争，个人、国家或其他行为体主要关注自身从国际竞争中获得的收益，而很少关注他人获得或他人国际收益的增长。"美国优先""美国第一"就是这种理念的典型代表。这种发展模式带来的主要弊端就是，一部分国家从国际竞争中获益，而其他国家则获益很少，甚至是负收益；在整体发展上，非经济方面的负向成本远高于正向收益，未来治理成本将使得现在的收益化为乌有；对公共利益关注过少，甚至不关注，比如对环境的关注过少，导致环境遭受的破坏超过历史上任何时期；对他人幸福的关注度也较低，人性缺失导致世界贫困人口减少缺乏道义支持。可以说现今西方模式过多关注个人成本与收益，而很少关注人类整体发展、公共利益和非经济方面利益，使得世界财富增长稳定机制遭到了破坏。这种发展模式甚至为未来人类发展设置了严重障碍。习近平主席在2017年5月"一带一路"国际合作峰会上明确提出当今社会面临的三大赤字，其中，发展赤字是其中一个。所谓发展赤字是指人类整体发展呈现入不敷出的状态，即人类发展成本高于人类因发展带来的收益，进而导致人类发展不仅没有剩余，反而出现亏损。

中国的发展路径表明，一个国家应始终以发展为第一要务，这是解决一切问题的基础和关键，也是维护国家安全的保障。没有经济社会的快速发展，要确保国家长治久安、社会安定有序、人民安居乐业，是不现实的。不管是新发展阶段、新发展理念，还是新发展格局、高质量发展，关键词都是"发展"。只有推动经济持续健康发展，才能筑牢国家繁荣富强、人民幸福安康、社会和谐稳定的物质基础和安全屏障。党的十九大报告首次明确指出将促进世界和平与共同发展作为三大历史任务之一，这是在世界上任何政党的文件中都没有出现过的。

不仅如此，中国还始终将发展议题置于全球议程的首要位置。中国深知，现代化的核心概念就是发展。① 邓小平同志曾指出，"应当把发展问题提到全人类的高度来认识，要从这个高度去观察问题和解决问题。""现在世界上真正大的问题、带全球性的战略问题，一个是和平问题，一个是发展问题。""和平是有希望的，发展问题还没有得到解决。"② "人们都讲南北问题很突出，我看这个问题就是发展问题，而解决南北问题的关键在于，解决南方国家的经济发展问题。"③ 在总结自身发展经验和世界面临的矛盾基础上，习近平总书记提出"发展是解决一切问题的总钥匙"④ 这一科学论断。该论断开创有关世界发展认知的先河，将发展中国家发展问题提高到事关全球问题层面上来；明确发展是人类社会的核心议题、优先议题。这就从根本上与西方传统经济学对人类社会发展的基本问题划清了界限，给出了有别于西方经济学的核心命题和人类社会的优先问题。

不仅如此，发展起来的中国还积极探索共同发展新理论，

---

① ［美］威廉·内斯特编著：《国际关系：21世纪的政治与经济》，姚远、汪恒译，北京大学出版社2005年版，第404页。
② 《邓小平文选》第3卷，人民出版社1993年版，第281页。
③ 《邓小平文选》第3卷，人民出版社1993年版，第281页。
④ 《习近平著作选读》第一卷，人民出版社2023年版，第593页。

即中国式现代化。中国一刻也没有忘记外面的世界，中国深知，中国好，世界好，世界好，中国好。中国式现代化是上述理念践行的结果。中国式现代化道路包含推动世界共同发展、共同富裕的基因，这一范式的提出既符合中国实际，也为世界发展中国家走有自己特色的现代化道路提供参考和借鉴，更为世界实现共同发展、共同富裕奠定了理论基础。中国以发展的、世界的和创新的视角来重新审视世界发展进程，从实践自信意义上将全人类的共同发展置于首要的位置上，并站在全人类发展的历史高度上，把中国的发展看作是世界发展的一部分，把世界的发展看作是中国发展的一部分，进而推进全球发展。

（2）以人民为中心取代以资本为中心的发展原则。正是中国始终将"人民至上"奉为宗旨，才有可能从根本上超越西方奉行的"资本至上"准则，也才有可能开创世界发展新局面。全球发展倡议以人民为中心，成为区分两个不同文明观引领下世界发展进程的根本原则。

以资本为中心的西方文明不符合人类历史发展的本来面目，它使人从属于资本，一切都变成对立，也导致僵化的零和思维模式。资本主义曾经创造过人类发展新历史。马克思说，资本的逐利性"驱使资产阶级奔走于全球各地。"① 从工业文明和资本主义社会开始，人类历史才发展成为真正的"世界历史"。不过，今天西方文明却成为世界发展的羁绊，其发展模式所具有的先天缺陷暴露无遗。《资本论》为我们揭示了资本和劳动这一天然的对抗关系，资本从诞生之日起主要目的是通过榨取工人的剩余价值，赚取利润，"每个资本家都追求更大的利润。"② 马克思指出："现代工业和科学为一方与现代贫困和衰颓为另一

---

① 《马克思恩格斯文集》第 2 卷，人民出版社 2009 年版，第 35 页。
② 《马克思恩格斯全集》第 39 卷，人民出版社 1974 年版，第 405 页。

方的这种对抗,我们时代的生产力与社会关系之间的这种对抗,是显而易见的、不可避免的和毋庸争辩的事实。"① 为了谋求更大的利益,资本无孔不入,不仅把利益渗透到个人的头脑中,也渗透到社会各个领域、各个阶层,也越出国界,外化到世界其他地方。马克思指出,"资产阶级日甚一日地消灭生产资料、财产和人口的分散状态。它使人口密集起来,使生产资料集中起来,使财产聚集在少数人的手里"②。

由于人与人之间的关系被彻底变成金钱关系,对物质利益的争夺成了人们一种不自觉的行为,甚至被认为人与人之间天生就是一种对立关系,拓展到其他领域和国家,那就是城市和农村的对立以及国与国之间的对立。至今这一零和思维模式仍在左右西方少数国家的政策行为。"它无情地斩断了把人们束缚于天然尊长的形形色色的封建羁绊,它使人和人之间除了赤裸裸的利害关系,除了冷酷无情的'现金交易',就再也没有任何别的联系了。"③ 就连美国学者伊曼纽尔·沃勒斯坦自己也说,"资本主义经济学一直为追求积累最大化的理性所支配。"④

随着西方工业化进程的推进,大工业发展不是缓和了而是加深了社会对抗性矛盾的发展。法国学者托马斯·皮凯蒂在其《21 世纪资本论》中揭示资本主义国家内部劳动收入和资本收入分配不平等有扩大趋向。"施瓦布先生在《第四次工业革命》一书中写道,第四次工业革命将产生极其广泛而深远的影响,包括会加剧不平等,特别是有可能扩大资本回报

---

① 《马克思恩格斯文集》第 2 卷,人民出版社 2009 年版,第 580 页。
② 《马克思恩格斯文集》第 2 卷,人民出版社 2009 年版,第 36 页。
③ 《马克思恩格斯文集》第 2 卷,人民出版社 2009 年版,第 34 页。
④ [美]伊曼纽尔·沃勒斯坦:《历史资本主义》,路爱国、丁浩金译,社会科学文献出版社 1999 年版,第 25 页。

和劳动力回报的差距。全球最富有的1%人口拥有的财富量超过其余99%人口财富的总和，收入分配不平等、发展空间不平衡令人担忧。全球仍然有7亿多人口生活在极端贫困之中。"① 这是当今世界面临的最大挑战，也是一些国家社会动荡的重要原因。

马克思指出资本主义经济体系未来发展方向就是不再存在上述对立关系。"代替那存在着阶级和阶级对立的资产阶级旧社会的，将是这样一个联合体，在那里，每个人的自由发展是一切人的自由发展的条件"。② 在马克思看来，社会解放最终要使得国家机器的公共职能扬弃其政治性质，仅保留维护社会利益的性质。社会解放的核心要义即是控制资本的逻辑，把与人相对立的社会力量回归人自身，以人类的本真需要和本质需求作为政治权力、经济发展的基准和衡量标准。社会解放蕴含维护人类及社会机体本身发展的生态要义。其中，限制、解构资本的强大力量是关键。

中国始终坚持以人民为中心，着眼于人的全面发展和为全体人民的利益服务。中华人民共和国成立以后，特别是改革开放以后，中国共产党不忘初心和使命，坚持党的大政方针和国家建设始终围绕为人民谋幸福为出发点，包括"四个现代化"目标的提出和小康社会的建设，以最大限度地满足人民日益增长的物质文化需要和对美好生活的需要。中国式现代化道路证明以人民为中心的道路有利于消除以资本为中心内生的对抗关系。在庆祝中国共产党成立100周年大会的讲话中，习近平总书记就向全世界庄严宣告："我们坚持和发展中国特色社会主义，推动物质文明、政治文明、精神文明、社会文明、生态文

---

① 习近平：《共担时代责任，共促全球发展》，《求是》2020年第24期。
② 《马克思恩格斯文集》第2卷，人民出版社2009年版，第53页。

明协调发展，创造了中国式现代化新道路，创造了人类文明新形态。"① 人类文明新形态主要特征以"人民至上"超越"资本至上"。改革开放以来，按照现行贫困标准计算，中国已有7.7亿农村贫困人口脱贫，按照世界银行国际贫困标准，中国减贫人口占同期全球减贫人口70%以上，是人类发展史上从未有过的壮举，也为全球减贫事业作出巨大贡献。这生动证明人类文明新形态"属人"本质，展现了中国特色社会主义之于资本主义的优势。党的十九届六中全会审议通过的《中共中央关于党的百年奋斗重大成就和历史经验的决议》明确指出："党领导人民成功走出中国式现代化道路，创造了人类文明新形态，拓展了发展中国家走向现代化的途径，给世界上那些既希望加快发展又希望保持自身独立性的国家和民族提供了全新选择。"② 荷兰阿姆斯特丹自由大学跨文化人权研究中心主任汤姆·兹瓦特认为，"坚持以人民为中心的发展思想，是中国取得一个又一个胜利的重要原因。胸怀人民、以人民利益为根本出发点制定政策，是破解治理难题的唯一方法。中国的实践正是这一理念的绝佳证明。"③ 沙班认为，"过去几十年来，美国无视国际规则和人道主义原则，垄断世界事务。面对资本主义体系发生结构性危机，仍试图凭借野蛮的行为方式和侵略性政策，推动世界向新自由主义转变。人类为此付出了巨大代价，很多国家陷入战争和灾难，在经济、军事等领域被削弱和边缘化。与西方国家不同的是，中国坚持独立自主，崇尚自力更生、艰苦奋斗，仅用几十年时间就积累了丰富的现代化建设经验，走出了一条

---

① 《习近平著作选读》第二卷，人民出版社2023年版，第483页。
② 《中共中央关于党的百年奋斗重大成就和历史经验的决议》，中华人民共和国中央人民政府官网，2021年11月16日，https://www.gov.cn/xinwen/2021-11/16/content_5651269.htm。
③ 《为全球发展合作擘画蓝图》，《人民日报》2021年12月21日第3版。

可供广大发展中国家借鉴的以人为本的发展道路。"①

应该说，中国的发展观既坚持和继承了马克思主义基本原理，同时又在进行一种探索、一种新模式的创造，是对劳动与资本关系的重建，进而创造人类文明新形态。明确发展的目的是更多人过上幸福生活，而并非为了资本而发展，明确发展的内容以追求共同发展、公平发展和可持续发展为理念，明确发展原则以共商、共建、共享为特征，从根本上修正原有的世界体系存在的对抗性关系，实现对资本负能量的抑制，对人性的回归。如果农耕文明将人类发展限定在自然与人的关系之下，在人类未能充分挖掘自身潜能之前，人的生存和发展受限于自然，人类社会生活一直在一种低水平上循环，那么在进入工业文明之后，尽管人类在逐步摆脱自然的束缚，但是却踏进了另一个恶性循环之中，即受制于自我创造出来的"力量"——资本的束缚。资本在西方价值观倡导之下所进行的无节制扩张越来越走向人类社会发展的反面，在资本的作用下，人的劳动价值越来越被贬值，发展的不平衡性、发展的差距越来越突出，以资本为主体的西方价值观将人类社会再度步入了发展的死结中。构建人类命运共同体的实质是明确发展以人的需求而不是以资本的扩张为根本出发点，不是让资本统治人类社会，而是让资本为人类社会发展服务，实现"资本"从属人类发展，进而推动国与国之间从零和关系向共赢关系发展。

（3）以集体主义取代个人主义的发展思维。西方国家一直以"过来人"自居，将自身的发展理念——"自由主义"发展观向发展中国家兜售。所谓"自由主义"是以推崇西方自工业化以来的发展路径为依据，认为唯有个人主义才是经济社会发

---

① ［埃及］艾哈迈德·巴哈丁·沙班：《中国与全球安全新秩序——探寻以人为本的全新全球化》，《当代世界》2022年第9期。

展的主要立足点和出发点。一个国家要想发展就必须采取西方已经实践并被证明是成功了的做法。由于有了西方国家的"榜样"作用，第二次世界大战后刚刚独立起来又缺乏执政经验的发展中国家纷纷仿效西方国家的做法，努力推进自身的工业化进程并希望有朝一日能够比肩西方国家。然而事实却证明，除了极少数国家之外，西方"发展观"并没有给仿效者带来预期的结果，世界上绝大多数发展中国家仍难以摆脱发展中状态，甚至少部分国家长期深陷贫困陷阱而难以自拔。

在传统自由主义碰壁之后，西方国家又开始兜售"新自由主义"，即所谓"华盛顿共识"，试图对发展中国家的发展问题做一次性通盘解决，通过继续在世界范围内推进私有化、市场化和民主化，目的是改进发展中国家经济增长状况，缓和与发展中国家之间的矛盾。新自由主义盛行于 20 世纪 90 年代，既有发达国家宣扬自身发展理念作为背景，也有以东亚国家的成功、拉美国家的失败以及转型国家的迫切要求发展为前提。这一时期，以美国学者弗朗西斯·福山的历史终结论为代表，将资本主义的全球化胜利看作历史的终结。在"新自由主义"这一发展观的宣扬之下，以拉美国家为试点开始推行华盛顿共识，然而事实证明华盛顿共识带给拉美国家的不是发展，而是失败，拉美国家并没有因推行新自由主义而获得发展、解除债务压力。在这一期间，东亚国家在应对 1997 年亚洲金融危机时，不得不接受发达国家苛刻的危机解决方案，强力推行金融自由化方案，实际上也未能使东亚国家转危为安。同时，转型国家则接受新自由主义思想，纷纷采取"休克疗法"，然而新自由主义带去的仅仅是转型国家发展的停滞，甚至是解体这种灾难性政治风险。新自由主义在发展中国家的实验以失败而告终。自由主义一直是西方国家长期信奉的发展理念，并已成为一种信条，甚至奉为神明，然而事实却给西方国家发展理念及其模式以有力的回击。2008年国际金融危机是对西方发达国家为当今世界发展提供的思路和方案的终结，也是对西方发达国家长久以来被自己认为是真理或普世价值的发展路径的终结。

当然，也有少数西方学者较为清醒地意识到自由主义极端化的危害，对华盛顿共识提出异议。斯宾塞认为，将华盛顿共识理解为可以包治百病的灵丹妙药，这正是主要问题所在。[①] 美国学者理查德·沃尔夫认为，美国和欧洲的经济动荡不应被理解为金融危机或债务危机，而应被理解为资本主义的制度危机，而这场制度危机的背后价值根源就在于个人主义。个人主义反对权威和对个人的各种各样的支配，特别是国家对个人的支配，这也导致国家对金融监管的丧失。[②] 实际上，到了垄断资本主义阶段，资本而不是人本占据西方社会时，"无形的手"早已不能对社会经济进行充分的调节，崇尚个人主义无疑是给资本主义社会雪上加霜，在个人能力已经不足以战胜资本的今天，反而进一步放纵资本对社会的侵蚀，甚至是对每一个毛孔的侵蚀。

目前，某些国家仍然怀疑中国提出的共建"一带一路"倡议，认为中国的目的是自身的发展，甚至蛊惑当地政府和民众反对中国的"一带一路"建设。事实已证明，"一带一路"倡议不仅是惠及自身，更是惠及他国的倡议，将成为走向共同富裕道路的践行手段。中国过去的发展模式已向世人证明是成功的，中国有自信提出世界发展新理念。以全球发展倡议引领可持续发展，就是要通过自身发展为世界带来更多新的发展机遇，将增进人民福祉、实现人的全面发展作为出发点和落脚点，把各国人民对美好生活的向往作为努力目标，与各国一道走和平

---

① [美]迈克尔·斯宾塞：《下一次大趋同：多速世界经济增长的未来》，王青等译，北京机械工业出版社2012年版，第74—76页。

② 韦冬、沈永福：《比较与争锋：集体主义与个人主义的理论、问题与实践》，中国人民大学出版社2015年版，第194—197页。

发展、开放发展、合作发展、共同发展的道路。

（4）以共同富裕取代少数富裕的发展目标。工业革命400年的历史进程也同样告知我们，西方国家引领的工业革命也有着先天的缺陷，正是这种缺陷，导致今天西方国家建设的国际秩序面临着各种各样的挑战，甚至包括由于不发展而带来的安全上的挑战。随着工业化体系在世界范围内彻底取代数千年居统治地位的农业文明之后，西方发达国家通过建立一套严密的国际体系，将众多的发展中国家发展限定在一定的空间范围内，按照自己的意识形态标准，将其自认为是"成功"的发展道路、发展模式强行地"套用"在不同的发展中国家身上，以至于出现了各种因"发展"而带来的难题，如身陷债务危机的"拉美化"、长期贫弱的"非洲化"以及动荡不安的"中东化"等。甚至今天，西方国家在看到中国发展的同时，仍以自己根深蒂固的传统观念，将中国的"一带一路"倡议视为和他们历史上走过的道路一样，也是一条"殖民扩张"之路。

马克思早已意识到世界市场中的不平等交换问题，"一国可以不断攫取另一国的一部分剩余劳动而在交换中不付任何代价。"[1] 伊曼纽尔·沃勒斯坦认为，资本主义世界体系之所以能运转至今，其根本点在于核心地区和边缘地区之间存在着不等价交换，即边缘区工人创造的剩余价值通过交换被输入到核心区高工资生产商手中。这种不等价交换可以通过许多机制进行，如历史上的殖民垄断贸易、现今的跨国公司内部转换以及多边贸易协定等，为从边缘地区获得持续不断的剩余价值，核心区国家借助资本雄厚的优势不断形成对边缘国家的技术、制度等优势，使得边缘国家难以从与中心国家贸易中获得公平发展的机会。沃勒斯坦说，现代世界体系"把不平等交换掩盖得如此

---

[1] 《马克思恩格斯全集》第46卷（下），人民出版社1974年版，第402页。

严密，以致即使它的公开敌人也只是在这一机制运行50年之后，才开始系统地剖析它的真面目"①。

随着工业文明在世界范围内的推进，资本实力越雄厚，资本对"人"的控制也就越强烈，或者哪个国家资本实力越雄厚，这个国家也就最有权力决定世界发展的走向，如此一来，资本越来越走向发展的反面，不是推动人类社会的进步，而是将人类对美好生活的追求极大地限定在等级体系之下，西方发达国家则处于等级体系的最高层，决定着世界发展的优先序列，而其他国家则处于体系的下层，被决定着发展的高度和质量，这也是"中心—外围"学说一直流行的核心所在。不管是发达国家的有意作为，还是发展中国家的被迫承认，发达国家是世界经济增长的核心，其他国家处于次要地位，尽管次发达国家可以向这个中心移动，但是却始终居于次要地位。发达国家是世界经济体系的市场提供者、价格决定者、技术供给者、制度供给者、意识形态供给者，即发达国家是世界经济体系的经济中心、权力中心，其他国家则围绕发达国家成为世界经济体系的外围国，是被动的生产者、制度接受者、资源的提供者等。随着资本的全球化扩张，各种打着共同体旗号的国际组织也成了资本全球扩张的"帮凶"，打破可能危及资本扩张的种种限制。

打破西方国家长期建立的狭隘的只允许少数国家"富裕"的世界经济体系，创建一个能够将发展中国家包容其中的世界经济体系，是实现世界民众对美好生活追求的主要路径。2022年11月在二十国集团领导人第十七次峰会第一阶段会议上，习近平主席指出，"世界繁荣稳定不可能建立在贫者愈贫、富者

---

① ［美］伊曼纽尔·沃勒斯坦：《历史资本主义》，路爱国、丁浩金译，社会科学文献出版社1999年版，第14页。

愈富的基础之上。每个国家都想过上好日子，现代化不是哪个国家的特权。走在前面的国家应该真心帮助其他国家发展，提供更多全球公共产品。"① 人人渴望过上富裕的生活是世界所有国家民众的共同愿望，而事实证明西方国家工业化道路已走进死胡同，世界发展需要寻找新的发展模式。中国提出了首个具有全局性、长远性、根本性的全球发展倡议，这一倡议的提出标志着世界发展进程即将进入一个新的发展阶段，即从一部分国家先富起来到所有国家共同富裕的阶段。

（5）以综合发展观取代单一发展观的发展行动。第二次世界大战之后，人们开始逐渐重视发展这一概念。从最初将发展定位在经济层面上，再到定位在人的全面发展、可持续发展等多属性层面上，发展的内涵和外延在不断地被扩大和延伸，也从中反映出人们对发展的认知在不断地升华。过去那种西方国家为了发展而发展的单一发展观早已被现实所扬弃。即使是在西方国家内部，也对单一发展观产生了怀疑。

发展起来之后的中国逐渐认识到依靠单一发展观是不能解决广大人民群众对美好生活的追求的。美好生活包括物质生活的极大富裕和精神生活的极大丰富，也包括舒适的客观环境。中国早已将发展定位为多层次、多领域和多方面的综合体上。2021年11月习近平主席在亚太经合组织第二十八次领导人非正式会议上发表的重要讲话强调，中国将力争2030年前实现碳达峰、2060年前实现碳中和，支持发展中国家发展绿色低碳能源。截至2020年年底，中国已建成世界上规模最大的社会保障体系，基本医疗保险覆盖超过13亿人，基本养老保险覆盖近10亿人。人均预期寿命由2015年的76.34岁提高至2019年的77.3岁。在推动共同发展过程中，中国坚定不移走生态优先、

---

① 《共迎时代挑战 共建美好未来》，《人民日报》2022年11月16日第2版。

绿色发展之路，让绿色成为高质量发展的底色。2020年，中国森林覆盖率从21.66%提高至23.04%，森林蓄积量由151亿立方米提高到175亿立方米，全国地级及以上城市优良天数比率升至87%。联合国环境规划署生态系统和生物多样性项目非洲协调员莱维斯·卡瓦吉高度赞扬中国的绿色发展理念，认为中国将在推动恢复地球健康方面发挥巨大作用。

中国的新型全球发展观是新一代中国共产党人以马克思主义发展观为指导，是基于对人类社会发展的客观规律的清醒认识发展起来的发展观，是基于中国发展的现实和世界发展的客观要求而提出的一种全新的发展观，是具有全球实践意义的发展观。生产力决定生产关系进而决定全部社会关系，是人类社会发展的最终决定力量。这就要求我们站在世界整体发展的角度上，以创造性的思维突破狭隘的西方发展观，以创造性的思维坚持马克思主义发展观，最终完成人类社会工业文明建设的历史使命。党的十九大报告指出"中国共产党是为中国人民谋幸福的政党，也是为人类进步事业而奋斗的政党。中国共产党始终把为人类作出新的更大的贡献作为自己的使命"[1]。这是自《共产党宣言》发表以来，共产党人以其深厚的实践意义再次向世界宣告了自己的历史使命。这个历史使命是中国共产党人总结中国近百年发展经验的结果，也是对世界发展进程、发展矛盾有着清醒认识的结果，更是一次推进中国与世界共同发展、要为世界发展作出中国新的更大贡献的主动选择的结果。习近平主席指出，"这是一条把人民利益放在首位的道路""这是一条在开放中谋求共同发展的道路"[2]。

《今日报》（巴基斯坦乌尔都文日报）发表《中国：一个

---

[1] 《习近平著作选读》第二卷，人民出版社2023年版，第47页。
[2] 习近平：《共担时代责任，共促全球发展》，《求是》2020年第24期。

伟大的增长型全球化者》①，该文章认为，作为世界第二大经济体，中国现在是一个强大的增长全球化力量，能够在进一步推动经济全球化和全球共同繁荣的同时充分实现这一地位。首先，中国实现了经济快速增长、社会长治久安的两大奇迹。其次，中国坚定不移地致力于开放，并时刻准备共享发展机遇。再次，中国一直在培育一种新的"双循环"发展模式，以国内市场为支柱，推动国内和海外市场相互促进。最后，中国誓言要让全球发展更加公平、有效和包容，不让哪个国家掉队。展望未来，中国这一伟大的"增长型全球化者"将继续保持对其对全球社会承诺的信心，使世界更美好。

---

① "China—A Great Growth Globalizer", Pakistan Today, December 12, 2021, https://www.pakistantoday.com.pk/2021/12/12/china-a-great-growth-globalizer/.

## 二　全球发展议题的理论化构建

中国长期执行偏好于发展的政策，也愿意通过自身努力来解决全球发展这一结构性难题。全球发展倡议是以中国长期发展经验为前提，对世界面临的百年发展困境进行长期观察、长期思索而提出的。该倡议一经问世就得到绝大多数国家的关注和支持。赵昌文认为，全球发展倡议有力回应了各国人民对和平发展、公平正义、合作共赢的期盼和追求。[①]

### （一）习近平有关全球发展的重要论述

习近平总书记一直强调，中国始终是世界和平的建设者、全球发展的贡献者、国际秩序的维护者、公共产品的提供者，并在多个重要场合阐述全球发展理念，为推进全球发展提供重要遵循。习近平主席在二十国集团领导人杭州峰会首次把发展置于二十国集团议程突出位置，承诺积极落实《2030年可持续发展议程》并制订了行动计划；在联合国历史上首次提出全球发展倡议（Global Development Initiative，GDI）和构建全球发展

---

[①] 《专访中国国际发展知识中心主任赵昌文》，《中国纪检监察报》2022年6月22日第4版。

命运共同体。本部分主要阐述习近平总书记有关全球发展议题的核心主张,即共同发展。[1]

## 1. 呼吁世界将共同发展作为主要议题

一是坚持正确的发展观——共同发展观。习近平主席指出:"发展是人类社会的永恒主题,各国人民热切期盼通过发展实现对美好生活的向往。"[2] "虽然国情不同、发展阶段不同、面临的现实挑战不同,但推动经济增长的愿望相同,应对危机挑战的利益相同,实现共同发展的憧憬相同。"[3] "各国一起发展才是真发展,大家共同富裕才是真富裕。在新冠肺炎疫情冲击下,贫富差距恶化,南北鸿沟扩大。只有解决好发展不平衡问题,才能够为人类共同发展开辟更加广阔的前景。"[4] "发展是新兴市场国家和发展中国家的第一要务。"[5] "天空足够大,地球足够大,世界也足够大,容得下各国共同发展繁荣。"[6] "各国和各国人民应该共同享受发展成果。每个国家在谋求自身发展的同时,要积极促进其他各国共同发展。世界长期发展不可能建立在一批国家越来越富裕而另一批国家却长期贫穷落后的基础

---

[1] 共同发展是中国对外关系中高频词汇或话语,仅在国际场合发表的讲话或文章中,共同发展一词出现的频率高达400次以上。
[2] 《习近平向国际民间社会共同落实全球发展倡议交流大会致贺信》,《人民日报》2022年8月13日第1版。
[3] 《构建创新、活力、联动、包容的世界经济——在二十国集团领导人杭州峰会上的开幕辞》,《人民日报》2016年9月5日第3版。
[4] 《与世界相交 与时代相通 在可持续发展道路上阔步前行——在第二届联合国全球可持续交通大会开幕式上的主旨讲话》,《人民日报》2021年10月15日第2版。
[5] 《深化互利合作 促进共同发展——在新兴市场国家与发展中国家对话会上的发言》,《人民日报》2017年9月6日第3版。
[6] 《弘扬和平共处五项原则建设合作共赢美好世界——在和平共处五项原则发表60周年纪念大会上的讲话》,《人民日报》2014年6月29日第2版。

之上。只有各国共同发展了，世界才能更好地发展。那种以邻为壑、转嫁危机、损人利己的做法既不道德，也难以持久。"①"要弘扬立己达人精神，增强现代化成果的普惠性。人类是一个一荣俱荣、一损俱损的命运共同体。任何国家追求现代化，都应该秉持团结合作、共同发展的理念，走共建共享共赢之路。走在前面的国家应该真心帮助其他国家发展。吹灭别人的灯，并不会让自己更加光明；阻挡别人的路，也不会让自己行得更远。要坚持共享机遇、共创未来，共同做大人类社会现代化的'蛋糕'，努力让现代化成果更多更公平惠及各国人民，坚决反对通过打压遏制别国现代化来维护自身发展'特权'。"②"新兴市场国家和发展中国家的发展，不是要动谁的奶酪，而是要努力把世界经济的蛋糕做大。"③"要让发展更加平衡，让发展机会更加均等、发展成果人人共享，就要完善发展理念和模式，提升发展公平性、有效性、协同性。"④"世界是多向度发展的，世界历史更不是单线式前进的。"⑤"要放眼长远，努力塑造各国发展创新、增长联动、利益融合的世界经济，坚定维护和发展开放型世界经济。"⑥"每个国家都想过上好日子，现代化不是哪个国家的特权。走在前面的国家应该真心帮助其他国家发展，提供更多全球公共产品。大国要有大国的担当，都应为全

---

① 《习近平著作选读》第一卷，人民出版社2023年版，第105—106页。
② 《携手同行现代化之路——在中国共产党与世界政党高层对话会上的主旨讲话》，《人民日报》2023年3月16日第2版。
③ 《共同开创金砖合作第二个"金色十年"》，《人民日报》2017年9月4日第2版。
④ 习近平：《共担时代责任，共促全球发展》，《求是》2020年第24期。
⑤ 《在布鲁日欧洲学院的演讲》，《人民日报》2014年4月2日第2版。
⑥ 《习近平谈治国理政》第一卷，外文出版社2014年版，第335页。

球发展事业尽心出力。"① "共同发展是持续发展的重要基础，符合各国人民长远利益和根本利益。"②

二是发展是真正的"天赋人权"。习近平主席指出："在人类追求幸福的道路上，一个国家、一个民族都不能少。世界上所有国家、所有民族都应该享有平等的发展机会和权利。"③ "全球经济治理体系必须反映世界经济格局的深刻变化，增加新兴市场国家和发展中国家的代表性和发言权。"④ "应该把人民福祉放在首位。世界上所有国家都享有平等的发展权利，任何人都无权也不能阻挡发展中国家人民对美好生活的追求。我们应该致力于加强发展合作，帮助发展中国家摆脱贫困，让所有国家的人民都过上好日子。这才是最大的公平，也是国际社会的道义责任。"⑤ "每个国家都有发展的权利，各国人民都有追求幸福生活的自由。我提出全球发展倡议，就是推动国际社会走共同发展之路，重振联合国2030年可持续发展议程。在各国支持下，全球发展倡议日益走深走实，各领域合作项目蓬勃开展。中方愿同各国一道，加快推进倡议合作，强化全球发展动能，全面深入推动世贸组织改革，应对共同挑战，增进各国人民福祉。"⑥ "要坚持国家不分大小、强弱、贫富一律平等，尊重各国人民自主选择发展道路的权利，反对干涉别国内政，维护国际公平正义。'鞋子合不合脚，自己穿了

---

① 《共迎时代挑战　共建美好未来——在二十国集团领导人第十七次峰会第一阶段会议上的讲话》，《人民日报》2022年11月16日第2版。
② 《共同创造亚洲和世界的美好未来——在博鳌亚洲论坛2013年年会上的主旨演讲》，《人民日报》2013年4月8日第1版。
③ 《习近平著作选读》第二卷，人民出版社2023年版，第492页。
④ 《习近平答金砖国家记者问：增进同往访国人民友好感情》，《人民日报》（海外版）2013年3月21日。
⑤ 《习近平谈治国理政》第三卷，外文出版社2020年版，第457页。
⑥ 《深化团结合作　应对风险挑战　共建更加美好的世界——在2023年金砖国家工商论坛闭幕式上的致辞》，《人民日报》2023年8月23日第2版。

才知道'。一个国家的发展道路合不合适,只有这个国家的人民才最有发言权。"① "维护和弘扬国际公平正义,必须坚持联合国宪章宗旨和原则。我们应该提倡尊重各国主权和领土完整,尊重世界文明多样性和国家发展道路多样化,尊重和维护各国人民自主选择社会制度的权利,反对各种形式的霸权主义和强权政治。"② "发展中国家有权利也有能力基于自身国情自主探索各具特色的现代化之路。要坚持把国家和民族发展放在自己力量的基点上,把国家发展进步的命运牢牢掌握在自己手中,尊重和支持各国人民对发展道路的自主选择,共同绘就百花齐放的人类社会现代化新图景。"③ "积累政治互信,相互坚定支持自主选择的发展道路。"④

三是坚持以人民为中心是共同发展的落脚点。习近平主席指出:"为了人民而发展,发展才有意义;依靠人民而发展,发展才有动力。世界各国应该坚持以人民为中心,努力实现更高质量、更有效率、更加公平、更可持续、更为安全的发展。要破解发展不平衡不充分问题,提高发展的平衡性、协调性、包容性。要增强人民发展能力,形成人人参与、人人享有的发展环境,创造发展成果更多更公平惠及每一个国家每一个人的发展局面。"⑤ "金砖国家要立足自身国情,将2030年议程同本国发展战略深入对接,坚持以人民为中心,统筹经济、社会、环境发展,不断增

---

① 《顺应时代前进潮流,促进世界和平发展——在俄罗斯莫斯科国际关系学院的演讲》,《人民日报》2013年3月24日第2版。

② 《弘扬传统友好 共谱合作新篇——在巴西国会的演讲》,《人民日报》2014年7月18日第3版。

③ 《携手同行现代化之路——在中国共产党与世界政党高层对话会上的主旨讲话》,《人民日报》2023年3月16日第2版。

④ 《弘扬上海精神 巩固团结互信 全面深化上海合作组织合作——在上海合作组织成员国元首理事会第十六次会议上的讲话》,《人民日报》2016年6月25日第3版。

⑤ 《习近平著作选读》第二卷,人民出版社2023年版,第544页。

强人民群众的获得感、幸福感。"① "应该坚持以人民为中心，提升全球发展的公平性、有效性、包容性，努力不让任何一个国家掉队。"② "要坚守人民至上理念，突出现代化方向的人民性。人民是历史的创造者，是推进现代化最坚实的根基、最深厚的力量。现代化的最终目标是实现人自由而全面的发展。现代化道路最终能否走得通、行得稳，关键要看是否坚持以人民为中心。现代化不仅要看纸面上的指标数据，更要看人民的幸福安康。"③

四是追求合作共赢是共同发展的根本遵循。习近平主席指出，"面对国际形势的深刻变化和世界各国同舟共济的客观要求，各国应该共同推动建立以合作共赢为核心的新型国际关系，各国人民应该一起来维护世界和平、促进共同发展。"④ "迈向命运共同体，必须坚持合作共赢、共同发展。只有合作共赢才能办大事、办好事、办长久之事。要摒弃零和游戏、你输我赢的旧思维，树立双赢、共赢的新理念，在追求自身利益时兼顾他方利益，在寻求自身发展时促进共同发展。合作共赢的理念不仅适用于经济领域，也适用于政治、安全、文化等广泛领域；不仅适用于地区国家之间，也适用于同域外国家开展合作。要加强宏观经济政策协调，防范不同经济体经济政策变动可能带来的负面外溢效应，积极推动全球经济治理变革，维护开放型世界经济体制，共同应对世界经济中的风险和挑战。"⑤ "追求幸福生活是各国人民共同愿望。人类社会要持续进

---

① 《习近平谈治国理政》第三卷，外文出版社2020年版，第447页。
② 《团结行动　共创未来——在二十国集团领导人第十六次峰会第一阶段会议上的讲话》，《人民日报》2021年10月31日第2版。
③ 《携手同行现代化之路——在中国共产党与世界政党高层对话会上的主旨讲话》，《人民日报》2023年3月16日第2版。
④ 《顺应时代前进潮流，促进世界和平发展——在俄罗斯莫斯科国际关系学院的演讲》，《人民日报》2013年3月24日第2版。
⑤ 《迈向命运共同体　开创亚洲新未来——在博鳌亚洲论坛2015年年会上的主旨演讲》，《人民日报》2015年3月29日第1版。

步,各国就应该坚持要开放不要封闭,要合作不要对抗,要共赢不要独占。在经济全球化深入发展的今天,弱肉强食、赢者通吃是一条越走越窄的死胡同,包容普惠、互利共赢才是越走越宽的人间正道。各国应该超越差异和分歧,发挥各自优势,推动包容发展,携手应对全人类共同面临的风险和挑战,落实联合国2030年可持续发展议程,减少全球发展不平衡,推动经济全球化朝着更加开放、包容、普惠、平衡、共赢的方向发展,让各国人民共享经济全球化和世界经济增长成果。"① "中非关系为什么好?中非友谊为什么深?关键在于中非双方缔造了历久弥坚的中非友好合作精神,那就是'真诚友好、平等相待,互利共赢、共同发展,主持公道、捍卫正义,顺应时势、开放包容'。"② "坚持互利共赢和共同发展,积极挖掘互补优势,协力做大合作蛋糕,全面推进经贸、金融、能源、交通等各领域合作深入发展。""高举'上海精神'旗帜,以平等互信为基础,以互利共赢为原则,以对话协商为手段,以共同发展为目标,全面推进上海合作组织各领域合作发展。"③

五是正确义利观是践行共同发展的基本原则。倡导合作发展理念,在国际关系中践行正确义利观。习近平主席指出:"国不以利为利,以义为利也。"在国际合作中,我们要注重利,更要注重义。"在国际关系中,要妥善处理义和利的关系。政治上,要遵守国际法和国际关系基本原则,秉持公道正义,坚持平等相待。经济上,要立足全局、放眼长远,坚持互利共赢、共同发展,

---

① 《共建创新包容的开放型世界经济——在首届中国国际进口博览会开幕式上的主旨演讲》,《人民日报》2018年11月6日第3版。

② 《同舟共济,继往开来,携手构建新时代中非命运共同体——在中非合作论坛第八届部长级会议开幕式上的主旨演讲》,《人民日报》2021年11月30日第2版。

③ 《弘扬上海精神 巩固团结互信 全面深化上海合作组织合作——在上海合作组织成员国元首理事会第十六次会议上的讲话》,《人民日报》2016年6月25日第3版。

既要让自己过得好，也要让别人过得好。""只有义利兼顾才能义利兼得，只有义利平衡才能义利共赢。"① "中国开展对发展中国家的合作，将坚持正确义利观，不搞我赢你输、我多你少，在一些具体项目上将照顾对方利益。中国人讲求言必信、行必果。中国说到的话、承诺的事，一定会做到、一定会兑现。"② "中巴要弘义融利，实现共同发展。中国坚持正确义利观，帮助巴基斯坦就是帮助我们自己。中巴经济走廊是中巴实现共同发展的重要抓手。"③ "中国在合作中坚持义利相兼、以义为先。中国相信中非合作的必由之路就是发挥各自优势，把中国发展同助力非洲发展紧密结合，实现合作共赢、共同发展。中国主张多予少取、先予后取、只予不取，张开怀抱欢迎非洲搭乘中国发展快车。"④

六是将发展中国家看作是促进共同发展的主要力量。早在2013年3月，习近平主席就指出："当前，包括金砖国家在内的一大批新兴市场国家和发展中国家经济快速发展，成为维护世界和平、促进共同发展的重要力量，并在应对国际金融危机、推动全球经济增长方面发挥了重要作用。"⑤ "亚非国家要深化合作，同时要加强同拉美、南太及其他地区发展中国家的团结合作，扩大在治国理政方面的对话交流，密切在重大国际和地区问题上

---

① 《共创中韩合作未来 同襄亚洲振兴繁荣——在韩国国立首尔大学的演讲》，《人民日报》2014年7月5日第2版。
② 《守望相助，共创中蒙关系发展新时代——在蒙古国国家大呼拉尔的演讲》，《人民日报》2014年8月23日第2版。
③ 《构建中巴命运共同体 开辟合作共赢新征程——在巴基斯坦议会的演讲》，《人民日报》2015年4月22日第2版。
④ 《携手共命运 同心促发展——在2018年中非合作论坛北京峰会开幕式上的主旨讲话》，《人民日报》2018年9月4日第2版。
⑤ 《习近平答金砖国家记者问：增进同往访国人民友好感情》，《人民日报》（海外版）2013年3月21日第2版。

的沟通和协调,壮大维护世界和平、促进共同发展的力量。"①
"中非从来都是命运共同体,共同的历史遭遇、共同的发展任务、共同的战略利益把我们紧紧联系在一起。我们都把对方的发展视为自己的机遇,都在积极通过加强合作促进共同发展繁荣。"②"在追求本国利益时兼顾他国合理关切,在谋求本国发展中促进各国共同发展,建立更加平等均衡的新型全球发展伙伴关系。"③

### 2. 中国对共同发展的态度与做法

一是中国始终是共同发展的坚定推动者。习近平主席指出:"中国将继续高举和平、发展、合作、共赢的旗帜,坚定不移致力于维护世界和平、促进共同发展。"④(1)中国和世界具有共生性。"中国发展离不开亚洲和世界,亚洲和世界繁荣稳定也需要中国。"⑤"大家一起发展才是真发展,可持续发展才是好发展。要实现这一目标,就应该秉承开放精神,推进互帮互助、互惠互利。"⑥"中国追求的是共同发展。我们既要让自己过得好,也要让别人过得好。中国愿意把自身发展同阿拉伯国家发展对接起来,为阿拉伯国家扩大就业、推进工业化、推动经济发展提供

---

① 《弘扬万隆精神 推进合作共赢——在亚非领导人会议上的讲话》,《人民日报》2015年4月23日第2版。
② 《永远做可靠朋友和真诚伙伴——在坦桑尼亚尼雷尔国际会议中心的演讲》,《人民日报》2013年3月26日第2版。
③ 《弘扬传统友好 共谱合作新篇——在巴西国会的演讲》,《人民日报》2014年7月18日第3版。
④ 《共同谱写中非人民友谊新篇章——在刚果共和国议会的演讲》,《人民日报》2013年3月30日第2版。
⑤ 《习近平谈治国理政》第一卷,外文出版社2014年版,第332页。
⑥ 《携手构建合作共赢新伙伴 同心打造人类命运共同体——在第七十届联合国大会一般性辩论时的讲话》,《人民日报》2015年9月29日第2版。

支持。"① （2）中国要创造世界发展新路。"我们绝不会走历史回头路，不会谋求'脱钩'或是搞封闭排他的'小圈子'。我们构建新发展格局，绝不是封闭的国内单循环，而是开放的、相互促进的国内国际双循环。"② "中国不能全盘照搬别国的政治制度和发展模式，否则的话不仅会水土不服，而且会带来灾难性后果。"③ （3）中国是发展中国家的坚定支持者。"我们将坚定支持和帮助广大发展中国家加快发展，实现工业化、现代化，为缩小南北差距、实现共同发展提供中国方案和中国力量。我们愿同各国政党一道，推动共建'一带一路'高质量发展，加快全球发展倡议落地，培育全球发展新动能，构建全球发展共同体。"④ "中非关系最大的'义'，就是用中国发展助力非洲的发展，最终实现互利共赢、共同发展。" "中国人民致力于推动共同发展，从'坦赞铁路'到'一带一路'，向发展中国家提供力所能及的帮助，不断以中国发展为世界提供新机遇。"⑤ "中国进行改革开放和现代化建设，将辐射和带动包括蒙古国在内的周边国家，中蒙双方发展战略完全可以进行有效对接，促进共同发展，实现共同繁荣。中国始终把包括蒙古国在内的周边邻国视作促进共同发展的合作伙伴、维护和平稳定的真诚朋友，同绝大多数邻国建立了不同形式的伙伴关系。"⑥ "中印两国要做引领增长的

---

① 《弘扬丝路精神，深化中阿合作——在北京举行的中阿合作论坛第六届部长级会议开幕式上的讲话》，《人民日报》2014年6月6日第2版。

② 《构建新发展格局　实现互利共赢》，《人民日报》2020年11月20日第2版。

③ 《在布鲁日欧洲学院的演讲》，《人民日报》2014年4月2日第2版。

④ 《携手同行现代化之路——在中国共产党与世界政党高层对话会上的主旨讲话》，《人民日报》2023年3月16日第2版。

⑤ 《在中华人民共和国恢复联合国合法席位50周年纪念会议上的讲话》，《人民日报》2021年10月26日第2版。

⑥ 《守望相助，共创中蒙关系发展新时代——在蒙古国国家大呼拉尔的演讲》，《人民日报》2014年8月23日第2版。

合作伙伴，携手推进亚洲繁荣振兴。中印两国要成为地区驱动发展快车，带动地区各国共同发展。"①"无论发展到什么程度，中国都将扎根亚太、建设亚太、造福亚太。中国坚定不移走和平发展道路，奉行互利共赢的开放战略，在谋求自身发展的同时积极带动亚太国家共同发展，为本地区人民创造更多机遇。"②"我又提出了全球发展倡议、全球安全倡议、全球文明倡议，旨在推动各方携手应对各种全球性挑战、促进全球共同发展、增进全人类福祉。中方愿同亚太各方一道，推进落实这些倡议，共同建设持久和平、普遍安全、共同繁荣、开放包容、清洁美丽的世界。"③（4）中国坚持发展的底线。习近平主席指出："中国坚持共同发展，理念不会动摇。当今世界，各国人民是一个休戚与共的命运共同体，市场、资金、资源、信息、人才等等都是高度全球化的。只有世界发展，各国才能发展；只有各国发展，世界才能发展。中国愿意同各国共同发展、共同繁荣。中国将坚定不移奉行互利共赢的开放战略，坚持正确义利观，发展开放型经济体系，全方位加强和拓展同世界各国的互利合作。中国发展绝不以牺牲别国利益为代价，绝不做损人利己的事情。"④

二是阐明共同发展是中国同世界各国相处的本质特征。习近平主席指出："中非关系的本质特征是真诚友好、相互尊重、平等互利、共同发展。我们双方谈得来，觉得相互平等；

---

① 《习近平在印度世界事务委员会发表重要演讲》，《人民日报》2014年9月19日第1版。

② 《深化伙伴关系 增强发展动力——在亚太经合组织工商领导人峰会上的主旨演讲》，《人民日报》2016年11月21日第3版。

③ 《同心协力 共迎挑战 谱写亚太合作新篇章——在亚太经合组织工商领导人峰会上的书面演讲》，《人民日报》2023年11月18日第2版。

④ 《携手追寻中澳发展梦想 并肩实现地区繁荣稳定——在澳大利亚联邦议会的演讲》，《人民日报》2014年11月18日第2版。

我们不把自己的意志强加给你们,你们也不把自己的意志强加给我们。"① "中国倡导的新机制新倡议,不是为了另起炉灶,更不是为了针对谁,而是对现有国际机制的有益补充和完善,目标是实现合作共赢、共同发展。中国对外开放,不是要一家唱独角戏,而是要欢迎各方共同参与;不是要谋求势力范围,而是要支持各国共同发展;不是要营造自己的后花园,而是要建设各国共享的百花园。"② "中拉合作本质上是南南合作,以相互尊重为前提,以互利共赢为原则,以开放包容为特质,以共同发展为目标,顺应世界大势和历史潮流,符合地区国家共同利益。" "中方高度重视中拉关系发展,愿同包括古巴在内的拉美和加勒比国家一道,深入推进高质量共建'一带一路',推动平等互利、共同发展的中拉全面合作伙伴关系在新时代得到更好发展,更好造福中拉人民。"③ "中欧是维护世界和平的两大力量、促进共同发展的两大市场、推动人类进步的两大文明。中欧关系保持向前向上势头,坚持互利共赢,符合中欧和国际社会的共同利益。"④ "中国和中东欧国家都坚信开放创造机遇、包容成就多元,这也是中国—中东欧国家合作保持旺盛生命力的根本所在。"⑤ "中澳要在和平共处中增进相互

---

① 《永远做可靠朋友和真诚伙伴——在坦桑尼亚尼雷尔国际会议中心的演讲》,《人民日报》2013年3月26日第2版。

② 《中国发展新起点 全球增长新蓝图——在二十国集团工商峰会开幕式上的主旨演讲》,《人民日报》2016年9月4日第3版。

③ 《同古巴共产党中央委员会第一书记、古巴国家主席迪亚斯—卡内尔举行会谈》,《人民日报》2022年11月26日第1版。

④ 《习近平同欧洲理事会主席米歇尔举行会谈》,《人民日报》2022年12月2日第2版。

⑤ 《凝心聚力,继往开来 携手共谱合作新篇章——在中国—中东欧国家领导人峰会上的主旨讲话》,《人民日报》2021年2月10日第2版。

理解和信任，在互利合作中实现共同发展。"①

三是中国愿为共同发展作出更大贡献。习近平主席指出："中国将始终做全球发展的贡献者，坚持走共同发展道路，继续奉行互利共赢的开放战略，将自身发展经验和机遇同世界各国分享，欢迎各国搭乘中国发展'顺风车'，一起来实现共同发展。"②"中国愿意为包括蒙古国在内的周边国家提供共同发展的机遇和空间，欢迎大家搭乘中国发展的列车，搭快车也好，搭便车也好，我们都欢迎。"③"中国发展必将寓于世界发展潮流之中，也将为世界各国共同发展注入更多活力、带来更多机遇。"④"中国将大力建设共同发展的对外开放格局，推进亚太自由贸易区建设和区域全面经济伙伴关系协定谈判，构建面向全球的自由贸易区网络。中国一贯主张建设开放透明、互利共赢的区域自由贸易安排，而不是搞排他性、碎片化的小圈子。"⑤"中国正在以高质量发展推进中国式现代化，以高水平对外开放推动世界共同发展。"⑥中国式现代化是"既基于自身国情、又借鉴各国经验，既传承历史文化、又融合现代文明，既造福中国人民、又促进世界共同发展，是我们强国建设、民族复兴的康庄大道，也是中国谋求人类进步、世界大同的必由之路。我们将坚持正

---

① 《习近平会见澳大利亚总理阿尔巴尼斯》，《人民日报》2023 年 11 月 7 日第 2 版。

② 《携手构建合作共赢新伙伴　同心打造人类命运共同体——在第七十届联合国大会一般性辩论时的讲话》，《人民日报》2015 年 9 月 29 日第 2 版。

③ 《守望相助，共创中蒙关系发展新时代——在蒙古国国家大呼拉尔的演讲》，《人民日报》2014 年 8 月 23 日第 2 版。

④ 《共倡开放包容　共促和平发展——在伦敦金融城市长晚宴上的演讲》，《人民日报》2015 年 10 月 23 日第 2 版。

⑤ 《共担时代责任，共促全球发展——在瑞士达沃斯举行的世界经济论坛 2017 年年会开幕式上的主旨演讲》，《人民日报》2017 年 1 月 18 日第 3 版。

⑥ 《习近平同德国总理朔尔茨举行视频会晤》，《人民日报》2023 年 11 月 4 日第 1 版。

确的方向、正确的理论、正确的道路不动摇，不走改旗易帜的邪路。我们将始终把自身命运同各国人民的命运紧紧联系在一起，努力以中国式现代化新成就为世界发展提供新机遇，为人类对现代化道路的探索提供新助力，为人类社会现代化理论和实践创新作出新贡献。"①

四是阐明推进共同发展的前提。习近平主席指出："公平正义的全球治理是实现各国共同发展的必要条件。我们要继续做全球治理变革进程的参与者、推动者、引领者，推动国际秩序朝着更加公正合理的方向发展，继续提升新兴市场国家和发展中国家代表性和发言权。"② "各国虽然历史、文化、制度各异，但都应该彼此和谐相处、平等相待，都应该互尊互鉴、相互学习，摒弃一切傲慢和偏见。唯有如此，各国才能共同发展、共享繁荣。"③ "要顺应时代潮流和民心所向，坚持相互尊重、求同存异、面向未来、合作共赢的原则，更多用东方智慧来解决问题、化解矛盾、促进和谐。"④ "安全稳定的环境是开展互利合作、实现共同发展繁荣的必要条件。"⑤ "应该倡导共同、综合、合作、可持续安全的理念，尊重和保障每一个国家的安全，加强国际和地区合作，共同应对日益增多的非传统安全威胁。"⑥

---

① 《携手同行现代化之路——在中国共产党与世界政党高层对话会上的主旨讲话》，《人民日报》2023年3月16日第2版。

② 《坚定信心 共谋发展——在金砖国家领导人第八次会晤大范围会议上的讲话》，《人民日报》2016年10月17日第2版。

③ 《共倡开放包容 共促和平发展——在伦敦金融城市长晚宴上的演讲》，《人民日报》2015年10月23日第2版。

④ 《守望相助，共创中蒙关系发展新时代——在蒙古国国家大呼拉尔的演讲》，《人民日报》2014年8月23日第2版。

⑤ 《弘扬"上海精神"，促进共同发展——在上海合作组织成员国元首理事会第十三次会议上的讲话》，《人民日报》人民日报2013年9月14日第2版。

⑥ 《弘扬传统友好 共谱合作新篇——在巴西国会的演讲》，《人民日报》2014年7月18日第3版。

"同心维护和平,为促进共同发展提供安全保障。国际社会应该倡导综合安全、共同安全、合作安全的理念,使我们的地球村成为共谋发展的大舞台,而不是相互角力的竞技场,更不能为一己之私把一个地区乃至世界搞乱。"① "以对话协商方式凝聚共识,以互谅互让的精神处理分歧,以合作共赢的态度促进共同发展,以面向未来的眼光解决现实问题,是国家和睦相处、化解矛盾分歧、实现地区和平稳定的有效途径和可靠保障。"② "应该加强在联合国、世界贸易组织、二十国集团、金砖国家等国际和多边机制内的协调和配合,凝聚发展中国家力量,积极参与全球治理,为发展中国家争取更多制度性权力和话语权。"③ 推动伙伴关系建设,"一致同意建立全面合作、共同发展、面向未来的中阿战略伙伴关系。中方愿同阿方加强战略和行动对接,携手推进'一带一路'建设,共同做中东和平稳定的维护者、公平正义的捍卫者、共同发展的推动者、互学互鉴的好朋友,努力打造中阿命运共同体,为推动构建人类命运共同体作出贡献。"④ 中国同太平洋岛国"一致同意将双方关系提升为相互尊重、共同发展的全面战略伙伴关系,开启了中国同太平洋岛国关系新阶段。"⑤ "中非传统友谊深厚,过去是并肩战斗的好兄弟,现在是共同发展的好伙伴。""中方将秉持真实亲诚对非政

---

① 《共同创造亚洲和世界的美好未来——在博鳌亚洲论坛2013年年会上的主旨演讲》,《人民日报》2013年4月8日第3版。
② 《共创中韩合作未来 同襄亚洲振兴繁荣——在韩国国立首尔大学的演讲》,《人民日报》2014年7月5日第2版。
③ 《弘扬传统友好 共谱合作新篇——在巴西国会的演讲》,《人民日报》2014年7月18日第3版。
④ 《携手推进新时代中阿战略伙伴关系——在中阿合作论坛第八届部长级会议开幕式上的讲话》,《人民日报》2018年7月11日第2版。
⑤ 《习近平向第三届中国—太平洋岛国经济发展合作论坛致贺信》,《人民日报》2019年10月22日第1版。

策理念和正确义利观，同非洲朋友携手迈向合作共赢、共同发展的新时代。"① 中国同拉美国家"共同宣布建立平等互利、共同发展的中拉全面合作伙伴关系，努力构建政治上真诚互信、经贸上合作共赢、人文上互学互鉴、国际事务中密切协作、整体合作和双边关系相互促进的中拉关系五位一体新格局。"② "一个更高水平的中拉全面合作伙伴关系，必将更有力地促进双方共同发展，也有利于地区和世界的和平、稳定、繁荣。"③ "中国愿同韩国成为实现共同发展的伙伴、致力地区和平的伙伴、携手振兴亚洲的伙伴、促进世界繁荣的伙伴，让亚洲宽广的大陆、辽阔的海洋成为中韩合作的大平台。"④ 习近平主席强调，中国同印度尼西亚"应该精诚团结，打造互利共赢的典范、共同发展的样板、南南合作的先锋。"⑤

五是阐明推动共同发展的基本路径。（1）加强国际共识。习近平主席强调："要高举发展旗帜，带头落实联合国千年发展目标和可持续发展目标，加强同广大发展中国家的对话与合作，谋求联合自强。""国际社会应不断凝聚促进发展的强大共识，努力营造有利于发展的国际环境，积极培育全球发展新动能，携手构建全球发展伙伴关系。"⑥ "要把发展置于国际议程中心位置，落实联合国 2030 年

---

① 《习近平出席中非领导人与工商界代表高层对话会暨第六届中非企业家大会开幕式并发表主旨演讲》，《人民日报》2018 年 9 月 4 日第 2 版。

② 《努力构建携手共进的命运共同体——在中国—拉美和加勒比国家领导人会晤上的主旨讲话》，《人民日报》2014 年 7 月 19 日第 2 版。

③ 《促进共同发展　共创美好未来——在墨西哥参议院的演讲》，《人民日报》2013 年 6 月 7 日第 2 版。

④ 《共创中韩合作未来　同襄亚洲振兴繁荣——在韩国国立首尔大学的演讲》，《人民日报》2014 年 7 月 5 日第 2 版。

⑤ 《习近平同印度尼西亚当选总统普拉博沃会谈》，《人民日报》2024 年 4 月 2 日第 1 版。

⑥ 《习近平向国际民间社会共同落实全球发展倡议交流大会致贺信》，《人民日报》2022 年 8 月 13 日第 1 版。

可持续发展议程,打造人人重视发展、各国共谋合作的政治共识。"① "要敦促发达国家信守承诺,根据共同但有区别的责任等原则,增加对发展中国家支持力度。"② "面对全球性挑战,各国应该加强对话,交流学习最佳实践,取长补短,在相互借鉴中实现共同发展,惠及全体人民。"③ (2)增强各国发展能力。习近平主席强调:"共同发展是亚太合作的总目标。发展是亚太地区永恒的主题。我们始终聚焦发展,不断深化经济技术合作,增强发展中成员自主发展能力。我们共同开创了自主自愿、协商一致、循序渐进的'亚太经合组织方式',尊重各成员发展权。"④ "要关注发展中国家紧迫需求,围绕减贫、粮食安全、发展筹资、工业化等重点领域推进务实合作,着力解决发展不平衡不充分问题。"⑤ "创新是发展的第一动力。要推进科技和制度创新,加快技术转移和知识分享,推动现代产业发展,弥合数字鸿沟,加快低碳转型,推动实现更加强劲、绿色、健康的全球发展。"⑥ "要加大对发展中成员的资金和技术支持,发挥亚太经济体多样性突出的特点,优势互补,扩大联动效应,实现共同发展。"⑦ "提倡创新、协调、绿色、开放、共享的发展观,实现各国经济

---

① 《构建高质量伙伴关系 共创全球发展新时代——在全球发展高层对话会上的讲话》,《人民日报》2022年6月25日第2版。
② 《深化互利合作 促进共同发展——在新兴市场国家与发展中国家对话会上的发言》,《人民日报》2017年9月6日第3版。
③ 《携手构建合作共赢、公平合理的气候变化治理机制——在气候变化巴黎大会开幕式上的讲话》,《人民日报》2015年12月1日第2版。
④ 《同心协力 共迎挑战 谱写亚太合作新篇章——在亚太经合组织工商领导人峰会上的书面演讲》,《人民日报》2023年11月18日第2版。
⑤ 《携手迎接挑战,合作开创未来》,《人民日报》2022年4月22日第2版。
⑥ 《构建高质量伙伴关系 共创全球发展新时代》,《人民日报》2022年6月25日第2版。
⑦ 《共建面向未来的亚太伙伴关系——在亚太经合组织第二十二次领导人非正式会议上的开幕辞》,《人民日报》2014年11月12日第2版。

社会协同进步，解决发展不平衡带来的问题，缩小发展差距，促进共同繁荣。"① "要全面落实亚太经合组织互联网和数字经济路线图，促进新技术传播和运用，加强数字基础设施建设，消除数字鸿沟。"② "各国要加强服务贸易发展对接，创新合作方式，深化合作领域，积极寻求发展利益最大公约数，不断做大'蛋糕'。"③ "勇于变革创新，为促进共同发展提供不竭动力。要摒弃不合时宜的旧观念，冲破制约发展的旧框框，让各种发展活力充分迸发出来。要加大转变经济发展方式、调整经济结构力度，更加注重发展质量，更加注重改善民生。要稳步推进国际经济金融体系改革，完善全球治理机制，为世界经济健康稳定增长提供保障。"④ （3）改善国际发展环境。习近平主席强调"要平等参与、充分协商，要相互帮助、共同发展，全力营造健康稳定的发展环境，不让任何因素干扰亚太发展进程。"⑤ "要推动全球经济治理体系变革，反映世界经济格局现实，并且完善深海、极地、外空、网络等新疆域的治理规则，确保各国权利共享、责任共担。"⑥ "要坚持共商共建共享，加强全球经济治理，增加新兴市场国家和发展中国家代表性和发言权，确保各国权利平等、规则平等、机会平等。"⑦

---

① 《习近平谈治国理政》第三卷，外文出版社2020年版，第441页。
② 《习近平谈治国理政》第四卷，外文出版社2022年版，第420页。
③ 《在2020年中国国际服务贸易交易会全球服务贸易峰会上的致辞》，《人民日报》2020年9月5日第2版。
④ 《共同创造亚洲和世界的美好未来——在博鳌亚洲论坛2013年年会上的主旨演讲》，《人民日报》2013年4月8日第3版。
⑤ 《深化伙伴关系　增强发展动力——在亚太经合组织工商领导人峰会上的主旨演讲》，《人民日报》2016年11月21日第3版。
⑥ 《共同开创金砖合作第二个"金色十年"》，《人民日报》2017年9月4日第2版。
⑦ 《把握时代潮流　缔造光明未来——在金砖国家工商论坛开幕式上的主旨演讲》，《人民日报》2022年6月23日第2版。

"要维护和发展开放型世界经济,推动建设公平公正、包容有序的国际经济金融体系,为发展中国家发展营造良好外部环境。"① "着力推进合作,为促进共同发展提供有效途径。世界各国联系紧密、利益交融,要互通有无、优势互补,在追求本国利益时兼顾他国合理关切,在谋求自身发展中促进各国共同发展,不断扩大共同利益汇合点。要加强南南合作和南北对话,推动发展中国家和发达国家平衡发展,夯实世界经济长期稳定发展基础。要积极创造更多合作机遇,提高合作水平,让发展成果更好惠及各国人民,为促进世界经济增长多做贡献。"②（4）优化发展伙伴关系。习近平主席强调:"要共同建设互信、包容、合作、共赢的亚太伙伴关系。应该通过坦诚深入沟通,增信释疑;应该秉持和而不同理念,尊重彼此对发展道路的选择;应该坚持互利合作,充分发挥各自优势,促进共同发展;应该变赢者通吃为各方共赢,共同做大亚太发展的蛋糕,共同促进亚太大繁荣。"③ "要共同构建全球发展伙伴关系。合作才能办成大事,办成好事,办成长久之事。发达国家要履行义务,发展中国家要深化合作,南北双方要相向而行,共建团结、平等、均衡、普惠的全球发展伙伴关系,不让任何一个国家、任何一个人掉队。"④ "金砖国家是真诚相待的好朋友、好兄弟、好伙伴,这种友谊和合作必将不断深化。我们要以落实《金砖国家经济伙伴战略》为契机,深化拓展各领域经济合

---

① 《弘扬万隆精神　推进合作共赢——在亚非领导人会议上的讲话》,《人民日报》2015年4月23日第2版。

② 《共同创造亚洲和世界的美好未来——在博鳌亚洲论坛2013年年会上的主旨演讲》,《人民日报》2013年4月8日第3版。

③ 《谋求持久发展　共筑亚太梦想——在亚太经合组织工商领导人峰会开幕式上的演讲》,《人民日报》2014年11月10日第2版。

④ 《构建高质量伙伴关系　共创全球发展新时代——在全球发展高层对话会上的讲话》,《人民日报》2022年6月25日第2版。

作，提升金砖国家整体竞争力。我们要把金砖国家新开发银行和应急储备安排这两个机制建设好、维护好、发展好，为发展中国家经济发展提供有力保障。我们要加强人文交流，促进民心相通，夯实金砖国家合作的民意基础。我们要继续扩大和巩固金砖国家'朋友圈'，保持开放、包容，谋求共同发展。"[1]
（5）健全国际发展协调机制。习近平主席强调："充分利用中国国际服务贸易交易会、中国国际进口博览会等各类平台，推动开展政策和经验交流，建立和培育政府间、国际组织、商协会及企业间多样化伙伴关系，支持组建全球服务贸易联盟，不断形成更多务实合作成果，使各国人民共同享有服务贸易增长成果。"[2] "要维护以世界贸易组织为核心的多边贸易体制，消除贸易、投资、技术壁垒，推动构建开放型世界经济。"[3] "要支持联合国在全球发展合作中发挥统筹协调作用，鼓励工商界、社会团体、媒体智库参与全球发展合作。"[4] "亚投行应该成为促进成员共同发展、推动构建人类命运共同体的新平台。建议把亚投行打造成推动全球共同发展的新型多边开发银行。基础设施互联互通是助推各国共同发展的重要物质基础。亚投行应该致力于服务所有成员发展需求，提供更多高质量、低成本、可持续的基础设施投资，既要支持传统基础设施，也要支持新型基础设施，为促进亚洲及其他地区经济社会发展提供新

---

[1] 《坚定信心 共谋发展——在金砖国家领导人第八次会晤大范围会议上的讲话》，《人民日报》2016年10月17日第2版。

[2] 《在2020年中国国际服务贸易交易会全球服务贸易峰会上的致辞》，《人民日报》2020年9月5日第2版。

[3] 《把握时代潮流 缔造光明未来——在金砖国家工商论坛开幕式上的主旨演讲》，《人民日报》2022年6月23日第2版。

[4] 《构建高质量伙伴关系 共创全球发展新时代》，《人民日报》2022年6月25日第2版。

动力。"①（6）推进绿色发展。习近平主席强调："要敬畏自然、珍爱地球，树立绿色、低碳、可持续发展理念，尊崇、顺应、保护自然生态，加强气候变化、环境保护、节能减排等领域交流合作，共享经验、共迎挑战，不断开拓生产发展、生活富裕、生态良好的文明发展道路，为我们的子孙后代留下蓝天碧海、绿水青山。"② "要坚持人与自然和谐共生，推动国际社会全面落实《巴黎协定》，加快构筑尊崇自然、绿色发展的生态体系。"③（7）加强与国际组织合作。习近平主席强调："应该以维护世界和平、促进共同发展为目标，以维护公平正义、推动互利共赢为宗旨，以国际法和公认的国际关系基本准则为基础，倡导并践行多边主义。要推动将发展问题置于全球宏观政策框架核心位置，坚定落实联合国2030年可持续发展议程和应对气候变化的《巴黎协定》，实现经济、社会、环境各领域协同发展。"④ "二十国集团应该将发展置于宏观政策协调的突出位置，落实好2030年可持续发展行动计划，落实《二十国集团支持非洲和最不发达国家工业化倡议》，促进现有发展合作机制协同增效。发达经济体要履行官方发展援助承诺，为发展中国家提供更多资源。"⑤ "第一次把发展问题置于全球宏观政策框架的突出位置，第一次就落实联合国2030年可持续发展议程制订行动计划，具有开创性意义。我们同意在落实气候变化《巴黎协定》

---

① 《在亚洲基础设施投资银行第五届理事会年会视频会议开幕式上的致辞》，《人民日报》2020年7月29日第2版。

② 《开放共创繁荣　创新引领未来——在博鳌亚洲论坛2018年年会开幕式上的主旨演讲》，《人民日报》2018年4月11日第3版。

③ 《习近平谈治国理政》第三卷，外文出版社2020年版，第447页。

④ 《携手努力共谱合作新篇章——在金砖国家领导人巴西利亚会晤公开会议上的讲话》，《人民日报》2019年11月15日第2版。

⑤ 《团结行动　共创未来——在二十国集团领导人第十六次峰会第一阶段会议上的讲话》，《人民日报》2021年10月31日第2版。

方面发挥表率作用，推动《巴黎协定》尽早生效。我们发起《二十国集团支持非洲和最不发达国家工业化倡议》，制订创业行动计划，发起《全球基础设施互联互通联盟倡议》，决定在粮食安全、包容性商业等领域深化合作。这些行动计划和务实成果，将着力减少全球发展不平等、不平衡问题，为发展中国家人民带来实实在在的好处，为实现2030年可持续发展目标作出重要努力，为全人类共同发展贡献力量。"① "中方愿同各方携手努力，加速推进联合国2030年可持续发展议程，为共同构建人类命运共同体、共创繁荣发展新时代作出更大贡献。"② "实现共同发展是各国人民特别是发展中国家人民的普遍愿望。据有关统计，现在世界基尼系数已经达到0.7左右，超过了公认的0.6'危险线'，必须引起我们的高度关注。今年，我们把发展置于二十国集团议程的突出位置，共同承诺积极落实2030年可持续发展议程，并制定了行动计划。同时，我们还将通过支持非洲和最不发达国家工业化、提高能源可及性、提高能效、加强清洁能源和可再生能源利用、发展普惠金融、鼓励青年创业等方式，减少全球发展不平等和不平衡，使各国人民共享世界经济增长成果。"③（8）加强南南合作。习近平主席强调："坚持互利合作，促进共同发展。中拉经济互补性强，发展战略相互契合，加强合作具备天然优势。"④ "要做好共同发展文章。政策规划是发展的指南针。双方应该发挥两国高层协调与合作

---

① 《在二十国集团领导人杭州峰会上的闭幕辞》，《人民日报》2016年9月6日第1版。

② 《习近平向国际民间社会共同落实全球发展倡议交流大会致贺信》，《人民日报》2022年8月13日第1版。

③ 《构建创新、活力、联动、包容的世界经济——在二十国集团领导人杭州峰会上的开幕辞》，《人民日报》2016年9月5日第3版。

④ 《努力构建携手共进的命运共同体——在中国—拉美和加勒比国家领导人会晤上的主旨讲话》，《人民日报》2014年7月19日第2版。

委员会的作用，加强宏观经济政策协调，加快落实中巴十年合作规划，扩大双方发展战略契合点。"① "要发挥好不结盟运动、七十七国集团等机制的作用，建设好亚洲相互协作与信任措施会议、金砖国家等合作平台，推动发展中国家区域组织开展对话交流，探讨建立南南合作新架构。中方支持印度尼西亚方建立亚非中心的倡议。要提高发展中国家在国际体系内的代表性和发言权，引导2015年后发展议程谈判重点关注解决发展中国家、特别是非洲国家和最不发达国家面临的困难和挑战，更好维护发展中国家正当权益。""要坚持互利共赢、共同发展，对接发展战略，加强基础设施互联互通，推进工业、农业、人力资源开发等各领域务实合作，打造绿色能源、环保、电子商务等合作新亮点，把亚非经济互补性转化为发展互助力。要深化区域和跨区域合作，用好现有区域和次区域合作机制，适时建立新的合作平台，推动贸易和投资自由化便利化，构建宽领域、多层次、全方位的亚非合作新格局。"②（9）习近平主席强调："要发挥交通先行作用，加大对贫困地区交通投入，让贫困地区经济民生因路而兴。要加强南北合作、南南合作，为最不发达国家、内陆发展中国家交通基础设施建设提供更多支持，促进共同繁荣。"③（10）加强南北对话。习近平主席强调："要继续高举发展旗帜，结合落实2030年可持续发展议程和二十国集团领导人杭州峰会成果，加强南北对话和南南合作，用新思路、

---

① 《弘扬传统友好 共谱合作新篇——在巴西国会的演讲》，《人民日报》2014年7月18日第3版。

② 《弘扬万隆精神 推进合作共赢——在亚非领导人会议上的讲话》，《人民日报》2015年4月23日第2版。

③ 《与世界相交 与时代相通 在可持续发展道路上阔步前行——在第二届联合国全球可持续交通大会开幕式上的主旨讲话》，《人民日报》2021年10月15日第2版。

新理念、新举措为国际发展合作注入新动力、开辟新空间，推动全球经济实现强劲、可持续、平衡、包容增长。"① "要推动南南合作和南北对话，增强发展中国家自主发展能力，推动发达国家承担更多责任，努力缩小南北差距，建立更加平等均衡的新型全球发展伙伴关系，夯实世界经济长期稳定发展基础。"② "中方愿同澳方开展更多三方、多方合作，支持南太平洋国家增强发展韧性，应对气候变化等挑战，在开放包容中维护亚太地区和平稳定。"③（11）加强全球治理。习近平主席强调："要携手推进全球治理体系改革和建设，推动国际秩序朝着更加公正合理的方向发展，在不断促进权利公平、机会公平、规则公平的努力中推进人类社会现代化。"④

### 3. 中国提出的全球性倡议的内在关系

全球发展倡议与"一带一路"倡议、全球安全倡议、全球文明倡议同时成为中国提出来的全球性倡议。习近平总书记在多个国际场合阐释这些全球性倡议之间的关系。习近平主席指出："构建人类命运共同体，是以建设持久和平、普遍安全、共同繁荣、开放包容、清洁美丽的世界为努力目标，以推动共商共建共享的全球治理为实现路径，以践行全人类共同价值为普遍遵循，以推动构建新型国际关系为基本支撑，以落实全球发展倡议、全球安全倡议、全球文明倡议为战略引领，以高质量

---

① 《坚定信心 共谋发展——在金砖国家领导人第八次会晤大范围会议上的讲话》，《人民日报》2016年10月17日第2版。

② 《弘扬和平共处五项原则建设合作共赢美好世界——在和平共处五项原则发表60周年纪念大会上的讲话》，《人民日报》2014年6月29日第2版。

③ 《习近平会见澳大利亚总理阿尔巴尼斯》，《人民日报》2023年11月7日第2版。

④ 《携手同行现代化之路——在中国共产党与世界政党高层对话会上的主旨讲话》，《人民日报》2023年3月16日第2版。

共建'一带一路'为实践平台,推动各国携手应对挑战、实现共同繁荣,推动世界走向和平、安全、繁荣、进步的光明前景。"① 这一最新讲话精神道出了全球发展倡议等几个全球性倡议内在逻辑关系。

一是全球发展倡议与"一带一路"倡议的关系。

古特雷斯表示:"发展中国家在基础设施和投融资方面都处于脆弱和不公平地位,国际金融体系已不能反映当今世界政治经济现实,亟须进行改革。习近平主席提出的共建'一带一路'倡议为帮助发展中国家实现可持续发展提供了非常重要和有效的途径,树立了南南合作的典范。习近平主席在第三届'一带一路'国际合作高峰论坛宣布的八项行动完全契合联合国的宗旨和目标,有利于帮助发展中国家加快实现发展。联合国高度赞赏中国坚定维护多边主义,支持习近平主席提出的三大全球倡议,坚定致力于深化同中国的合作。"②

共同发展是凝聚全球发展倡议与"一带一路"倡议的连接点。习近平主席指出:"当今世界面临许多全球性威胁和挑战,国际社会必须团结合作,更加重视发展问题。我提出构建人类命运共同体,就是为了找到携手应对各种全球性挑战的正确路径;提出共建'一带一路'倡议和全球发展倡议,就是为了汇聚积累更多正能量,促进各国的共同发展,助力联合国2030年可持续发展议程,不让任何国家掉队。"③ "坚持共同发展。我们要继续在共建'一带一路'合作方面走在前列,推动落实全球发展倡议,充分释放经贸、产能、能源、交通等传统合作潜

---

① 《中央外事工作会议在北京举行》,《人民日报》2023年12月29日第1版。
② 《习近平会见联合国秘书长古特雷斯》,《人民日报》2023年10月19日第2版。
③ 《习近平会见联合国秘书长古特雷斯》,《人民日报》2023年10月19日第2版。

力，打造金融、农业、减贫、绿色低碳、医疗卫生、数字创新等新增长点，携手建设一个合作共赢、相互成就的共同体。"①

两大倡议目标具有一致性。习近平主席指出："当前，人类社会面临前所未有的共同挑战，加强团结协作是唯一出路。我提出构建人类命运共同体倡议、共建'一带一路'倡议、全球发展倡议、全球安全倡议、全球文明倡议，就是希望让团结代替分裂、合作代替对抗、包容代替排他，共同建设持久和平、普遍安全、共同繁荣、开放包容、清洁美丽的世界。今年，中国将主办第三届'一带一路'国际合作高峰论坛。中方期待同包括法方在内的各方一道，秉持共商共建共享原则，深化在'一带一路'框架内的双边和第三方市场合作，促进全球共同发展。"② "中国立足新发展阶段、贯彻新发展理念、构建新发展格局，为'一带一路'合作伙伴提供了更多市场机遇、投资机遇、增长机遇。中方愿同各方一道，建设更加紧密的'一带一路'伙伴关系，坚持走团结合作、互联互通、共同发展之路，共同推动构建人类命运共同体。"③④ "各方积极推进政策沟通、设施联通、贸易畅通、资金融通、民心相通，启动了大批务实合作、造福民众的项目，构建起全方位、复合型的互联互通伙伴关系，开创了共同发展的新前景。"⑤

---

① 《携手建设守望相助、共同发展、普遍安全、世代友好的中国—中亚命运共同体——在中国—中亚峰会上的主旨讲话》，《人民日报》2023年5月20日第2版。

② 《习近平出席中法企业家委员会第五次会议闭幕式并致辞》，《人民日报》2023年4月7日第3版。

③ 《习近平向"一带一路"亚太区域国际合作高级别会议发表书面致辞》，《人民日报》2021年6月24日第1版。

④ 《携手共命运 同心促发展——在二〇一八年中非合作论坛北京峰会开幕式上的主旨讲话》，《人民日报》2018年9月4日第2版。

⑤ 《习近平向"一带一路"亚太区域国际合作高级别会议发表书面致辞》，《人民日报》2021年6月24日第1版。

## 二 全球发展议题的理论化构建　69

两大倡议秉持的原则具有一致性。习近平主席指出："共建'一带一路'秉持共商共建共享合作原则，坚持开放、绿色、廉洁、合作理念，致力于高标准、惠民生、可持续的合作目标。"①"要促进发展战略对接，本着共商共建共享原则，推进'一带一路'建设，加快地区贸易便利化进程，加紧落实国际道路运输便利化协定等合作文件。"②"继续高举开放合作大旗，坚持多边主义和共商共建共享原则，推动高质量共建'一带一路'，推进同各国、各地区发展战略和互联互通规划对接，加强政策、规则、标准融通，同各国不断深化基础设施建设、产业、经贸、科技创新、公共卫生、人文等领域务实合作，把'一带一路'打造成合作之路、健康之路、复苏之路、增长之路，加强绿色发展合作，为推动世界共同发展、构建人类命运共同体贡献力量。"③

两大倡议都是共同发展的平台。习近平主席指出："共建'一带一路'是各国共同发展的大舞台，我们要推动共建'一带一路'倡议同各国发展战略及欧亚经济联盟等区域合作倡议深入对接，维护产业链供应链稳定畅通，促进各国经济融合、发展联动、成果共享。中方2018年在上海合作组织框架内设立的首期300亿元人民币等值专项贷款即将实施完毕，将启动实施二期专项贷款用于共建'一带一路'合作，重点支持现代化互联互通、基础设施建设、绿色低碳可持续发展等项目。"④"面对时代命题，中国愿同国际合作伙伴共建'一带一路'。

---

① 《习近平向"一带一路"亚太区域国际合作高级别会议发表书面致辞》，《人民日报》2021年6月24日第1版。

② 《弘扬"上海精神" 构建命运共同体——在上海合作组织成员国元首理事会第十八次会议上的讲话》，《人民日报》2018年6月11日第3版。

③ 《构建新发展格局　实现互利共赢——在亚太经合组织工商领导人对话会上的主旨演讲》，《人民日报》2020年11月20日第2版。

④ 《不忘初心　砥砺前行　开启上海合作组织发展新征程——在上海合作组织成员国元首理事会第二十一次会议上的讲话》，《人民日报》2021年9月18日第2版。

我们要通过这个国际合作新平台，增添共同发展新动力，把'一带一路'建设成为和平之路、繁荣之路、开放之路、绿色之路、创新之路、文明之路。"①"我提出'一带一路'国际合作倡议，就是要同有关各方一道，建设互联互通国际合作新平台，增添共同发展新动力。"②习近平主席指出："今年是我提出共建'一带一路'倡议10周年。提出这一倡议的初心，是借鉴古丝绸之路，以互联互通为主线，同各国加强政策沟通、设施联通、贸易畅通、资金融通、民心相通，为世界经济增长注入新动能，为全球发展开辟新空间，为国际经济合作打造新平台。"③

两大倡议都以伙伴关系建设为要。2023年10月，习近平主席会见埃塞俄比亚总理阿比时指出，"双方要以建立全天候战略伙伴关系为契机，不断巩固友好互信，深化务实合作，推动两国关系取得更多成果，做共同发展、合作共赢的朋友和促进南南团结合作、维护国际公平正义的伙伴。"④"面对当前变乱交织的世界，双方要赓续传统友谊，加强团结合作，坚定相互支持，实现共同发展。中方支持安哥拉维护国家主权、安全、发展利益，探索符合本国国情的现代化道路，实现国家发展振兴，愿同安方加强治国理政经验交流，提升双边战略关系水平，携手推进各自国家现代化进程。"⑤"中国是非洲国家维护独立

---

① 《携手共命运 同心促发展——在二〇一八年中非合作论坛北京峰会开幕式上的主旨讲话》，《人民日报》2018年9月4日第2版。

② 《习近平致中国—拉美和加勒比国家共同体论坛第二届部长级会议的贺信》，《人民日报》2018年1月23日第1版。

③ 《建设开放包容、互联互通、共同发展的世界——在第三届"一带一路"国际合作高峰论坛开幕式上的主旨演讲》，《人民日报》2023年10月19日第2版。

④ 《习近平会见埃塞俄比亚总理阿比》，《人民日报》2023年10月18日第3版。

⑤ 《习近平同安哥拉总统洛伦索会谈》，《人民日报》2024年3月16日第1版。

自主和推进发展振兴道路上的可靠朋友和真诚伙伴。中方支持非洲国家和非盟致力于通过非洲方式解决非洲问题，维护地区和平稳定，愿同安哥拉等非洲国家加强多边协调，维护发展中国家共同利益，共同倡导平等有序的世界多极化和普惠包容的经济全球化，推动构建人类命运共同体。"①

两大倡议理念具有一致性。习近平主席指出："只有共同践行亲诚惠容理念，弘扬和平、合作、包容、融合的亚洲价值观，才能融入人类和平、发展、进步的潮流；只有坚持合作共赢，共商共建共享'一带一路'，把开放的大门越开越大，才能促进区域经济循环畅通升级，为亚洲人民带来更多福祉；只有积极推动构建亚洲命运共同体，把本国发展寓于各国共同发展之中，才能共同建成和平安宁、繁荣美丽、友好共生的亚洲家园。"②"今年是我提出'一带一路'倡议十周年。这个倡议的根本出发点和落脚点，就是探索远亲近邻共同发展的新办法，开拓造福各国、惠及世界的'幸福路'。十年来，中方同共建国家加快科技交流和知识分享，不断优化创新环境、集聚创新资源，科技创新合作加快推进，成效显著。"③"共建'一带一路'注重的是众人拾柴火焰高、互帮互助走得远，崇尚的是自己过得好、也让别人过得好，践行的是互联互通、互利互惠，谋求的是共同发展、合作共赢。不搞意识形态对立，不搞地缘政治博弈，也不搞集团政治对抗，反对单边制裁，反对经济胁迫，也反对'脱钩断链'。"④

---

① 《习近平同安哥拉总统洛伦索会谈》，《人民日报》2024年3月16日第1版。
② 《习近平在越南媒体发表署名文章》，《人民日报》2023年12月12日第1版。
③ 《习近平复信古巴科学家裴德乐》，《人民日报》2023年11月1日第1版。
④ 《建设开放包容、互联互通、共同发展的世界——在第三届"一带一路"国际合作高峰论坛开幕式上的主旨演讲》，《人民日报》2023年10月19日第2版。

两大倡议行动具有一致性。习近平主席指出:"中方愿在南南合作框架内向密方提供应对气候变化援助、开展能力建设培训。加强在联合国、太平洋岛国论坛等多边框架内协调配合,共同践行多边主义,维护公道正义。"[①] "中方发展同岛国关系,是南南合作框架内的互帮互助,既不针对第三方,也不应该受到第三方干扰。中方主张,各国在发展同太平洋岛国关系时,应该坚持岛国自主、坚持发展为先、坚持开放包容。岛国有权选择符合自身国情的发展道路,有权同所有发展伙伴开展友好合作。中方愿继续为岛国发展提供力所能及的支持,开展三方或多方合作。"[②]

中国愿为共同发展作贡献。习近平主席强调:"中国发展得益于国际社会,中国也要为全球发展作出贡献。我们推动共建'一带一路'、设立丝路基金、倡议成立亚洲基础设施投资银行等,目的是支持各国共同发展。"[③] "中方支持哥伦比亚独立自主探索符合本国国情的发展道路,支持哥伦比亚和平进程,希望哥伦比亚早日实现全面、持久、可持续和平,相信中国高质量发展和现代化进程将为包括哥伦比亚在内的世界各国带来发展新机遇。中哥关系基于平等、互惠、共赢。欢迎哥伦比亚早日加入共建'一带一路'大家庭,实现共同发展繁荣。双方要用好经贸混委会机制,优化双边贸易结构,加强信息通信、数字经济等领域合作,中方鼓励更多哥伦比亚特色优质产品进入中国市场。欢迎哥方加入中方提出的全球清洁能源合作伙伴关

---

① 《习近平同密克罗尼西亚联邦总统西米纳会谈》,《人民日报》2024年4月10日第1版。

② 《习近平同密克罗尼西亚联邦总统西米纳会谈》,《人民日报》2024年4月10日第1版。

③ 《习近平出席华盛顿州当地政府和美国友好团体联合欢迎宴会并发表演讲》,《人民日报》2015年9月24日第1版。

系倡议，共享绿色发展机遇。"① "新开发银行作为国际金融体系中的重要新兴力量，应该发挥应有作用，打造成21世纪新型多边开发机构，推动国际金融体系向着更加公正合理的方向发展，切实增强新兴市场和发展中国家的代表性和发言权。欢迎新开发银行参与'一带一路'倡议和全球发展倡议，助力落实联合国2030年可持续发展议程，帮助更多发展中国家实现现代化。"② "中国正在以中国式现代化全面推进强国建设、民族复兴伟业。我们追求的不是中国独善其身的现代化，而是期待同广大发展中国家在内的各国一道，共同实现现代化。世界现代化应该是和平发展的现代化、互利合作的现代化、共同繁荣的现代化。前行道路上，有顺境也会有逆流。我们要坚持目标导向、行动导向，咬定青山不放松，一张蓝图绘到底。中方愿同各方深化'一带一路'合作伙伴关系，推动共建'一带一路'进入高质量发展的新阶段，为实现世界各国的现代化作出不懈努力。"③

2023年10月，姚文大使在孟加拉国主流英文媒体《每日太阳报》发表题为"第三届'一带一路'国际合作高峰论坛：建设开放包容、互联互通、共同发展的世界"的署名文章。文章指出，7年来，我们在孟建成12条公路、21座桥梁和27个电力能源项目，帮助孟加拉国人民曾经的梦想变成现实。达舍尔甘地污水处理厂、达卡第一高架快速路先通段等已竣工。7年来，中国对孟投资存量从2.41亿美元增长到近14亿美元。目前，

---

① 《习近平同哥伦比亚总统佩特罗会谈》，《人民日报》2023年10月26日第1版。
② 《习近平会见新开发银行行长罗塞夫》，《人民日报》2023年10月20日第2版。
③ 《建设开放包容、互联互通、共同发展的世界——在第三届"一带一路"国际合作高峰论坛开幕式上的主旨演讲》，《人民日报》2023年10月19日第2版。

有超过 670 家中国企业在孟经营。这些企业是立足孟、深耕孟、以孟为中心辐射南亚区域的生动践行者。据统计，中国企业在孟共创造了超过 55 万个就业岗位。哈西娜总理高度评价"一带一路"倡议，称其为孟加拉国打开了一扇新的发展的大门。可以说，在孟加拉国实现现代化的征程上，"一带一路"是与"2041 年愿景"和"金色孟加拉国"梦想最为契合、最适应孟加拉国水土的发展合作倡议。①

二是习近平有关发展与安全关系的论述。

习近平主席从国内国际两个角度出发，对发展与安全作出了重要论述。习近平主席指出："安全是发展的前提，发展是安全的保障。"② "安全和发展是一体之两翼、驱动之双轮。安全是发展的保障，发展是安全的目的。"③ "贫瘠的土地上长不成和平的大树，连天的烽火中结不出发展的硕果。"④ "没有一个国家能凭一己之力谋求自身绝对安全，也没有一个国家可以从别国的动荡中收获稳定。"⑤ 在国际场合，习近平主席多次倡导并阐释"共同、综合、合作、可持续的安全观"，摒弃冷战和零和博弈旧思维，摒弃丛林法则，坚持以和平方式解决争端，反对以邻为壑、损人利己。倡导各国一起走和平发展道路。"解决

---

① 《驻孟加拉国大使姚文〈第三届"一带一路"国际合作高峰论坛：建设开放包容、互联互通、共同发展的世界〉》，中华人民共和国外交部网站，2023 年 10 月 22 日，https://www.mfa.gov.cn/zwbd_673032/wjzs/202310/t20231023_11166003.shtml.

② 《在网络安全和信息化工作座谈会上的讲话》，《人民日报》2016 年 4 月 26 日第 2 版。

③ 《在第二届世界互联网大会开幕式上的讲话》，《人民日报》2015 年 12 月 17 日第 2 版。

④ 《积极树立亚洲安全观　共创安全合作新局面》，《人民日报》2014 年 5 月 22 日第 2 版。

⑤ 《携手构建合作共赢新伙伴　同心打造人类命运共同体——在第七十届联合国大会一般性辩论时的讲话》，《人民日报》2015 年 9 月 29 日第 2 版。

国际上的事情，不能从所谓'实力地位'出发，推行霸权、霸道、霸凌，应该以联合国宪章宗旨和原则为遵循，坚持共商共建共享。要践行真正的多边主义，反对打着所谓'规则'旗号破坏国际秩序、制造对抗和分裂的行径。"①

三个"唯有"首次将发展与安全、人权、民生全面联系起来。2015年9月，习近平主席在出席联合国发展峰会上发表的《谋共同永续发展 做合作共赢伙伴》重要讲话指出，"和平与发展仍然是当今时代两大主题，要解决好各种全球性挑战，必须攥紧发展这把钥匙：唯有发展，才能消除冲突的根源；唯有发展，才能保障人民的基本权利；唯有发展，才能满足人民对美好生活的热切向往。"② 2022年6月，习近平主席在全球发展高层对话会上发表《构建高质量伙伴关系 共创全球发展新时代》的讲话指出，"只有各国人民都过上好日子，繁荣才能持久，安全才有保障，人权才有基础。"③

党的二十大报告指出，"只有各国行天下之大道，和睦相处、合作共赢，繁荣才能持久，安全才有保障。中国提出了全球发展倡议、全球安全倡议，愿同国际社会一道努力落实。中国坚持对话协商，推动建设一个持久和平的世界；坚持共建共享，推动建设一个普遍安全的世界；坚持合作共赢，推动建设一个共同繁荣的世界；坚持交流互鉴，推动建设一个开放包容的世界；坚持绿色低碳，推动建设一个清洁美丽的世界。"④

---

① 《习近平谈治国理政》第四卷，外文出版社2022年版，第434页。
② 《谋共同永续发展 做合作共赢伙伴》，《人民日报》2015年9月27日第2版。
③ 《构建高质量伙伴关系 共创全球发展新时代》，《人民日报》2022年6月25日第2版。
④ 《习近平著作选读》第一卷，人民出版社2023年版，第51页。

全球发展离不开和平稳定的国际环境。习近平主席指出："我提出全球安全倡议，目的是同大家一道，弘扬联合国宪章精神，本着安全不可分割原则，坚持共同、综合、合作、可持续的安全观，倡导通过谈判消弭冲突，通过协商化解争端，支持一切有利于和平解决危机的努力。"①

三是习近平有关发展与文明关系的论述。

文明交流互鉴是人类发展和进步的动力。习近平主席指出："文明因交流而多彩，文明因互鉴而丰富。文明交流互鉴，是推动人类文明进步和世界和平与发展的重要动力。我们要通过推动跨国界、跨时空、跨文明的交流互鉴活动，促进各国人民相互了解、相互理解、相互支持、相互帮助，在世界各国人民心灵中坚定和平理念、坚定共同发展理念，形成防止和反对战争、推动共同发展的强大力量。"②

两大倡议具有平等理念。习近平主席指出："我们共同居住在同一个星球上，这个星球有200多个国家和地区、2500多个民族、70多亿人口，搞清一色是不可能的。这种差异不应该成为交流的障碍，更不能成为对抗的理由。不同文明、制度、道路的多样性及交流互鉴可以为人类社会进步提供强大动力。我们应该少一点傲慢和偏见、多一些尊重和包容，拥抱世界的丰富多样，努力做到求同存异、取长补短，谋求和谐共处、合作共赢。"③ "每一种文明都是美的结晶，都彰显创造之美。一切美好的事物都是相通的。各种文明本没有冲突，只是

---

① 《共迎时代挑战共建美好未来——在二十国集团领导人第十七次峰会第一阶段会议上的讲话》，《人民日报》2022年11月16日第2版。
② 《在中国国际友好大会暨中国人民对外友好协会成立60周年纪念活动上的讲话》，《人民日报》2014年5月16日第2版。
③ 《同舟共济创造美好未来——在亚太经合组织工商领导人峰会上的主旨演讲》，《人民日报》2018年11月18日第2版。

要有欣赏所有文明之美的眼睛。既要让本国文明充满勃勃生机，又要为他国文明发展创造条件，让世界文明百花园群芳竞艳。""文明因多样而交流，因交流而互鉴，因互鉴而发展。我们要加强世界上不同国家、不同民族、不同文化的交流互鉴，夯实共建亚洲命运共同体、人类命运共同体的人文基础。文明交流互鉴应该是对等的、平等的，应该是多元的、多向的，而不应该是强制的、强迫的，不应该是单一的、单向的。应该以海纳百川的宽广胸怀打破文化交往的壁垒，以兼收并蓄的态度汲取其他文明的养分，促进亚洲文明在交流互鉴中共同前进。"①

两大倡议具有融通性。习近平主席指出："一个国家走什么样的道路，只有这个国家的人民最有发言权。一副药方不可能包治百病，一种模式也不可能解决所有国家的问题。生搬硬套或强加于人都会引起水土不服。中国始终坚持用对话交流代替冲突对抗，同时反对一切针对特定民族和宗教的歧视和偏见。"②

两大倡议具有创新内涵。习近平主席指出："文明永续发展，既需要薪火相传、代代守护，更需要顺应时势、推陈出新。世界文明历史揭示了一个规律：任何一种文明都要与时偕行，不断吸纳时代精华。应该用创新增添文明发展动力、激活文明进步的源头活水，不断创造出跨越时空、富有永恒魅力的文明成果。激发人们创新创造活力，最直接的方法莫过于走入不同文明，发现别人的优长，启发自己的思维。"③

---

① 《深化文明交流互鉴 共建亚洲命运共同体——在亚洲文明对话大会开幕式上的主旨演讲》，《人民日报》2019年5月16日第2版。
② 《同舟共济创造美好未来——在亚太经合组织工商领导人峰会上的主旨演讲》，《人民日报》2018年11月18日第2版。
③ 《深化文明交流互鉴 共建亚洲命运共同体——在亚洲文明对话大会开幕式上的主旨演讲》，《人民日报》2019年5月16日第2版。

加大文明对发展的支持力度。习近平主席指出："双方要加强汉语教学、艺术团组互访、旅游等人文交流，加强禁毒、打击跨国犯罪等领域双边执法合作，希望哥方保障好在哥中国公民、企业、机构的安全。中哥同为发展中国家，双方要加强在国际事务中的沟通协作，维护发展中国家共同利益和国际公平正义。"① 哥伦比亚总统佩特罗指出，哥方赞同习近平主席提出的全球发展倡议、全球安全倡议、全球文明倡议，愿同中方在多边机制内加强沟通协作。哥方支持拉中论坛建设，愿利用2025年担任拉共体轮值主席国契机，积极推动拉中关系不断发展。②

发展与文明相互成长。习近平主席指出："中国共产党将致力于推动文明交流互鉴，促进人类文明进步。当今世界不同国家、不同地区各具特色的现代化道路，植根于丰富多样、源远流长的文明传承。人类社会创造的各种文明，都闪烁着璀璨光芒，为各国现代化积蓄了厚重底蕴、赋予了鲜明特质，并跨越时空、超越国界，共同为人类社会现代化进程作出了重要贡献。中国式现代化作为人类文明新形态，与全球其他文明相互借鉴，必将极大丰富世界文明百花园。"③

## （二）国内有关全球发展倡议的研究综述

自全球发展倡议提出之后，国内开始加紧研究倡议的理论

---

① 《习近平同哥伦比亚总统佩特罗会谈》，《人民日报》2023年10月26日第1版。
② 《习近平同哥伦比亚总统佩特罗会谈》，《人民日报》2023年10月26日第1版。
③ 《携手同行现代化之路——在中国共产党与世界政党高层对话会上的主旨讲话》，《人民日报》2023年3月16日第2版。

来源、实践意义和全球价值。本部分将重点讨论国内迄今为止有关全球发展倡议的研究进展。

**1. 有关全球发展倡议的理论和实践**

国内有关全球发展倡议的理论讨论主要是从全球价值观、全球治理、全球公共产品和制度基础建设、发展知识等几个方面开展的。有的认为，全球发展倡议不同于西方发展观。如，弋犟、蒋海蛟认为，全球发展倡议不同于潜藏着排他性的西方传统发展观，是一种真正促进全人类共同发展的新理念，全球发展倡议强调发展优先和满足全人类发展价值的自由发展，以克服资本文明宰制下的种种弊端；强调发展利益共享和保障全人类发展利益，以破除西方发展理念对全球发展的桎梏；强调人与自然和谐共生理念和坚持行动导向，以超越西方局限的发展模式与文明观。① 杨先明、邵素军认为，全球发展倡议构建了以人为本的新的全球发展范式，并指出了解决全球发展不平等和不充分的根本途径，围绕落实联合国 2030 年可持续发展议程，全球发展倡议以全球化和全球合作为基础，将创新驱动、人与自然和谐共生和普惠包容作为三大实现机制，通过"围绕中心、项目引领、各方参与、加大投入、全面推进、突出重点"六个方面构建实现路径。② 有的从倡议的道德感召力出发探讨全球发展倡议的价值。如，毛瑞鹏认为，全球发展倡议反映了国际社会对如期实现联合国 2030 年可持续发展议程目标的期望，是中国促进全球可持续发展和推动全球治理体系变革的重大举措。全球发展倡议有助于推动发展问题回归到国际议程核心位

---

① 弋犟、蒋海蛟：《共同发展：全球发展倡议对西方传统发展观的超越》，《齐齐哈尔大学学报》（哲学社会科学版）2022 年第 10 期。
② 杨先明、邵素军：《发展史视角下全球发展范式重构与实现路径》，《拉丁美洲研究》2022 年第 6 期。

置，也有助于促进国际发展知识交流，提升中国作为全球发展贡献者的形象。① 有的认为，全球发展倡议是一种新型的全球治理。孙吉胜认为，人们对发展的认识经历了从单纯强调经济增长到以人为本的全面发展和可持续发展的演进，全球发展与全球治理现状和水平有关，作为发展中大国，中国已初步建立发展领域的国际话语权。未来，中国需要继续提升中国全球发展治理话语权，与各国携手构建全球发展命运共同体。② 王汉新、朱艳新认为，全球发展倡议为新型全球经济治理提供了中国方案，全球发展倡议能真正引领国际社会共同发展、有效避免"集体困境"、是全球经济治理的现实需要。③ 有的则从公共产品角度讨论全球发展倡议提出的内在逻辑。任琳、彭博通过构建全球发展公共产品的"供给—需求"研究框架，认为全球发展赤字主要源于全球发展公共产品的供需失衡，表现为霸权国工具化治理实践，致使发展公共产品供给出现缺位；发展机制面临有效性危机，发展公共产品供给陷入效率困境；部分国家治理能力缺失，发展公共产品供给出现普惠赤字。全球发展倡议致力于实现全球发展公共产品的再平衡，有助于弥合全球发展赤字，包括引领大国协作重建治理合法性、推动机制合作提升治理有效性，以及强化国家能力提高治理普惠性。与此同时，全球发展倡议在助力区域发展治理方面同样发挥不可或缺的作用，特别体现在推动相关地区在器物公共产品、制度公共产品

---

① 毛瑞鹏：《全球发展倡议及其对全球治理体系变革的意义》，《国际展望》2022年第6期。
② 孙吉胜：《全球发展治理与中国全球发展治理话语权提升》，《世界经济与政治》2022年第12期。
③ 王汉新、朱艳新：《全球发展倡议与新型全球经济治理》，《上海经济研究》2024年第1期。

和理念公共产品等三类公共产品实现再平衡。① 还有的从倡议实施的制度基础出发，讨论全球发展从的产生及推广，如，王明国认为全球发展倡议的有序推动需要制度化建设，利益、规范、话语和过程是全球发展倡议制度建设的基本考虑因素。全球发展倡议的制度路径主要包括通过现有国际制度进行推动，新建专门性的全球发展倡议组织以及打造基于"倡议+"的国际制度对接模式，制度性安排要以"一带一路"制度建设为核心，以周边地区制度建设为首要，以联合国制度对接为主导，以非正式制度为突破，通过制度建设展现一个更加普惠、平衡的全球发展图景。② 发展知识合作是近年来讨论的热点话题，一些研究将全球发展倡议视为发展知识合作的主要平台。如，郭存海认为，中国和拉美同属"全球南方"，都面临进一步发展的使命，双方亟待加强合作以实现共同发展。从长远来看，实现这一目标的关键路径是推进发展知识合作，提高自主发展能力，其中发展知识合作是贯通全球发展倡议和全球文明倡议的创新实践，中国式现代化是中国最大的发展知识，未来应以中国式现代化为核心发展知识探索合作模式和路径，以为新时期中拉全面合作伙伴提质升级贡献智慧和力量。③ 周太东、余璐认为，面向未来，应从深化国际发展共识、优化发展资源配置、加强务实项目合作、促进发展知识分享等方面努力，确保全球发展倡议走深走实，推动联合国可持续发展目标早日实现。④ 王珩、

---

① 任琳、彭博：《全球发展倡议：全球发展公共产品供需再平衡的中国方案》，《拉丁美洲研究》2022年第6期。

② 王明国：《全球发展倡议的国际制度基础》，《太平洋学报》2022年第9期。

③ 郭存海：《发展知识合作：全球文明倡议的拉美实践》，《拉丁美洲研究》2024年第2期。

④ 周太东、余璐：《落实全球发展倡议，推动走好可持续发展议程"下半程"》，《可持续发展经济导刊》2023年第8期。

周星灿认为，在全球发展倡议背景下，发展中国家要实现民族复兴，必须与其他国家的历史文化与现代文明对话，通过构建知识思想文化共同体，塑造新型国际知识体系，如构建包括文化知识、发展知识、医卫知识、安全知识、生态知识等"五位一体"的中非命运共同体知识。[1] 有的认为，西方的全球发展框架因不均衡、渗透着强权和霸权而亟待重构，新兴经济体崛起正在充分发掘本土资源和本土知识，探寻发展的内生进程，构建超越欧美单一发展范式、体现发展中国家多元实践经验和自主性的新框架。[2]

国内有关全球发展倡议的实践研究更多着眼于倡议取得的实践进展、全球价值、对双边关系的影响等。中国国际发展知识中心每年分布的《全球发展报告》讨论年度进程以及新的举措。[3] 新华社国家高端智库发布《全球发展倡议实践成就与世界贡献》智库报告则指出全球发展倡议的全球价值。报告认为，全球发展倡议是联合国2030年可持续发展议程遇阻之时中国提供的兼具思想力和行动力的国际公共产品，向国际社会展现了一种更具包容力、更加多元化、更可持续的国际发展合作新模式，为人类携手走出发展困局、奔赴共同发展的美好前程开辟了新路径，提供了新启迪。[4] 赵若祯、张贵洪认为，全球发展倡议作为落实2030年可持续发展议程的"中国方案"，具有开放性、包容性、公平性和实效性等特点，是中国向国际社会提供

---

[1] 王珩、周星灿：《全球发展倡议背景下的中非知识思想文化共同体构建》，《区域国别学刊》2023年第4期。

[2] 李因才：《重塑全球发展框架的中国倡议》，《中国社会科学报》2022年9月15日第3版。

[3] 参见中国国际发展知识中心《全球发展报告2023：处在历史十字路口的全球发展》，中国发展出版社2024年版。

[4] 新华社国家高端智库：《全球发展倡议实践成就与世界贡献》，新华网，2023年9月20日，http://www.news.cn/2023-09/20/c_1129873600.htm。

的重要公共产品，全球发展倡议与2030年可持续发展议程核心理念契合、行动目标一致、治理逻辑互补、重点领域承接，具备对接的主客观条件。① 张贵洪对全球发展倡议取得的机制性进展做了说明。② 陈竞、汪道认为，落实全球发展倡议有三条实现路径，即制度化路径、促合作路径、普惠性路径。③

全球发展倡议如何在双边层面得到落实也是研究者们关注的重点方向。有关全球发展倡议对中非关系的推动是研究重点。如，宋微认为，全球文明倡议的核心是尊重各国自主选择的发展模式，以平等的方式推动文明间互鉴，尊重现代化发展的人民性，中国对非援助的核心与全球文明倡议的内核相契合，全球文明倡议为新时代中国开展对非治理援助提供了新思路，未来应在尊重文明多样性基础上进行。④ 张贵洪认为，全球发展倡议在非洲落地对于全球发展治理、国际发展合作和地区发展战略具有示范作用。联合国2030年可持续发展议程、非洲联盟《2063年议程》以及中国提出的"一带一路"倡议和全球发展倡议，对非洲发展具有指导性意义。协同推进全球发展倡议和非盟《2063年议程》，关键在于共同对接联合国2030年可持续发展议程，协力构建新型全球发展伙伴关系，携手推动全球南方新发展。⑤ 赵雅婷认为，作为构建新型南南合作的重要举措，

---

① 赵若祯、张贵洪：《全球发展倡议对接2030年可持续发展议程：内涵、动力与路径》，《湖北社会科学》2022年第6期。

② 张贵洪：《全球发展倡议的核心目标与实现路径》，《国家治理》2024年第1期。

③ 陈竞、汪道：《浅析推进全球发展倡议的三条实现路径》，《党史纵览》2023年第8期。

④ 宋微：《推动自主发展：全球文明倡议下中国对非洲治理援助》，《国际问题研究》2023年第3期。

⑤ 张贵洪：《全球发展倡议与非洲发展转型》，《中国非洲学刊》2023年第3期。

推动全球发展倡议与《2063年议程》全面对接对于助力非洲发展、促进发展知识共享、推动全球发展治理改革、构建发展共同体有深远意义。二者对接有良好的先期基础，在立场、理念和行动上有较高的一致性，也有较强的可行性，在逻辑、结构和内容上有充分的互补性。① 有的以阿拉伯国家为例，探讨了中阿共同落实全球发展倡议的战略意义、实施路径和重点领域，并认为中阿经济互补性强，双方落实全球发展倡议，实践"以发展促和平"理念，将发展红利转化为和平红利，可推动基础设施互联互通，助力中东地区的和平与发展事业。② 还有的讨论中欧关系。张敏认为，"全球发展倡议"可为中欧在多个层面发展和建立伙伴关系。③

### 2. 有关全球发展倡议与"一带一路"倡议关系的论述

对全球发展倡议和"一带一路"倡议关系的基本看法是两者有差异，但是在趋同，同时全球发展倡议越来越趋于战略层面，而"一带一路"倡议更具体务实。如，程子龙认为，全球发展倡议与"一带一路"倡议分别自成一体，各有侧重，合作方向和重点各有聚焦，但两者同是在全球发展事业出现危机时应运而生，同为开放、包容性的发展合作平台和国际发展公共产品，在发展主体、立足根本和致力目标的演进逻辑上具有紧密关联和一致性，深刻体现了中国新发展观。两者在推出时间上的不同，使得"一带一路"可以视为落实"全球发展倡议"

---

① 赵雅婷：《构建新型南南合作：全球发展倡议与〈2063年议程〉全面对接》，《中国非洲学刊》2023年第3期。

② 孙德刚、章捷莹：《中阿落实全球发展倡议：理念与实践》，《和平与发展》2022年第5期。

③ 张敏：《中欧构建全球发展伙伴关系的挑战与前景》，《辽宁大学学报（哲学社会科学版）》2023年第3期。

的先行实践；全球发展倡议则可以成为高质量共建"一带一路"新的驱动力和行动导向。两者可以在合作机制共通、发展融资共享、发展伙伴共建三个方面实现协同增效。① 王义桅、陈超认为，全球发展倡议和"一带一路"倡议作为中国为全球提供的双方案，把促进共同发展置于突出位置，形成了新发力点和新结合点。全球发展倡议与"一带一路"倡议的发展维度内容高度契合、进程相互对接、平台相互促进，契合了各自的发展阶段和发展任务，符合全球发展规律，是以马克思主义国际主义理论为指导的具有中国特色的重大国际倡议，为新时代发展合作提供了战略引领和根本遵循。在合作理念上，全球发展倡议与"一带一路"倡议最核心的理念都是以人民为中心，坚持共商共建共享原则，将中国的理念与世界的需求相结合。②

### 3. 有关全球发展倡议与全球安全倡议关系的论述

全球安全倡议以整体的而非局部的、联系的而非割裂的、发展的而非静止的思维看待全球安全问题，充分体现了这一重大倡议的整体性、时代性和人民性。习近平总书记指出："中国共产党将致力于维护国际公平正义，促进世界和平稳定。中国式现代化不走殖民掠夺的老路，不走国强必霸的歪路，走的是和平发展的人间正道。"③ 各国应当坚持共同、综合、合作、可持续的安全观，共同维护世界和平和安全。

---

① 程子龙：《"全球发展倡议"与"一带一路"建设》，《湖北社会科学》2022年第6期。

② 王义桅、陈超：《全球发展倡议与"一带一路"协同增效》，《北京日报》2022年4月18日第12版。

③ 习近平：《携手同行现代化之路——在中国共产党与世界政党高层对话会上的主旨讲话》，人民出版社2023年版，第6页。

兼顾发展与安全，共同促进世界经济强劲复苏，积极落实全球发展倡议，加快落实联合国 2030 年可持续发展议程，以可持续发展促进可持续安全。① 两者互为促进，如郭锐、黄鹏飞认为，全球安全是全球发展的先决条件，全球发展是全球安全的破题基础、长远目标和必行思路，两者的内在辩证关系和积极的建设性互动，契合时代诉求，有助于当今世界从消极的"安全化和平"转向积极的"发展型和平"新方向。② 两者具有共性理念。于江、贾丁认为，"共同、综合、合作、可持续"是全球发展倡议和全球安全倡议两个倡议的重要"理念群"，实现了由自利性安全和发展向共同安全和发展的转向，由功能性安全和发展向综合安全和发展的转向，由竞争性安全和发展向合作安全和发展的转向，由非持续性安全和发展向可持续安全和发展的转向，为人类文明实现飞跃式发展提供了重要的思想指引和实践准备。③ 在具体层面上，颜欣、陈邦瑜认为，安全和发展已由早期的二元分割上升为联结整体，使安全和发展摆脱了原有的抽象分离的样态。中国与东盟的安全和发展日益形成联结并进的新形态。④ 有的强调实践路径，如王明国认为，全球发展倡议与全球安全倡议密切联系、不可分割，有必要协调推进全球发展倡议与全球安全倡议的落实。元首引领的制度化峰会提供了多层次、多角度和多元化的全球发展与安全治理平台，是

---

① 《全球安全倡议契合国际社会求和平、谋合作、促发展的共同心声》，新华网，2022 年 4 月 25 日，http://www.news.cn/world/2022-04/25/c_1128595422.htm。

② 郭锐、黄鹏飞：《统筹全球发展和全球安全的中国探索》，《俄罗斯研究》2022 年第 6 期。

③ 于江、贾丁：《统筹全球发展倡议和全球安全倡议的几点思考》，《国家安全研究》2023 年第 2 期。

④ 颜欣、陈邦瑜：《"安全—发展联结"与中国—东盟命运共同体构建：关系脉络、内在逻辑与路径选择》，《东南亚纵横》2024 年第 2 期。

中国协调推动两大倡议落实的重要路径。①

**4. 有关全球发展倡议、全球安全倡议、全球文明倡议的关系论述**

全球文明倡议倡导尊重世界文明多样性，坚持文明平等、互鉴、对话、包容，以文明交流超越文明隔阂、文明互鉴超越文明冲突、文明包容超越文明优越；倡导弘扬全人类共同价值，提出以宽广胸怀理解不同文明对价值内涵的认识，不将自己的价值观和模式强加于人，不搞意识形态对抗。全球文明倡议倡导加强国际人文交流合作，要求充分挖掘各国历史文化的时代价值，推动各国优秀传统文化在现代化进程中实现创造性转化、创新性发展，共同推动人类文明发展进步。

对三大倡议的理论研究主要从共性出发。蔡翠红、于大皓认为，中国提出的全球发展倡议、全球安全倡议和全球文明倡议，可以被统合视为新时代中国为全人类提供的优质国际公共产品。"三大倡议"密切联系、不可分割，作为一个有机整体能够突破全球治理的地缘冲突困境、发展失衡困境、体系失灵困境和价值混乱困境，进而弥合全球治理的和平赤字、发展赤字、信任赤字和价值赤字。②刘志刚认为以全球发展倡议、全球安全倡议、全球文明倡议立体呈现的人类命运共同体理念，系统阐述了回答世界之问、人民之问、时代之问的中国方案。全球发展倡议坚持发展优先、共同繁荣，立足于为构建人类命运共同体奠定物质基础；全球安全倡议追求持久和平、普遍安全，立足于为构建人类命运共同体注入更多稳定性；全球文明倡议弘

---

① 王明国：《统筹推进全球发展倡议与全球安全倡议的落实——基于制度化峰会的视角》，《国际展望》2023年第2期。

② 蔡翠红、于大皓：《中国"三大倡议"的全球治理逻辑及实践路径——基于国际公共产品供给视角的分析》，《东北亚论坛》2023年第5期。

扬全人类共同价值,立足于为构建人类命运共同体凝聚起更为广泛的价值共识。① 张春认为,中国先后提出"一带一路"倡议和全球发展倡议、全球安全倡议、全球文明倡议等一系列"中国倡议",为国际社会应对和平赤字、发展赤字、安全赤字、治理赤字贡献中国理念、中国智慧和中国方案,为推动构建人类命运共同体提供强大动能。②

有的从差异出发探讨三大倡议的关系。种鹃认为,全球发展倡议能够明晰全球发展的推进方向,全球安全倡议能够形塑全球发展的和谐氛围,全球文明倡议能够规避全球要素流动的阻断风险。三大全球倡议将从范式、环境和联系等层面弥合全球发展赤字。③

有的从来源出发探讨三大倡议的关系,史志钦、姜术容认为,中国提出的包括全球发展倡议等多个全球倡议方案突出体现在历史、理论和实践三个层面。从历史层面看,中国主动发起的一系列全球倡议,植根于中华文明深厚的历史传统、顺应了世界格局演变的历史趋势、契合了人类文明进步的历史规律,展现出坚实的历史逻辑。从理论层面看,中国深入思考的一系列全球倡议,理论内核清晰、观念基础坚实、架构原则公正,蕴含着合作共赢的交互主体内核、价值共识的观念认同基础以及真正多边的集体行动原则,呈现出科学的理论逻辑。从实践层面看,中国积极践行的一系列全球倡议,表现出全球问题化解的对象性、美好世界建设的目标性以及公共产品供给的务实

---

① 刘志刚:《"三大倡议":人类命运共同体理念的立体化呈现》,《新疆社会科学》2023年第6期。

② 张春:《"中国倡议"助力"全球南方"共同发展》,《当代世界》2023年第11期。

③ 种鹃:《三大全球倡议弥合全球发展赤字的逻辑与路径》,《理论视野》2024年第2期。

性，彰显出鲜明的实践逻辑。①

有的从比较出发重点讨论三大倡议与西方发展观的差异。与国际社会既有的各类倡议相比，"中国倡议"具有独特的内涵与特征。第一，"中国倡议"从根本上搭建了推动构建人类命运共同体的领域模块。第二，"中国倡议"使构建人类命运共同体的地理模块和领域模块得以有机结合。第三，"中国倡议"是新时代中国为国际社会贡献的重要公共产品。第四，"中国倡议"为增强国际团结合作提供了重要动能。作为普遍性的国际公共产品，"中国倡议"还具有独特之处，即通过为"全球南方"注入全新合作动力，促进"全球南方"共同发展和"全球南方"命运共同体构建。②

有的从三大倡议的相互作用关系出发，曾向红、田嘉乐认为"三大倡议"互为支撑，应避免片面化和碎片式解读。首先，全球发展倡议、全球安全倡议和全球文明倡议三者密切联系、有机统一，统筹推进高水平安全、高质量发展和高层次文明，彰显了中国以系统意识、世界眼光和天下情怀推动全球治理体系变革的远大抱负。其次，全球发展倡议作为"三大倡议"的基础性倡议，其实践成果可为全球安全倡议和全球文明倡议的践行提供坚实的物质基础。再次，全球安全倡议作为"三大倡议"的保障性倡议，为全球发展倡议和全球文明倡议的落实提供了和平稳定的外部环境。最后，全球文明倡议作为"三大倡议"的桥梁性倡议，为全球发展倡议和全球安全倡议的落实提供了切实可行的沟通渠道。"三大倡议"导向统一，即坚持理念导向和实践导向相统一、坚持问题导向和目标导向相统一、坚

---

① 史志钦、姜术容：《论中国的全球倡议方案：历史逻辑、理论逻辑与实践逻辑》，《当代中国与世界》2023年第3期。

② 张春：《"中国倡议"助力"全球南方"共同发展》，《当代世界》2023年第11期。

持过程导向和结果导向相统一、坚持诉求导向和民意导向相统一。①

有的从三大倡议的全球治理功能出发，韦红、郝雪认为，面对全球治理的困境，"三大全球倡议"坚持发展治理和安全治理协同推进，并使之相互促进；强调以文明包容互鉴建构全球发展、安全治理新理念；统筹发展、安全与文明，强调不同治理机制的联动性和综合性。中国必须从行动层面坚持发展、安全与文明并重，夯实重点领域合作；从思想层面加强国际人文交流合作，建构发展、安全治理的共同价值理念；从制度层面完善和创新治理机制，推动治理机制间协调互补，助力"三大全球倡议"落地落实。②

### 5. 全球发展倡议与人类命运共同体关系论述

现有研究基本认为全球发展倡议是人类命运共同体建设的实践平台。如，廖炼忠认为，从辩证统一的视角来看，全球发展倡议是人类命运共同体构建的制度保障，人类命运共同体是落实全球发展倡议的方向指引，全球发展倡议与人类命运共同体都是中国向国际社会提供的公共产品。③ 王镭认为，提出全球发展倡议顺应人类历史发展大势，超越霸权稳定论局限、打破"搭便车"魔咒禁锢、秉持正确义利观，在对国际公共产品的理论认知上实现突破与创新。④

---

① 曾向红、田嘉乐：《"三大倡议"的内在联系及其世界意义》，《教学与研究》2024年第4期。

② 韦红、郝雪：《"三大全球倡议"：全球治理新思维及推进路径》，《社会主义研究》2023年第6期。

③ 廖炼忠：《全球发展倡议与人类命运共同体构建》，《世界民族》2023年第1期。

④ 王镭：《全球发展倡议：促进共同发展的国际公共产品》，《中国经济学人》2022年第4期。

## （三）有关全球发展倡议的学理探讨

国内外有关全球发展倡议的理论层面探讨基本上是，或从倡议的需求角度出发，以全球治理理论为依据，探讨全球发展倡议所具有的全球治理功能，或从供给角度出发，以全球公共产品为依据，探讨全球发展倡议对全球发展所需要的公共产品供给功能。也有从价值观层面，探讨全球发展倡议与西方传统理念的差异，也就是全球发展倡议的哲学价值，或者从倡议本身出发，探讨全球发展倡议的社会价值。当然，也有从制度建设角度，探讨全球发展倡议实施的制度基础。本报告试图从经济学角度探讨全球发展倡议所具有的经济功能。崔文星、黄梅波认为，以经济无限增长为核心要义的发展主义在欧洲启蒙运动过程中伴随着资产阶级的崛起而逐渐形成，并在资本主义生产体系的扩张过程中逐渐成为"全球性信仰"。西方发展主义蕴含的一元中心（资本中心、西方中心、人类中心）和二元对立发展观（人与自然）在推进人类进步的同时，造成了国内与国际层面的公平缺失以及人与自然的矛盾，决定了现有的全球发展治理模式无法克服规则非中性带来的治理问题，而中国提出的新型全球发展理念则为解决全球发展治理问题带来希望。[①]

### 1. 西方传统观念已不适用今天的现实

纵观西方国家发展史，其典型特征是亲资本型发展模式。为追求资本利润最大化，西方国家建立了一整套以逐利为目的经济运转体系。在工业文明诞生的随后几百年间，西方国家以

---

① 崔文星、黄梅波：《"全球发展倡议"的理论超越性——基于与"西方发展主义"的对比分析》，《国际经济评论》2023年第5期。

其制度和技术的先进性一直保持发展优势，先于世界其他国家率先实现了工业化、现代化，但也由此形成了唯我独尊的心态。西方中心主义就是这种心态的典型写照，并成为其看待世界的唯一出发点和落脚点。西方国家认为世界上所有后进国家都应该仿照西方的发展模式来发展，不允许其他国家挑战其中心地位。然而，在推动世界发展的同时，西方国家却也"溢出"了两个二元对立世界：一个是国与国之间的二元对立，即发达国家与不发达国家之间的不平等发展，世界的中心是西方国家，其他国家只能处于外围地位、从属地位，自第二次世界大战结束以来，世界上鲜有发展中国家跻身发达国家行列，就是这种不平等体系运转的必然结果；另一个是人与自然之间的对立，资本对资源的无限贪欲与资源有限之间的矛盾日趋突出。早在半个世纪前发布的《增长的极限》就把西方那种滥用资源无节制发展的模式推上了风口浪尖。两个二元对立的结果就是发展赤字的不断累积，2024年1月发布的《2024年全球风险报告》已将"极端天气事件"列为未来两年全球面临的第二大风险，以及未来十年的首要风险。伴随环境污染、温室效应、水资源枯竭等环境欠债日趋严重，人口众多的发展中国家越来越难以复制西方发展模式。

基于西方传统理念以及由此形成的现代世界的事实，全球发展倡议主张共同发展，这里的共同发展有两层含义，一是消除西方中心的一元论，即世界所有国家均应享有现代化成果。二是结束人与自然的二元对立发展理念，而转变为一元理念。也就是说全球发展倡议主张的是基于人与人关系的平等发展和基于人与自然关系的可持续发展。中国的全球发展框架聚焦共同发展。改革开放40多年来，中国始终将发展视为第一要务。全球发展倡议同样将发展置于全球宏观政策框架的突出位置，主张构建更加平等均衡的全球发展伙伴关系。共同发展首先要求聚焦发展，将主要资源投入发展领域；其次要求发展的普惠共赢，不能以邻为壑或者搞"小圈子"；再次要向落后和低收入国家倾斜，不让任何一个国家掉队。① 全球发展倡议面向全球，不分南北，不讲集团政治，不以意识形态划线，在坚持南北合作主渠道的原则下，不断开拓南南合作新场域新方式，重振全球发展伙伴关系，携手各方打造开放联动的全球发展环境，让各国和各国人民共享发展机遇、发展成果。它不干涉他国内政、不附加任何政治条件，坚定支持各国走自己的路。它坚持共商共建共享，欢迎世界各国和所有致力于全球发展的积极力量贡献智慧和力量。② 南非国际事务研究所高级研究员库布斯·范施塔登认为，随着全球发展倡议和全球安全倡议的提出，中国似乎有意重塑自己作为国际发展合作伙伴的角色。这些努力的结果不仅关乎基础设施，还可能改变全球发展本身。全面加强南南合作有迹象表明，中国拥有更广泛的雄心，并可能影响到全球发展的结构。"一带一路"倡议以及全球发展倡议和全球安全倡议的启动表明，中国正准备对西方领导地位发起根本性挑战。③

全球先进产业发展不必非得由发达国家来引领。百年来，西方国家一直是新产业的领导者，每一轮新产业的创立、发展都出自西方国家之手，也因此维系住其不平等的中心—外围体系。今天，新能源产业的发展却打破常规，由发展中国家率先发起并发展起来。记者兼作家亨利·桑德森在美国《外交事务》

---

① 李因才：《重塑全球发展框架的中国倡议》，《中国社会科学报》2022年9月15日第3版。

② 新华社国家高端智库：《全球发展倡议实践成就与世界贡献》，新华网，2023年9月20日，http://www.news.cn/2023-09/20/c_1129873600.htm。

③ 《美媒文章：中国将再次改写全球发展格局》，《参考消息》2023年5月5日第8版。

杂志上撰文指出，在新能源产业方面西方远落后于中国，如今中国不仅在生产和应用方面走在前列，在技术创新方面也是如此。由此引发西方国家对失去产业发展主导权的担忧，也使它们开始加大对中国新能源产业发展的大肆抹黑。

新产业发展所依赖的技术不必非得由发达国家来引领。中国新能源产业是世界上第一次不依靠西方国家技术发展起来的，相反诸多发达国家企业却在通过与中国企业开展技术合作来加快自身转型。根据中国研发指数CIRD，2023年中国新能源汽车和新能源领域海外专利申请量的增速分别达到54.9%和22.6%，处于世界发展领先地位。这种新变化自然引发了西方国家对未来产业发展的恐慌。为围堵中国新能源产业发展，此次西方国家与以往做法有所不同。过去西方国家在对那些具有挑战性质的发展中国家产业进行反补贴或反倾销调查时，都是对已经发生了的事情进行评估，而现在发起的所谓反补贴调查或者征高关税不过是采取预设手法，所依据的是对未来可能发生的事情的猜测。2024年3月，欧盟委员会发布公告称，已掌握了足够证据以证明中国进口的电动汽车得到了政府直接或间接的财政资助、转移或以低于市场价格的途径获取服务和商品。然而，中国对欧盟电动汽车出口却极为有限。

解决人口与环境难题不必非得由发达国家来引领。西方国家产业发展的思路一直是对资源的无尽耗费，由此造成大量的发展赤字，不仅包括对发展中国家的赤字，也包括对大自然的赤字。而中国新能源产业发展走的是亲环境型的发展路线，为今后的产业发展指明了资源节约型或减少环境污染型的发展路径，不必再走西方国家先污染后治理的老路。有评论道，近年来，中国新能源产品在满足国内需求、推动实现"双碳"目标的同时，也为全球应对气候变化、实现绿色低碳发展作出了积极贡献。2023年全球可再生能源新增装机量达到5.1亿千瓦，其中，中国的贡献就超过一半；2022 年中国出口的风电光伏产品为其他国家减排二氧化碳近 6 亿吨。可以说，中国新能源产业引领的是新型全球产业发展模式，是以保护环境为前提的产业革命。而此次新一轮的产业革命却让西方国家失去颜面。

实现以人民为中心的发展模式不可能由发达国家来践行。中国新能源产业发展是亲民众、亲消费的产业发展模式。据国际能源署和国际可再生能源署测算，2030 年全球新能源汽车和动力电池需求量均将达到 2023 年中国产量的约 5 倍，全球光伏累计装机量将达到 2023 年中国的约 9 倍。一方面要保护环境，另一方面要解决发展难题，绿色发展无疑是解决出路，而让广大发展中国家消费者用得起绿色产品必须走亲民众路线。目前，中国已走出一条实实在在的绿色发展之路，将质优价廉的可再生能源产品出口到 200 多个国家和地区，为全球特别是广大发展中国家提供了可获得、可消费得起的绿色产品，有效解决用电难、用电贵等问题，极大推动了全球能源结构绿色转型和绿色低碳发展。根据国际可再生能源署报告，过去十年间，全球光伏发电项目平均度电成本累计下降超过 80%，这离不开中国光伏企业的巨大贡献。就此而言，中国新能源产业发展无疑在世界产业发展史上解决了西方国家从未能够大规模解决普遍发展与有限资源的两难问题。

新发展理念不必非得由发达国家来倡导。中国新能源产业从起步起就走的是新发展理念，以新环境、亲民众取代西方国家亲资本的理念来发展产业，解决了百年来西方难以解决的问题，为实现物美低廉绿色共赢的经济体系开辟了新路。这种做法打破了西方国家继续按传统路径发展新能源产业以在全球赚取超额利润的传统套路，结束了二元对立的旧时代，既让世界普遍享有技术进步带来的好处，也让病疴沉重的环境有了喘息之机，特别是面对发展中国家大规模步入现代社会的情形之下，为缓解人与自然之间的紧张提供了更为有效的解决方案,不能要绿色就不要发展,也不能为了发展而牺牲环境,而中国的新能源无疑做到了发展与绿色的统一,为世界发展赤字问题提供了最佳答案。事实证明,未来的全球产业发展不必再复制西方国家的产业发展模式。

**2. 共同发展是人类社会发展理念新跃升**

有关共同发展理论少见于经济学的讨论范畴中。西方经济学是以个人利益最大化的经济学,讨论的是在资源有限的前提下,如何用最低的成本获得最大的利益。"各人自扫门前雪,莫管他人瓦上霜"是西方经济学的典型写照。而且西方经济学是鼓励个人追求自身利益最大化的。其历史渊源出于当时反封建的需要。中世纪被称为暗黑世纪,一部分表现是个人自由被压抑到极致,也因此,释放人的天性、以此最大限度释放社会生产力的发展就成为反封建最主要的任务了。自由、平等、博爱成为当时的主要口号。以亚当·斯密的国富论为代表,标志着现代西方经济学的诞生,也标志着一套新的理论体系作为经济社会发展的主流思想的诞生。除了西方经济学之外,有关社会发展的政治理论,如权力、自由等也相应诞生,甚至新的西方哲学也相继诞生,目的是探讨如何维护新思想、新理念,使其长久存续下去。

当然,在国富论诞生的同时,道德情操论也伴随而生,道德情操论主要关注在资本发展之后,如何对社会共同利益也进行关注的问题,或者鼓励个人在获得利益的同时也要关注个人利益之外的事宜。这可能超出西方经济学关注的范畴了。由于西方经济学框架体系并没有将个人利益之外的事情加入西方经济学体系之中,因而,道德、公共利益等问题不受西方经济学的关注。可以说西方经济学建立的体系主要是解决个人利益最大化问题，包括效率研究、包括消费理论，也包括供求理论，都是基于个人基础之上。西方经济学走向数学化是其必然，西方经济学对个人利益关注的结果就是对个人利益的精致计算，即如何消除干扰个人利益最大化的干扰因素，而将其计算化、数学模型化。西方经济学走向科学化的同时，也进一步更加失去人性。

人与自然之间的可持续发展则是共同发展的另一个追求。自然资源是有限的，人的欲望是无尽的。如何在有限的资源条件下实现人与自然的和谐共生也是西方经济学关注较少的方面。按照西方传统，对个人利益的无节制追求是西方经济学的精髓，也就是资本利润最大化。经济学家托马斯·皮凯蒂在《21世纪资本论》中指出的，"21世纪的今天依然重复着19世纪上演过的资本收益率超过产出与收入增长率的剧情"。[①] 对自然资源的掠夺也是追求资本利润最大化的表现之一。由此产生环境问题、气候问题以及资源危机等等，并进一步引发地缘政治危机。因此，共同发展不仅仅强调人与人之间要平等发展、共同发展，也强调人与自然之间的可持续发展。

共同发展的提出标志着有关人类社会发展思路的变更，可以说是一种革命性的改变。传统以个人主义为中心的思维模式需要让位或部分让位共同发展理念。共同发展主张的是以共同利益最大化为中心，共同利益最高层次是全人类整体利益。威尔逊说，"所有的行动都应该以全球共同利益为出发点"[②] 如何实现整体利益或共同利益最大化是新经济学所要完成的使命和任务，或者说如何摆脱个人利益的精致计算，而将共同利益置

---

① ［法］托马斯·皮凯蒂：《21世纪资本论》，巴曙松等译，中信出版社2014年版，第2页。

② ［美］戴维·斯隆·威尔逊：《利他之心》，齐鹏译，机械工业出版社2017年版，第Ⅳ页。

于个人利益之上是新经济学面临的最大挑战。个人对利益的追求之所以有动力是因为个人利益的边界是清晰的，对成本收益的计算是清晰的，而共同利益的生产和分配都是一个复杂的计算过程。在没有完成共同利益科学计算任务之前，要想让人们放弃个人利益而去追求共同利益可以说是一个无解的难题。

### 3. 有关共同发展的假说

其实共同利益的计算也是清晰的，就是在资源有限的前提下，建立共同利益最大化的模型。应该说人类社会共同利益也是清晰的，比如气候变化，给人们带来的损失是明确的，如果要减少气候变化带来的损失，就需要通盘考虑，对气候变化的成本－收益进行宏观层面的统一分析。共同利益是清晰的，但是对共同利益的追求却存在明显的动力不足。这一点是与个人对利益追求的动力充足有着明显的区别的。最关键的是如何处理内部的集体利益与个人利益关系问题。这也是集体行动的逻辑困境。

西方主流经济学假说的主要出发点是"经济人"假定，认为人都是自私的，追求自身利益最大化是人的根本动机；人是理性的，能够根据客观情况实现自身利益最大化；当然，人在追求正向的经济利益最大化时将增进社会公共利益。"经济人"假定构成了西方看待和推动"世界发展"的逻辑起点，并形成了崇尚个人主义的价值体系和话语体系，也成为各国政策制定背后依托的主要原理或行为准则。

不过，西方经济学最早创立者亚当·斯密清楚地知道，经济人假说对人的定义过于简单化。他本人也指出，人具有双重性，一方面人追求"利益最大化"，另一方面人也具有"同情心"，进而限定了人对利益最大化的追求。斯密一生撰写过两部重要的著作，一部是《国富论》，另一部是《道德情操论》。国富论极力宣称市场竞争的好处，将市场竞争看作是繁荣的关键

## 二　全球发展议题的理论化构建

因素。西方早期经济学家帕累托也证明：在以利己主义为目的的充分竞争的市场中，可以自动实现生产和交换效率的最大化。同时，斯密在《道德情操论》中指出，人是富有同情心的，承认人的经济行为有利他的一面，"无论人们会认为某人怎样自私，这个人的天赋中总是明显地存在着这样一些本性。这些本性使他关心别人的命运，把别人的幸福看成自己的事情。虽然他除了看到别人幸福而感到高兴以外，一无所得。"

然而，为谋求资本扩张，西方经济学仅传承了斯密有关经济人的假定，而将"同情心"进行了必要的"忽视"。其实西方学者也看到西方经济学对世界发展的解释力越来越不足，如，瑞士经济学家李斯特指出，"市场规律"将自私自利的个人推上了舞台，他们是像原子一样分散的个体，逃避社会义务和道德义务，只对从交换中获得财富感兴趣，而对于他们的同类毫不关心。面对诸如生态危机、社会不平等、道德丧失等重大挑战，西方经济学有关"经济人"假说越来越难以站住脚，如果继续延续传统的发展路径，每个人仅仅追求自身利益最大化，而不顾及他人利益，必将反噬自身的利益。威尔逊指出，"假定如社会这般复杂的体系能够以个体贪欲为基础形成健康的自组织系统实在是历史性的错误。"[1] 他认为经济人假设是不正确的，整个社会如果建立在完全私利基础上是不可能运转好的，"如果我们想要让世界变得更好，就必须在政策制定的过程中时刻谨记全人类的福祉"[2]。必须承认，人不仅仅是自私自利的行为主体，还是有社会责任感的行为主体，追求自身经济利益最大化是其承担的社会责任之一，但绝不是全部。因此，必须对西方知识

---

[1] [美] 戴维·斯隆·威尔逊：《利他之心》，齐鹏译，机械工业出版社2017年版，第97页。

[2] [美] 戴维·斯隆·威尔逊：《利他之心》，齐鹏译，机械工业出版社2017年版，第133页。

体系建设的基石——"经济人"假定进行必要的修正。

对西方"经济人"假定的具体修正，就是植入人的社会属性，即人也是对他人利益关注的行为主体，将过去仅仅以追求资本利益最大化的经济人假定调整为追求资本利益最大化和社会利益最大化的经济人，或者说，将人对自身利益最大化追求调整为人对自身利益最大化和他人利益最大化双重追求。当且仅当人们对他人利益最大化追求为零时，现有的西方经济学假说才得以成立，即对自身利益最大化追求仅仅是作为双重最大化追求的特例。在追求资本利益最大化时，不忽视对社会利益最大化的追求，在追求社会利益最大化时，也不忽视对资本利益最大化的追求。唯有如此，才有可能达到人人享有工业文明成果的目标，才有可能最终在全球范围内实现共同发展。这里并不是要完全抛弃西方学说，而是在西方学说基础上嵌入以人为本的内容，包括从前提假定到框架体系，进而对西方学说作一次革命性修正，以适应当今发展的客观需要。这种改造不过是还原世界发展的本来面目，即西方学说不再是居于中心地位，而是人类一般学说的特例或分支。当然，破除西方传统"经济人"假说只是构建有关世界共同发展的新知识大体系理论化工作的第一步。下一步还需要深入研究如何建立双重利益最大化的相互促进关系，推动国际社会对西方传统的正确认知，达成有关世界共同发展的国际认同，等等。

### 4. "共同发展"是公共产品吗？

过去，"发展"被认为是一个竞争性市场产品，也因此，"发展"议题一直不是作为西方经济学的中心议题。西方经济学认为"发展"是个体的事情，在全球"发展"市场中，国家发展的结果如何是各国自己参与国际"发展"竞争的结果，因此，西方经济学不认为"发展"是一个公共产品，毕竟"发展"的最终结果带有很大的私利性质，为所在国所拥有，具有排他性。西方国家给予不发达国家或发展中国家最多的是援助，是一种善行，但是却远远满足不了不发达国家或发展中国家对"发展"所期待的结果。

中国提出"共同发展"理念正在将"发展"从私人产品转向公共产品。中国一再强调，大家共同发展才是好发展，"发展"本身已是解决全球诸多问题的钥匙。中国赞同联合国"一个都不能少"的主张。现实来看，仅依靠发展中国家一己之力难以完成"发展"目标和任务，包括传染病防治、气候应对、制止冲突，等等，这些公共产品也包含在"共同发展"之中。因此，"共同发展"不单纯是一个私人产品，而是带有公共产品性质，除了发展中国家自身努力来推动发展之外，也需要国际社会协助发展中国家完成"发展"的任务，使得"共同发展"转变为现实。特别是随着全球经济社会联系日益密切，"共同发展"也将日趋重要，是解决诸多现实问题的根本出路所在，"共同发展"将是使全体人都受益的公共产品。正因此，中国关注"发展"，特别是"共同发展"，扩大全球共同利益的空间，使得"发展"或者"共同发展"走上可持续的和平道路，摒弃传统依靠武力牺牲他国利益来获得发展的好处，也打破少数人才能享有发展好处的做法。

如何实现共同发展，中国主动尽最大单边努力来提供全球公共产品供给，即"全球发展倡议"。在这一倡议下，中国尽可能协助发展中国家完善"共同发展"的国际环境，包括发展知识共享、成立多个合作机制、提供捐款，等等，改善发展中国家的经济增长条件，助推发展中国家发展。巴雷特说："大国、富国和强国缺乏供给只对发展中国家有益的全球性或区域性的公共产品的动机。要想使这些产品得到供给，可以采取两种方式：必须来自穷国和弱国自身的领导或采取措施干预并改变大国、富国和强国的动机,使它们出于同情而非自身利益供给公共产品。不幸的是,即使这些国家有强烈的同情心仍然不足以促使供给。"① 但是,中国作为新一代大国,超越传统大国提供公共产品的分析框架,以利他之心提供公共产品,同时与联合国合作,推动多边行动,共同改善发展中国家经济社会条件,尽最大可能提供推动"发展"的公共产品。

### 5. 有关"共同发展"集体行动的困境与出路

奥尔森认为,解决集体行动的困境最有效率的办法是小集团,"比起大集团来,小集团能够更好地增进其共同利益"②。小集团思路是尽可能减少参与集体行动的规模,集团规模越小,越便于完成集体行动。这种思路只是部分解决集体行动困境,或者解决集体行动中的部分难题,而对于解决气候变化这种需要全体人共同意志的行为却比较困难。小集团思路不过仍然是以个人主义为出发点,将集团进行个人化处理,因而部分解决集体行动困境,但是对于需要庞大的群体来说形成共同意志,共同实现共同利益最大化却仍然是高成本。如果任何一个集团不能够或者不能完全进行个性化,则集体行动也就难以存在。应该说这是小集团解决集体行动逻辑的思路,倒退为个人化的一种思路。目前,美国基本上采取的是小集团思路,如建立的技术上有技术民主联盟、经济上有印太经济框架、安全上有奥克斯集团等,有着明显的小集团标志,这些小集团基本上体现美国意志,不过是将美国个人利益扩到其他国家,而其他国家则获得技术、经济和安全上的美国保障。

---

① [美] 斯科特·巴雷特:《合作的动力:为何提供全球公共产品》,黄智虎译,上海世纪出版集团2012年版,第205页。
② [美] 曼瑟尔·奥尔森:《集体行动的逻辑》,陈郁等译,上海三联书店1995年版,第42页。

对于大集团，甚至规模足以庞大到全世界所有人时，其集体行动的成本之高可以想象。对此，中国提出的思路是构建人类命运共同体，以全人类共同价值来推动人们关注全人类共同利益。通过建立共同体意识，增进人们对共同利益的关注。具体到行动上，中国提出正确义利观，通过让渡部分利益，来推进共同利益的实现。中国的做法主要是避免了复杂的利益计算，以大国责任来作为担当，通过让渡部分利益，来实现集体行动。

正确义利观的提出表明，中国将不完全以自我利益最大化为追求的主要目标，而是以自我与他人利益双重最大化为目标，这也成为塑造新型国家间关系特别是与发展中国家之间关系的出发点，即不能一切以资本为指挥棒，不能以利润最大化作为单一的追求目标，而应追求中国与其他国家共同利益最大化。中国主张通过经济行为确立一种共赢的国家关系，共同将蛋糕做大，这是一种新理性行为。国家单纯追求自我利益最大化，必然推论出国家间关系是一种你无我有、你少我多的零和关系。而当国家对自身利益最大化的追求转变为对自我利益最大化与他人利益最大化共同追求之后，国家间关系将从对立转向共赢。正确义利观的提出改变了国家间传统合作思路，将合作从同质国家向异质国家间进行了拓展，更体现了一种时代精神，实现对人类社会发展的关怀和对美好目标的追求，必将极大地推进人类社会的整体进步。

需要明确的是大国责任路径对于今天解决全球性问题是必经之路。中国提出正确义利观是让渡部分利益，而不是通过小集团思路来经济全球性问题。因此，自"一带一路"倡议提出之后，中国通过单边、双边、多边路径提出多个基金、投资、援助等，目的是改善发展中国家的生存和发展条件，扶助发展中国家的经济增长。中国采取的是开放式做法，而不是美西方国家的俱乐部做法，任何愿意参与"一带一路"建设的国家、国际组织和个人都欢迎，主动对接现有的发展战略，以此形成合力，产生更大更多的共同利益。就此而言，中国付出的成本高于其他国家或国际行为体，而收益只是整体利益中的一部分。当然，有人会评论说，中国获得地缘政治利益，这是经济利益所无法计算的。中国获得的地缘政治利益无非是大国推动人类社会共同发展的权力、威望，更好地引领人类社会的发展。一旦大国失去引领作用，极可能被其他大国取代。因而中国获得的与其说是权力和威望，不如说是责任和约束。

共同发展是一个复杂的政治计算，更需要的是政治动力来启动共同发展进程，其经济学理论化过程需要去探讨。是否按照供求理论来探究，还是从公共产品角度来切入，需要进行思考，这大概是经济学面临的新的历史使命和任务，在将个人经济学走向科学化的同时，经济学更需要重新担当起人类社会发展的新任务新使命，即做好共同发展经济学的研究。正确义利观只是过渡，是共同发展经济学诞生的前奏。人类社会面临的更多问题是规模庞大的集团行动，共同发展不过是一个侧面，但也是最基本的问题，包括气候变化、公地悲剧等都可以纳入其思考的范围。

### 6. "一带一路"倡议已成为共同发展的样板

"一带一路"倡议已经成为共同发展的实践平台。中国始终强调，让"一带一路"惠及更多国家和人民。10年来，共建"一带一路"倡议已完成世界发展史上多项壮举，以一国之力在短时间内成为投入力度最大的基础设施项目，成为当今世界范围最广、规模最大的国际合作平台，成为深受欢迎的国际公共产品和国际合作平台，成为人类社会发展史上具有里程碑意义的重大事件。"一带一路"倡议提出的背后来自中国发展理论与实践的成功。习近平总书记指出："我们建设的现代化必须是具有中国特色、符合中国实际的。我国现代化是人口规模巨大的现代化，是全体人民共同富裕的现代化，是物质文明和精神文明相协调的现代化,是人与自然和谐共生的现代化,是走和平发展道路的现代化"。中国以发展的、世界的和创新的视角来重新审视世界发展进程,以人类命运共同体为全新范式,从实践自信意义上将全人类的共同发展置于首要的位置上,并站在全人类发展的历史高度上,把中国的发展看作是世界发展的一部分,把世界的发展看作是中国发展的一部分,进而推进世界发展。中国式现代化道路包含推动世界共同发展、共同富裕的基因,这一范式的提出既符合中国实际,也为世界发展中国家走有自己特色的现代化道路提供了参考和借鉴,更为世界实现共同发展、共同富裕奠定了理论基础。

开创和平发展新格局。和平需要发展,发展带来和平。习近平主席在多个国际场合提到发展是解决一切问题的总钥匙。共建"一带一路"倡议鼓励各国放下分歧和宿怨,转向面向发展、定位发展,力争让曾经是"流淌着牛奶与蜂蜜的地方"继续"流淌着牛奶与蜂蜜"。中国始终高举和平发展大旗,主张发展需要和平环境,同时和平环境的推动依赖发展。更多国家加入发展的队伍中,也意味着和平在更大范围内实现。美国学者卡里·托克认为,中国在非洲的投资将创造更多就业,"大大减少欧洲的非法移民"[①]。

开创共同发展新格局。今天的世界早已不同百年前、千年前的世界,人类社会从未有过如此紧密联系,也从未面临诸多需要共同探讨、共同建设的新难题、新挑战,"各人自扫门前雪"的时代早已过去,走向共同繁荣是新趋势、大未来。中国不仅为共同繁荣提供了新理念、新认知,也为实现共同繁荣提供了新实践、新表率。中国是第一个消除绝对贫困的人口大国,

---

① [美]卡里·托克:《"一带一路"为什么能成功》,王淼译,中国人民大学出版社2022年版,序言,第4页。

解决了占全世界1/4人口的贫困问题，而共建"一带一路"倡议的提出是真正把发展放在全球议程的核心位置上，更是把发展中国家的发展放在突出位置上，不让一个人、一个国家掉队是共同发展的核心要义。这是因为没有发展中国家的发展就没有全人类社会发展的未来，因而致力于发展中国家的脱贫致富是共建"一带一路"倡议的代名词。

开创绿色发展新格局。今天人类社会面临最为重大的挑战是公地悲剧。谁来为全人类共同利益买单，谁来解决全人类面临的共同危机，谁来提供全球治理真方案？人类有没有可能走出一条可持续发展的道路。中国早已深切意识到绿色发展是唯一解决出路。共建"一带一路"倡议不是转让过剩产能，而是要创造新型产业价值链，突破发达国家传统的发展路径，使发展中国家从起步就走上绿色发展道路。

开创文明发展新格局。共建"一带一路"倡议不是单纯的经济倡议，为人类社会发展带去新理念、新思路。正确义利观的提出突破了唯资本利益最大化的狭隘理念，共商共建共享开创了人类治理新模式，民心相通、文明融合打破了文明高下之分，人类社会是共同生活在一起的大家庭。这些新文明发展理念随着共建"一带一路"倡议走出国门、走向世界，成为指导人类社会文明进步的新标识、新准则，也代表人类社会文明进步的新高度。

新华社国家高端智库2023年10月发布的《"一带一路"发展学——全球共同发展的实践和理论探索》就全球共同发展问题进行了说明。报告认为，共建"一带一路"倡议正在孕育产生一种更具包容性、实效性的发展学——"一带一路"发展学。"一带一路"发展学是以共建"一带一路"倡议的基本理念和高质量共建的实践经验为基础，以促进全球共同发展为主要目标的国际合作理论。"一带一路"发展学所追求的发展是全球共同发展。在行动原则上，它强调因地制宜，兼容不同的制度文化和发展路径；在价值遵循上，它奉行互利共赢、以人为本的宗旨，致力于实现各国共同发展、增进各国人民福祉，创造更加普惠、更具活力的全球发展图景。共建"一带一路"倡议遵循互利共赢的价值坐标，将相关国家发展进程协同、联动起来，在助力发展中国家加快现代化进程中，推动南北各方实现普遍利益增值，形成水涨船高、各得其所的发展局面，实现各国共同发展。以人为本是共建"一带一路"倡议另一价值坐标，强调为各国民众创造人人参与、人人发展、人人享有的新机遇。共建"一带一路"倡议摆脱单纯追求经济增长的狭隘发展观，致力于改善提升各国人民自我发展条件，将经济增长、社会进步、生态永续视为相互依存的体系，推动人类社会健康、可持续发展。它不仅为各国民众提供维持生存所需要的基本物质资料，更关注创造人之为人的体面生活。共建"一带一路"倡议的"以合致和"方案，从"发展是解决一切问题的总钥匙"这一基本理念出发，遵循以互利合作实现共同发展的行动逻辑，最终实现不同族群、不同国家的和谐共存、繁荣共享，承载着从"丛林竞争"走向"和合共生"的人类理想期盼，是一种新型"和平发展观"。

正如《共建"一带一路"：构建人类命运共同体的重大实践》白皮书所说，共建"一带一路"倡议跨越不同地域、不同文明、不同发展阶段，超越意识形态分歧和社会制度差异，推动各国共享机遇、共谋发展、共同繁荣，打造政治互信、经济融合、文化包容的利益共同体、责任共同体和命运共同体，成为构建人类命运共同体的生动实践。共建"一带一路"倡议塑造了人们对世界的新认知新想象，开创了国际交往的新理念新范式，推动全球治理体系朝着更加公正合理的方向发展，引领人类社会走向更加美好的未来。

### 7. 推动共同发展的几点考虑

倡导共同发展模式。目前，一些国家仍然怀疑中国提出的"一带一路"倡议，认为中国的目的是自身的发展，甚至蛊惑当地政府和民众反对中国的"一带一路"建设。事实已证明，中国的"一带一路"倡议不仅是惠及自身，更是惠及他国的倡议，将成为走共同富裕道路的践行手段。中国过去的发展模式已向世人证明是成功的，因此，中国有自信提出世界发展新理念。从构建"人类命运共同体"到"全球发展命运共同体"，这一中国方案的提出是对人类命运共同体认识的进一步深化，也是人类命运共同体理念在发展领域的生动体现。习近平总书记曾多次指出，大家一起发展才是真发展，可持续发展才是好发展。唯有坚持平衡、协调、包容，才能更好落实2030年议程，真正将发展共识转化为务实行动。

以全球发展倡议引领可持续发展，就是要通过自身发展为世界带来更多新的发展机遇，将增进人民福祉、实现人的全面发展作为出发点和落脚点，把各国人民对美好生活的向往作为努力目标，与各国一道走和平发展、开放发展、合作发展、共同发展的道路。这是基于合作共赢为核心的新型国际关系、中国助力重振联合国全球发展伙伴关系的重要宣示。

以可持续发展为终极目标的发展路径。可持续发展道路尚在摸索过程中，特别是在重大技术没有取得突破之前，可持续能否实现还是一个未知数，但是这一方向性的道路是确定的，中国也将成为这方面发展的垂范。中国人口占据世界1/5，中国工业化任务仅仅完成了一阶段，下一个阶段是向更高发展阶段转移，为此，不仅要调整现有的经济结构，同时也要实现发展模式的转换，因为地球资源的有限性不允许中国重复美西方的发展道路，因此，走绿色发展道路不是一句空话，而是现实的要求。在前一个阶段，中国已经向世人证明人口众多的国家是可以实现工业化的，即工业化可以为多数人所享有，它不是少数人的专利。在未来阶段，中国还需要向世人证明，中国通过走绿色发展道路，解决了多数人可持续发展问题，因此，中国的发展模式优于美西方发展模式。未来与世界各国建立共生型发展模式不仅可能，而且也将成为现实。

坚持正确的义利观、坚持共商共建共享。习近平总书记曾多次指出，要统筹我国同共建国家的共同利益和具有差异性的利益关切，寻找更多利益交汇点，调动共建国家积极性。义利观的核心是在利益面前，要有自我克制、自我约束，同时要有一定的奉献精神，既要把蛋糕做大，又要保证分配合理，具体体现在三个层面：一是不能被资本牵着走，在推进他国发展的过程中，不能唯利是图，不顾当地环境的发展，不顾当地民众的诉求，同时要把部分红利用于回馈到当地社会发展上，而不是掠夺式逐利；二是要有平等精神，与他国打交道不能采用剥削方式，不能走资本主义国家殖民老路，要公平分享利益；三是牢记发展的最终目的，即使在国外，也不能忘"初心"，要看中长远利益、共同利益。"要双赢、多赢、共赢而不要单赢，不断寻求最大公约数、扩大合作面，引导各方形成共识，加强协调合作，共同推动全球治理体系变革"。共商原则很好地体现在"一带一路"建设上。建设"一带一路"不是我们一家的事，需要各国协商讨论面临的各类问题，如跨界问题、制度融合问题，以便以低成本、平等地使各国获取更大的回报。共建原则。"一带一路"倡议将带给中国和共建国家诸多利益，但是要将理想中的利益转化为现实利益需要中国与共建国家的共同努力，因此，"一带一路"建设不应仅仅着眼于我国自身发展，而是要以我国发展为契机，让更多国家搭上我国发展快车，帮助他们实现发展目标。共享原则。经济发展成果为沿线各国所享有需要明晰的利益分配，这样才有助于后续的合作，也才能有助于进一步的发展。党的十九大报告呼吁，各国人民同心协力，构建人类命运共同体，建设持久和平、普遍安全、共同繁荣、开放包容、清洁美丽的世界。

# 三　全球发展倡议与"一带一路"倡议的关系

## （一）有关全球发展倡议和"一带一路"倡议关系的中国官方表述

2021年12月外交部例行记者会对全球发展倡议与"一带一路"倡议之间的关系做了官方回答。一是两者有共同性。全球发展倡议和"一带一路"倡议都是习近平主席提出的重大国际合作倡议，都是推动构建人类命运共同体的重要实践，都是中方向世界提供的重要全球公共产品，都致力于推动互利共赢的国际合作，都将为落实2030年可持续发展议程作出重要贡献。二是两者各有侧重。全球发展倡议以加快落实2030年可持续发展议程为宗旨目标，秉持开放包容的伙伴精神及共商共建共享的原则，向所有国家开放。致力于深化全球发展伙伴关系，促进国际发展合作，实现更加强劲、绿色、健康的全球发展。该倡议聚焦发展合作，着眼疫情下各国特别是发展中国家复苏面临的最紧迫问题。"一带一路"倡议是国际经济合作倡议，以互联互通为主线，推进政策沟通、设施联通、贸易畅通、资金融通、民心相通，并在健康、绿色、数字等领域挖掘新增长点，协同推进基础设施硬联通，规则标准软联通，共建国家和人民心联通。① 三是两大倡议各有自己的特色和定位。全球发展倡议主要以对接 2030 年可持续发展议程为主，即落实好 2030 年可持续发展议程，以此践行真正的多边主义。而"一带一路"倡议更侧重于以互联互通为主线，主要是中国与其他国家合作，共同致力于发展进程。全球发展议程的提出主要以服务好联合国有关发展议题为重点，而"一带一路"倡议则是以中国对接世界各国发展为主要重点，倡导共同发展，是国家层面的倡议。由于两者的实质都是为推进全球发展进程服务的，因此，两者的差异将随着全球发展进程的推进更有可能日渐模糊化。

2019 年 6 月习近平主席在二十国集团领导人峰会上发表关于世界经济形势和贸易问题的讲话时指出，从全球范围看，发展领域仍面临巨大融资缺口，落实联合国 2030 年可持续发展议程任重道远。中国提出共建"一带一路"倡议，目的是动员更多资源，拉紧互联互通纽带，释放增长动力，实现市场对接，让更多国家和地区融入经济全球化，共同走出一条互利共赢的康庄大道。② 2023 年 5 月习近平主席在中国—中亚峰会上发表的主旨讲话中指出，要继续在共建"一带一路"合作方面走在前列，推动落实全球发展倡议，充分释放经贸、产能、能源、交通等传统合作潜力，打造金融、农业、减贫、绿色低碳、医疗卫生、数字创新等新增长点，携手建设一个合作共赢、相互成就的共同体。③

---

① 《2021 年 12 月 28 日外交部发言人赵立坚主持例行记者会》，外交部官网，2021 年 12 月 28 日，https://www.mfa.gov.cn/web/fyrbt_673021/jzhsl_673025/202112/t20211228_10476420.shtml。

② 《习近平谈治国理政》第三卷，外文出版社 2020 年版，第 475 页。

③ 习近平：《携手建设守望相助、共同发展、普遍安全、世代友好的中国—中亚命运共同体——在中国—中亚峰会上的主旨讲话》，新华社，2023 年 5 月 19 日，https://www.gov.cn/yaowen/liebiao/202305/content_6874886.htm?eqid=cc42fcd2000b9a6700000002647d3809。

## （二）国际智库有关全球发展倡议和"一带一路"倡议关系的论述

全球发展倡议提出之后，国外智库对全球发展倡议与"一带一路"倡议发表一些看法。有的认为两者一致，都有利于建设人类更加美好的未来。欧盟《现代外交》[①]和乌干达外交政策网站刊登的文章[②]均认为，全球发展倡议提出的及时性，尤其涉及的六个关键内容有利于实现全球和平和经济社会全面发展。

澳大利亚学者认为，全球发展倡议的推出并不意味着中国正在取代或削弱共建"一带一路"倡议。"一带一路"倡议和全球发展倡议最好被视为平行轨道。"一带一路"倡议以经济增长为导向，而"一带一路"倡议以发展为导向。"一带一路"倡议提供硬件和经济走廊，而全球发展倡议侧重于软件、生计、知识转移和能力建设。"一带一路"倡议以市场为导向，以企业为主体。相比之下，全球发展倡议面向公众，提供捐款和发展援助。全球发展倡议的提出体现了中国现有的和新的发展合作努力。

布鲁盖尔研究所认为，西方一些评论员认为"一带一路"倡议正在"衰败"，但事实并非如此。全球发展倡议和全球安全倡议被嵌入多边话语中，与联合国发展话语完美共鸣。中国正在将"一带一路"倡议提升为参与联合国活动的工具。中国比

---

[①] Nadia Helmy, "Xi Jinping's Global Development Initiative and the Sustainable Development Agenda of China-Africa in 2030", Modern Diplomacy, Novermber 30, 2021, https://moderndiplomacy.eu/2021/11/30/xi-jinpings-global-development-initiative-and-the-sustainable-development-agenda-of-china-africa-in-2030/.

[②] Semanda Allawi, "Why President Xi's Six-point Global Development Initiative to World Leaders will Bring Global Peace?", New Vision, September 23, 2021, https://www.newvision.co.ug/articledetails/115491.

以往任何时候都更愿意利用其经济规模来建立政治和安全联盟。① 伦敦国王学院认为，尽管"一带一路"倡议在过去几年发生了许多变化，但它绝对不会消失，现在还伴随着其他倡议，共同构成了中国的对外政策，塑造了中国全球参与者的角色。②

日本多摩大学学者认为③，全球发展倡议旨在促进更强劲、更绿色和更平衡的全球发展。这意味着将发展置于全球政策议程的更高位置，并促进主要经济体之间的政策协调，以确保连续性、一致性和可持续性。该倡议是"一带一路"倡议的延伸，旨在扩大全球经济和社会发展的共同标准。美国《每月评论》认为，中国启动全球发展倡议之友小组旨在促进全球发展倡议，并补充中国的大型国际基础设施项目"一带一路"倡议。北京已寻求将全球发展倡议与联合国2030年可持续发展议程合并。④

应明确界定全球发展倡议、全球安全倡议和"一带一路"倡议在国际发展中可以发挥的作用，这将使中国的使命变得更加清晰，并有助于实现其对世界的愿景。澳大利亚东亚论坛发表《解析中国对外援助的争议》认为，最初，全球发展倡议被理解为"一带一路"倡议的延伸，但与"一带一路"倡议的

---

① Alicia García-Herrero, "The Belt and Road Initiative Transformation makes it a more—not Less-useful Tool for China", January 25, 2023, https://www.bruegel.org/newsletter/belt-and-road-initiative-transformation-makes-it-more-not-less-useful-tool-china.

② Francesca Ghiretti, "After the Party Congress, Where is the Belt and Road Initiative Going?" King's College London, November 1, 2022, https://www.kcl.ac.uk/after-the-party-congress-where-is-the-belt-and-road-initiative-going.

③ Brad Glosserman, "China Throws Down the Gauntlet on Development Aid", Japan Times, December 7, 2021, https://www.japantimes.co.jp/opinion/2021/12/07/commentary/world-commentary/china-throws-gauntlet-development-aid/.

④ Ben Norton, "China launches Global South Economic Alliance to Challenge U.S. 'Unilateralism' and 'Cold-War Mentality'", January 25, 2022, https://janataweekly.org/china-launches-global-south-economic-alliance-to-challenge-u-s-unilateralism-and-cold-war-mentality/.

不同之处在于，全球发展倡议和全球安全倡议对国际领域新出现的变化作出反应。它们旨在应对气候变化、新冠疫情、中国与西方之间的紧张关系以及联合国2030年可持续发展目标带来的重大挑战。①

## （三）关于全球发展倡议和"一带一路"倡议关系的进一步讨论

### 1. 两大倡议战略层面比较

"一带一路"倡议与全球发展倡议提出时间先后相距8年。"一带一路"倡议于2013年提出，全球发展倡议于2021年提出，一个是中国开始向国际社会进行大规模投入资源、并启动国际社会经济社会发展的标志性倡议，另一个是主要支持联合国推进国际社会经济社会发展的标志性倡议。前者属于国家层面的对接，后者属于国际组织层面的对接。一方面，两大倡议的差异明显，但是，正如官方所说，两者的差异将趋于消失，其实质在于两大倡议都主要以发展为宗旨，目的是从不同角度切入发展中国家经济社会发展进程，实现全球共同发展。这里主要进行战略层面和行动层面比较，比较的目的不是为了凸显两者的差异，而更主要的是为了更好促进两大倡议之间的相互补充、互为支持。

另一方面，两大倡议又具有较强的互补性。一是两大倡议均属于中国提出的全球性倡议。共建"一带一路"倡议在提出之始就表明，"一带一路"倡议虽然由中国提出，但是却属于全世界。全球发展倡议，顾名思义，也是希望世界各国关注发展、

---

① Jing Gu, "Unravelling the Controversies of Chinese Foreign Aid", May 3, 2022, https://www.eastasiaforum.org/2022/05/03/unravelling-the-controversies-of-chinese-foreign-aid/.

参与发展、投资发展的倡议。二是无论是内容还是组织形式，两大倡议是相互补充、互相促进的。两大倡议目的一致，都是为了推进发展中国家发展。"一带一路"倡议侧重于国家层面，甚至微观层面，而全球发展倡议则依托国际组织开展工作，主要用来支持2030年可持续发展议程。"一带一路"倡议的内容本身也是促进发展中国家发展，当然，这里的发展中国家是一个普遍的概念，全球发展倡议更多的是解决贫困问题，特别是解决最不发达国家的发展问题，实现联合国"一个都不能少"的目标。因此，"一带一路"倡议的部分项目本身也具有减贫性质，是服务于全球发展倡议的。反过来，全球发展倡议支持的不发达国家一旦发展起来之后，将能够更好地参与"一带一路"建设，有利于扩大"一带一路"倡议实施范围。三是两大倡议均具有公共产品性质。公共产品具有非竞争性、非排他性。"一带一路"倡议和全球发展倡议无疑都具备这一特点。"一带一路"倡议部分内容本身就是公共产品，如建立的部分联盟、提出的绿色、廉洁原则等，以及制定标准等。全球发展倡议更是如此，其实施的多个项目本身也是公共产品，尽可能改变不发达国家的境遇。四是两大倡议都不是地缘政治。西方国家偏好将中国提出的两大倡议视为服务中国的地缘政治目标。"一带一路"倡议和全球发展倡议实施起来难度大，周期长、耗费成本高。一国投入如此之大，仅仅是为了"买"一个大国崛起，使得更多国家认可该大国崛起，可以想象，这种崛起无论能否实现，仅就崛起成本而言，就足以令人生畏。如果中国真的具有某种地缘政治目的，不必通过这种耗时耗力且难度较大的方式来实现自身的地缘政治目标，而是可以参考其他历史上大国谋求地缘政治的做法，以一种更低成本、更短周期来实现大国崛起。五是两大倡议标志着全球进入共同发展新时代。两大倡议顺应了全球发展大势，即全球进入共同发展的时代。传统的发展模式，也就是美西方国家一直主导的个人主义发展模式已走到尽头，发展的边界必须有所突破，才能激发新一轮全球增长潜能。然而，美西方国家不愿意摆脱旧的发展思维和发展理念，导致发展中国家难以发展起来，第二次世界大战后鲜有发展中国家成为发达国家的案例。两大倡议的提出不仅仅是助推发展中国家的发展，更重要的是替代传统发展理念，突破传统发展模式，进入共同发展新时期，唯有以新发展理念才能重塑全球发展格局，也才能使更多的发展中国家加入全球发达国家行列，推动全球发展达到新高度。因此两大倡议分别从不同的角度、不同的运转方式来塑造全球发展新模式。这是两大倡议的历史重任，也是两大倡议有别于其他美西方国家提出的全球性倡议的突出所在。

### 2. 两大倡议的行动层面比较

自 2013 年提出以来，"一带一路"倡议开展的活动多样，主要涉及"五通"方面的内容，已初步形成一个从制度层面到行动层面的活动体系。全球发展倡议提出时间不长，为便于比较，这里仅从未来活动方向来进行。根据表 3－1 所示，"一带一路"倡议主要以习近平主席在 2023 年 10 月 18 日举办的第三届"一带一路"国际合作高峰论坛开幕式上宣布的高质量共建"一带一路"倡议的八项行动为依据。这八项行动是构建"一带一路"立体互联互通网络、支持建设开放型世界经济、开展务实合作、促进绿色发展、推动科技创新、支持民间交往、建设廉洁之路、完善"一带一路"国际合作机制。全球发展倡议则以中国在 2022 年 6 月 24 日发表的全球发展高层对话会主席声明中提出的八大领域为主。八大领域是指在减贫、粮食安全、抗疫和疫苗、发展筹资、气候变化和绿色发展、工业化、数字经济、数字时代互联互通八个领域与国际合作伙伴特别是发展中国家开展务实合作，并推出 31 项成果清单。

表 3-1　"一带一路"倡议与全球发展倡议具体行动内容比较

| "一带一路"倡议 | | 全球发展倡议 | |
|---|---|---|---|
| 习近平主席在第三届"一带一路"国际合作高峰论坛开幕式上发表的主旨演讲（2023 年 10 月 18 日） | | 全球发展高层对话会主席声明（2022 年 6 月 24 日） | |
| 领域 | 行动 | 领域 | 行动（全球发展高层对话会成果清单） |
| （一）构建"一带一路"立体互联互通网络 | 中方将加快推进中欧班列高质量发展，参与跨里海国际运输走廊建设，办好中欧班列国际合作论坛，会同各方搭建以铁路、公路直达运输为支撑的亚欧大陆物流新通道。积极推进"丝路海运"港航贸一体化发展，加快陆海新通道、空中丝绸之路建设 | （一）推动完善全球减贫治理机制，推动国际社会更加关注减贫问题 | 1. 成立全球减贫与发展伙伴联盟<br>2. 成立国际民间减贫合作网络<br>3. 开展发展经验交流系列对话<br>4. 中国同联合国南南合作办公室共同实施"发展中国家青年跨境电商扶贫和可持续发展能力建设研修项目"<br>5. 中国将为广大发展中国家提供 10 万研修研讨名额，支持发展中国家疫后经济社会与发展 |
| （二）支持建设开放型世界经济 | 中方将创建"丝路电商"合作先行区，同更多国家商签自由贸易协定、投资保护协定<br>全面取消制造业领域外资准入限制措施<br>主动对照国际高标准经贸规则，深入推进跨境服务贸易和投资高水平开放，扩大数字产品等市场准入，深化国有企业、数字经济、知识产权、政府采购等领域改革<br>中方将每年举办"全球数字贸易博览会"<br>未来 5 年（2024—2028年），中国货物贸易、服务贸易进出口额有望累计超过 32 万亿美元、5 万亿美元 | （二）加强粮食生产、储运、加工等环节和节粮减损方面的合作，增强发展中国家特别是最不发达国家粮食自给能力 | 6. 中国将发起"促进粮食生产专项行动"<br>7. 举办全球重要农业文化遗产大会，发起农耕文明保护倡议<br>8. 实施"化学地球"大科学计划，推动共建全球地球化学基准网<br>9. 通过中国—太平洋岛国农业合作示范中心，面向太平洋岛国开展粮食生产、生态农业等领域培训，提升粮食安全保障能力 |

续表

| "一带一路"倡议 | | 全球发展倡议 | |
|---|---|---|---|
| 领域 | 行动 | 领域 | 行动（全球发展高层对话会成果清单） |
| （三）开展务实合作 | 中方将统筹推进标志性工程和"小而美"民生项目<br>中国国家开发银行、中国进出口银行将各设立3500亿元人民币融资窗口，丝路基金新增资金800亿元人民币，以市场化、商业化方式支持共建"一带一路"项目<br>本届高峰论坛期间举行的企业家大会达成了972亿美元的项目合作协议<br>中方还将实施1000个小型民生援助项目，通过鲁班工坊等推进中外职业教育合作，并同各方加强对共建"一带一路"项目和人员安全保障 | （三）深化抗疫合作，加强疫苗创新研发合作和联合生产与技术转移，确保疫苗在发展中国家可及可负担，构筑全球免疫屏障 | 10. 建立国际疫苗创新与研发合作联盟<br>11. 中国将继续对发展中国家实施"光明行""爱心行"等"小而美"义诊活动，开展中非对口医院合作机制建设。到2030年，向有需要的发展中国家派遣5000名中国医疗队队员 |
| （四）促进绿色发展 | 中方将持续深化绿色基建、绿色能源、绿色交通等领域合作，加大对"一带一路"绿色发展国际联盟的支持，继续举办"一带一路"绿色创新大会，建设光伏产业对话交流机制和绿色低碳专家网络<br>落实"一带一路"绿色投资原则，到2030年为伙伴国开展10万人次培训 | （四）加强可持续发展筹资，敦促发达国家向发展中国家履行官方发展援助承诺，充分发挥多边开发银行等国际金融组织作用 | 12. 中国将充分利用有关基金，同联合国发展机构在发展中国家开展务实项目<br>13. 正式启动总额5000万美元的中国—联合国粮农组织第三期南南合作信托基金<br>14. 中国将南南合作援助基金整合升级为"全球发展和南南合作基金"，并在30亿美元基础上增资10亿美元<br>15. 中国将加大对中国—联合国和平与发展基金的投入，支持开展全球发展倡议合作 |

续表

| "一带一路"倡议 | | 全球发展倡议 | |
| --- | --- | --- | --- |
| 领域 | 行动 | 领域 | 行动（全球发展高层对话会成果清单） |
| （五）推动科技创新 | 中方将继续实施"一带一路"科技创新行动计划，举办首届"一带一路"科技交流大会，未来5年把同各方共建的联合实验室扩大到100家，支持各国青年科学家来华短期工作<br>中方在本届论坛上提出全球人工智能治理倡议，愿同各国加强交流和对话，共同促进全球人工智能健康有序安全发展 | （五）加强应对气候变化国际合作，帮助发展中国家抵御气候变化影响，提升气候适应能力 | 16. 推动建立全球清洁能源合作伙伴关系，举办国际能源变革论坛，探索建立国际能源变革联盟<br>17. 推动建立蓝色伙伴关系，举办系列活动<br>18. 中国将同国际竹藤组织共同发起"以竹代塑"倡议<br>19. 建立全球森林可持续管理网络 |
| （六）支持民间交往 | 中方将举办"良渚论坛"，深化同共建"一带一路"国家的文明对话<br>在已经成立丝绸之路国际剧院、艺术节、博物馆、美术馆、图书馆联盟的基础上，成立丝绸之路旅游城市联盟<br>继续实施"丝绸之路"中国政府奖学金项目 | （六）加强工业化产业化合作，帮助发展中国家提高工业生产能力和制造业水平，支持非洲工业化进程 | 20. 推动新工业革命伙伴关系建设，帮助发展中国家提高把握第四次工业革命机遇的能力 |
| （七）建设廉洁之路 | 中方将会同合作伙伴发布《"一带一路"廉洁建设成效与展望》，推出《"一带一路"廉洁建设高级原则》，建立"一带一路"企业廉洁合规评价体系，同国际组织合作开展"一带一路"廉洁研究和培训 | （七）加强数字能力建设，消除数字鸿沟 | 21. 开展"发展中国家信息通信技术能力建设计划"<br>22. 举办全球发展倡议数字合作论坛、2022全球数字经济大会<br>23. 中国将举办第四届联合国世界数据论坛<br>24. 中国将发起全民数字素养和技能提升倡议<br>25. 支持联合国亚太经社会开展公共交通电气化转型和智慧城市创新实验室项目 |

续表

| "一带一路"倡议 | | 全球发展倡议 | |
|---|---|---|---|
| 领域 | 行动 | 领域 | 行动（全球发展高层对话会成果清单） |
| （八）完善"一带一路"国际合作机制 | 中方将同共建"一带一路"各国加强能源、税收、金融、绿色发展、减灾、反腐败、智库、媒体、文化等领域的多边合作平台建设<br>继续举办"一带一路"国际合作高峰论坛，并成立高峰论坛秘书处 | （八）促进数字时代互联互通 | 26. 开展"智慧海关、智能边境、智享联通"合作，促进国际海关及供应链各方互联互通<br>27. 中国将开展可持续发展卫星星座计划，研制并分享可持续发展目标监测数据及信息<br>28. 举办世界青年发展论坛，共同倡导全球青年发展行动计划<br>29. 成立全球发展促进中心，建立项目库，举办全球共享发展行动论坛<br>30. 发布《全球发展报告》<br>31. 设立全球发展知识网络，举办全球发展国际论坛 |

资料来源：笔者自制。

两大倡议的主要行动相同之处有：一是两大倡议均加大资金支持力度。"一带一路"倡议明确提出增资计划，如，中国国家开发银行、中国进出口银行将各设立3500亿元人民币融资窗口，丝路基金新增资金800亿元人民币。全球发展倡议也是如此，如，把南南合作援助基金整合升级为"全球发展和南南合作基金"，并在30亿美元基础上增资10亿美元；同时，加大对中国—联合国和平与发展基金的投入，支持发展中国家落实全球发展倡议和2030年可持续发展议程。两大倡议在有资金支持这一点上也是其他全球性倡议所无法比拟的。当前世界部分国家也提出一些大的全球性倡议，但是在资金问题上却难以到位，倡议往往形同虚设。二是两大倡议均关注互联互通。"一带一路"倡议强调构建"一带一路"立体互联互通网络。全球发展倡议加强各国海关政务服务数字化合作，推进"智慧海关、智能边境、智享联通"合作，促进供应链各方智能化互联互通。三是两大倡议均关注绿色、数字、新能源等新兴领域，使发展中国家能够跟上时代步伐。"一带一路"倡议将持续深化绿色基建、绿色能源、绿色交通等领域合作，落实"一带一路"绿色投资原则。全球发展倡议也支持可再生能源和清洁能源合作、绿色工业化和数字产业化。四是两大倡议关注人文合作。"一带一路"倡议支持民生项目建设，人员培训和民间交流。全球发展倡议注重加强在线教育等领域国际合作，加强知识分享和发展政策交流，鼓励青年妇女等民间交流。五是两大倡议均注重科技创新。"一带一路"倡议将继续实施"一带一路"科技创新行动计划，包括举办首届"一带一路"科技交流大会，未来 5 年把同各方共建的联合实验室扩大到 100 家，支持各国青年科学家来华短期工作，以及全球人工智能治理等。全球发展倡议则强调深化可再生能源和清洁能源合作，加强技术转移分享，等等。

两大倡议的差异点主要有：一是定位有所不同。尽管两大倡议都是未来推动发展，不过，"一带一路"倡议定位所有发展中国家的发展，而全球发展倡议主要是对接 2030 年可持续发展议程。二是侧重点有所不同。"一带一路"倡议建立的是一个发展体系，只要有利于推进发展的，都属于"一带一路"倡议的范围。而全球发展倡议对接对象比较明确。三是周期有所不同。发展是一个长期话题，因此，"一带一路"倡议也是一个长期行动。由于全球发展倡议对接的是 2030 年可持续发展议程，只要该议程目标实现，全球发展倡议的阶段性目标也就实现了，因而有一定的短期性。当然，全球发展倡议在 2030 年可持续发展议程实现之后将会有新的发展目标，由此也将延长全球发展倡议的存续周期。四是两大倡议对接的目标有所不同。"一带一路"倡议更多的是对接发展中国家，而全球发展倡议则主要是在联合国这一国际组织平台上运转。当然，不排除在2030年可持续发展议程实现之后，全球发展倡议会有新的使命和职责要去承担。五是两大倡议关注的领域有所不同。例如，"一带一路"倡议还关注廉洁建设，而全球发展倡议注重减贫。

两大倡议在行动上具有如下特点：一是行动具有较强的务实性。两个倡议不图虚名，专注具体行动，这些具体行动主要目的是将六大倡议的宗旨进行落实，比如，"一带一路"倡议的新八项行动很明确，甚至在具体领域还设置了数字目标。而全球发展倡议的32项行动计划也是如此，如举办的会议、给予的某项支持等等。可见，两大倡议更注重务实、细节。二是紧跟最新发展。两大倡议不因发展中国家技术落后就不与它们分享最新人类技术成就，相反，两大倡议更加鼓励发展中国家享有人类发展的最新成果，如绿色、数字和新能源等，一方面提速发展中国家的经济社会发展水平，另一方面则表明两大倡议是真心实意帮助发展中国家尽快融入国际大家庭，防止发展中国家掉队或落伍。三是两大倡议各有侧重，却又相互补充。"一带一路"倡议是一个涵盖多领域的行动，只要有利于发展中国家发展，均属于"一带一路"行动范围。全球发展倡议强调对接2030年可持续发展议程，因此，行动内容主要是围绕实现议程来进行安排的。四是两大倡议注重全方位合作和能力建设，不只是经贸领域、产业领域，也包括人文交流等。如，全球发展倡议关注发展中国家各领域能力建设，如在信息技术应用和通信技术、海洋资源可持续利用等新技术领域，自主抗疫和医疗、粮食安全保障等民生领域，以及把握第四次工业革命机遇以及可持续发展等政策领域。五是两大倡议注重机制化建设。"一带一路"倡议已明确提出要建秘书处，目的是做好倡议内部的协调工作，而全球发展倡议则成立了发展之友工作组。

# 四 全球发展倡议的初步实践议程

不同于西方国家的发展理念，全球发展倡议重新定义发展理念、重点领域，力求推动发展中国家走上一条发展新路，就此而言，全球发展倡议具有强大的实践创新精神。

## （一）全球发展倡议的提出与推进

全球发展倡议已历经首次提出、国际推广、国际认同、国内行动、机制建设五个阶段。

### 1. 首次提出

全球发展倡议首次提出是在2021年9月，习近平主席在第七十六届联合国大会一般性辩论上发表重要讲话，就全球发展倡议提出的目的、原则和重点合作领域进行了全面阐述。全球发展倡议旨在加快落实联合国2030年可持续发展议程，推动实现更加强劲、绿色、健康的全球发展，构建全球发展命运共同体。该倡议主张"六个坚持"，即坚持发展优先、坚持以人民为中心、坚持普惠包容、坚持创新驱动、坚持人与自然和谐共生、坚持行动导向，并呼吁国际社会在减贫、粮食安全、抗疫和疫苗、发展筹资、气候变化和绿色发展、工业化、数字经济、互联互通八大领域开展合作。①

**2. 国际推广**

全球发展倡议提出之后即进入国际推广阶段。中国先后在2021年可持续发展论坛、第二届联合国全球可持续交通大会、中华人民共和国恢复联合国合法席位50周年纪念会议、第16届东亚峰会、二十国集团领导人第十六次峰会（"罗马峰会"）、亚太经合组织工商领导人峰会、亚太经合组织第二十八次领导人非正式会议、"2021从都国际论坛"、2022年世界经济论坛视频会议、中国同中亚五国建交30周年视频峰会、金砖国家工商论坛、二十国集团领导人第十七次峰会、第四届联合国世界数据论坛、中国—中亚峰会、上海合作组织成员国元首理事会第二十三次会议等多个重大国际场合就全球发展倡议进行宣传和阐释。

一是确定全球发展倡议的宗旨。习近平主席在上海合作组织成员国元首理事会第二十二次会议上的重要讲话指出，"中方发起全球发展倡议，就是希望国际社会高度重视发展问题，推动构建全球发展伙伴关系，实现更加强劲、绿色、健康的全球发展。中方愿同各方一道，推动倡议在本地区落地生根，助力各国实现可持续发展。"② 习近平主席在上海合作组织成员国元首理事会第二十三次会议上的讲话指出，"中方愿同各方一道落实全球发展倡议，坚持经济全球化正确方向，反对保护主义、单边制裁、泛化国家安全概念，反对搞'筑墙设垒''脱钩断链'，努力把互利合作'蛋糕'做大，让发展成果更多更公平惠

---

① 《习近平著作选读》第二卷，人民出版社2023年版，第514页。
② 《把握时代潮流 加强团结合作 共创美好未来——在上海合作组织成员国元首理事会第二十二次会议上的讲话》，《人民日报》2022年9月17日第2版。

及各国人民。"①

二是阐明全球发展倡议遵循的根本原则。习近平主席在二十国集团领导人第十六次峰会指出,"应该坚持以人民为中心,提升全球发展的公平性、有效性、包容性,努力不让任何一个国家掉队。""全球发展倡议同二十国集团推动全球发展宗旨和重点方向高度契合,欢迎各国积极参与。"②

三是明确全球发展倡议的内容。2022年11月,习近平主席在二十国集团领导人第十七次峰会第一阶段会议上指出,要"推动更加包容的全球发展。应携手努力,开辟合作共赢的新境界。"要"推动更加普惠的全球发展。各国共同发展才是真发展。世界繁荣稳定不可能建立在贫者愈贫、富者愈富的基础之上。每个国家都想过上好日子,现代化不是哪个国家的特权。"要"推动更有韧性的全球发展。我们要比以往任何时候都更加重视发展问题。我们要建设全球经济复苏伙伴关系,坚持发展优先、以人民为中心,始终想着发展中国家的难处,照顾发展中国家关切。"③

四是提出全球发展倡议的初始行动。全球发展倡议主要定位是落实好联合国2030年可持续发展议程。2022年6月全球发展高层对话会在金砖国家领导人第十四次会晤期间举行。与会领导人围绕"构建新时代全球发展伙伴关系,携手落实2030年可持续发展议程"会议主题,就共同关心的全球发展问题达成共识。对话会后发表的《全球发展高层对话会主席声明》标志着全球发展倡议进入落地期,发布了一份包含32项举措的成果清单,覆盖全球发展倡议涉及的八个重点领域。

五是明确全球发展倡议的属性。全球发展倡议是中国提供

---

① 《习近平出席上海合作组织成员国元首理事会第二十三次会议并发表重要讲话》,《人民日报》2023年7月5日第1版。
② 《团结行动,共创美好未来》,《人民日报》2022年11月13日第2版。
③ 《共迎时代挑战 共建美好未来》,《人民日报》2022年11月16日第2版。

的国际公共产品，是人类命运共同体理念的重要实践。2021年12月，习近平主席同俄罗斯总统普京举行视频会晤时指出，"全球发展倡议是中方着眼各方特别是新兴市场国家和发展中国家面临的市场挑战，致力于落实联合国2030年可持续发展议程提供的又一全球公共产品。"① 在2022年世界经济论坛视频会议上习近平主席提出，全球发展倡议是向全世界开放的公共产品。

### 3. 国际认同

尽管全球发展倡议由中国单边提出，但是其所具有的全球属性决定了唯有与联合国合作才能使其宗旨得到更大程度的实现，得到更广泛的国际认同。因此，自全球发展倡议提出之后，中国积极加强与联合国的合作，主要开展以下工作。

一是共同举办会议。2021年12月，与联合国发展系统驻华协调员办公室共同主办"推进全球发展倡议，共同落实2030年可持续发展议程"座谈会。中外双方就推进全球发展倡议、加快落实2030年可持续发展议程提出相关举措：中国将同全球、区域、次区域发展合作进程深入对接，打造广泛的全球发展伙伴网络；围绕全球发展倡议合作优先领域，联合国将积极同中方谋划开展重点务实合作项目；联合国发展系统驻华代表将同中方就开展全球发展倡议合作建言献策，支持全球发展倡议落实。②

二是积极宣介。2021年10月，中国在联合国人权理事会第48届会议发言时积极介绍全球发展倡议，呼吁构建全球发展命运共同体，"各国应采取积极举措，坚持以人民为中心的

---

① 《习近平同俄罗斯总统普京举行视频会晤》，新华网，2021年12月15日，http://www.xinhuanet.com/politics/leaders/2021-12/15/c_1128167133_4.htm。
② 《推进全球发展倡议，共同落实2030年可持续发展议程》，中国日报网，2021年12月9日，https://cn.chinadaily.com.cn/a/202112/09/WS61b1e234a3107be4979fc4f0.html。

发展思想，加强社会保障体系建设，让发展成果更多更公平地惠及所有群体，保障弱势和被边缘化群体权利，使其享有必要社会服务，不让任何一个人掉队。多边人权机构应进一步重视促进和保护经社文权利和落实发展权问题。"① 2022 年 9 月，在第 46 届"77 国集团和中国"外长会上，中方提出，要凝聚国际发展共识，77 国集团和中国比以往任何时候都更需要加强团结合作，加快落实 2030 年可持续发展议程，实现共同发展繁荣；要将发展议题置于国际议程的核心位置，关注粮食、能源等发展中国家面临的紧迫挑战，推动落实 2030 年可持续发展议程重回正轨；中方欢迎 77 国集团成员积极参与全球发展倡议合作，加入"全球发展倡议之友小组"，齐心协力谋发展，共同构建全球发展共同体。② 2023 年 4 月，全球发展倡议主题推介会在联合国总部举行。中方表示，全球发展倡议是推动落实联合国 2030 年可持续发展议程的中国方案。联合国官员高度评价中国在发展领域发挥的引领作用，呼吁全球共同行动，推动落实可持续发展目标。③

三是签署合作协议。2021 年 10 月，国家国际发展合作署与国际原子能机构以视频方式举行双方《关于交流与合作的谅解备忘录》签字仪式。④ 这是该机构首次与成员国国际发展主管部

---

① 《中国代表在人权理事会宣介"全球发展倡议"》，国际在线，2021 年 10 月 5 日，https:// news. cri. cn/baidunews-eco/20211005/6c5b498e-a9a6-578b-bfdb-5f2aa2c376a2. html。

② 《中国代表：中方将继续坚定支持 77 国集团》，新华社，2022 年 9 月 23 日，http:// m. xinhuanet. com/2022-09/24/c_ 1129029120. htm。

③ 《全球发展倡议高级别主题宣介活动在联合国总部举行》，国家国际发展合作署，2023 年 4 月 20 日，http://www. cidca. gov. cn/2023-04/20/c_ 1212139177. htm。

④ "Sign Groundbreaking Agreement to Support Developing Countries", IAEA and China's Development Agency, October 15, 2021, https:// www. iaea. org/newscenter/news/iaea-and-chinas-development-agency-sign-groundbreaking-agreement-to-support-developing-countries.

门专门签署交流与合作的文件，是中国与机构深化务实合作新的里程碑。双方一致评价谅解备忘录具有重大意义，强调共同努力帮助发展中国家实现联合国2030年可持续发展目标。中方表示，此次谅解备忘录的签署是落实全球发展倡议精神的具体体现，让核能、核技术切实造福发展中国家的人民。

四是成立各类组织机构。2023年1月，全球发展促进中心网络成立，30多个国家和区域组织对口部门正式加入，为发展合作理念交流、规划对接、资源统筹等提供平台和支持。全球发展知识网络构建迈出重要步伐，中国—东盟发展知识网络开展了多项联合研究和交流活动，中方还将与更多伙伴一道，以区域网络和专题网络为支撑，推进治国理政经验交流，促进互学互鉴。①

### 4. 国内行动

一是纳入官方文件。习近平总书记在中国共产党第二十次全国代表大会上所作的报告指出，"中国提出了全球发展倡议、全球安全倡议，愿同国际社会一道努力落实。"②

二是发布报告。2022年6月，中国国际发展知识中心发布首份《全球发展报告》，旨在全面分析国际社会落实联合国2030年可持续发展议程取得的进展、面临的挑战，以及当前全球发展所处的时代背景，基于对全球发展倡议的核心理念、基本原则、实施路径和早期收获的研究，就构建全球发展共同体提出政策建议。国务委员王毅指出，《全球发展报告》是中方落实全球发展倡议的一项重要举措，将为各国发展提供有益借鉴，

---

① 《全球发展倡议：各国一起发展才是真发展》，《时事报告》2023年9月21日第10版。

② 《习近平著作选读》第一卷，人民出版社2023年版，第51页。

为全球发展事业提供智力支持。联合国等国际组织代表以及驻华使节表示《全球发展报告》的发布体现中国加大分享发展知识的力度，支持各国探寻符合本国国情发展道路的努力，为全球发展事业贡献中国理念、中国智慧和中国方案。[①] 2023年9月5日，《全球发展报告2023》在京发布，以"处在历史十字路口的全球发展"为主题，具体分析了当前全球发展面临的突出问题、紧迫问题。

三是举办研讨会。2022年6月全球发展高层对话举办之后，中方分别于2022年7月、8月相继举办了"全球发展：共同使命与行动价值"智库媒体高端论坛、世界青年发展论坛以及国际民间社会共同落实全球发展倡议交流大会。上述会议均是落实全球发展倡议。1000余家非政府组织、智库、企业和媒体共同签署了《国际民间社会共同落实全球发展倡议联合宣言》。大会还宣布启动国际民间减贫合作网络，为各国民间社会共同推动国际减贫事业发展搭建平台。2022年9月，中欧美智库合作论坛围绕"全球治理：全球发展倡议与人类命运共同体愿景"这一主题展开深入研讨。会上发布了《全球治理和人类命运共同体背景下的全球发展倡议研究报告》。会议认为，全球发展倡议呼应了在《联合国宪章》和《世界人权宣言》中明确阐述的原则，旨在负责任地应对国际社会面临的紧迫挑战，是对现有全球治理体系的补充和完善，与其他国家在发展领域的做法并不矛盾，国际社会应当给予支持。2023年3月，中国发展高层论坛2023年年会举办。2023年7月，全球共享发展行动论坛首届高级别会议在北京举行。习近平主席向上述多个论坛致贺信，强调中国将进一步加大对全球发展合作的资源投入，同国际社会一道，持续推进全球发展倡

---

① 《为落实全球发展倡议提供智力支持——专家解读〈全球发展报告〉》，《新华每日电讯》2022年6月22日第7版。

议走深走实，为如期实现联合国2030年可持续发展目标、推动构建人类命运共同体作出新贡献。

### 5. 机制建设

（1）"全球发展倡议之友小组"的工作进展。成立。2022年1月，全球发展倡议之友小组在纽约联合国总部正式成立，20多家联合国机构负责人、来自100多个国家的代表出席，包括80多位大使，对该倡议予以高度评价和坚定支持。[①] 各国大使一致认为，全球发展倡议项目清楚地表明了中国对多边主义和2030年可持续发展议程的坚定承诺。它反映了中国在国际发展合作中的主导作用以及发展中国家对共同发展的总体要求。

推进。2022年5月，"全球发展倡议之友小组"高级别视频会议上，包括小组成员在内的60多个国家150多位代表参会并展开互动对话。国务委员王毅表示，全球发展倡议一经提出就得到国际社会积极响应，100多个国家表示支持，53国加入"全球发展倡议之友小组"。联合国秘书长古特雷斯在致辞中表示，围绕全球发展倡议开展的讨论有助于"移动指针"，促进各国在发展领域取得进展。为了人民，为了地球，为了我们的共同未来，现在就是我们拯救可持续发展目标的关键时刻。[②]

扩容。2022年9月，"全球发展倡议之友小组"部长级会议在美国纽约举行，支持倡议的国家和国际组织增加到100多个，在联合国平台成立的倡议"之友小组"发展到60多个成员国。截至目前，100多个国家和国际组织支持全球发展倡议，70多

---

[①]《全球发展倡议之友小组在纽约联合国总部正式成立》，中国新闻网，2022年1月21日，https://www.chinanews.com.cn/gj/2022/01-21/9657997.shtml。

[②]《王毅出席"全球发展倡议之友小组"高级别会议开幕式并发表致辞》，中国新闻网，2022年5月9日，https://www.chinanews.com.cn/gj/2022/05-10/9750314.shtml。

个国家加入"全球发展倡议之友小组",中方同20多个国家和国际机构签署合作谅解备忘录,200多个合作项目开花结果。①

落实。2023年4月,在联合国经济及社会理事会举行2023年发展融资论坛之际,"全球发展倡议之友小组"成员共同回顾了全球发展倡议的落实情况,同时探讨全球发展倡议与可持续发展目标对接,帮助2030年可持续发展议程重回正轨。2023年7月中方主办全球共同发展行动论坛首届高级别会议,聚焦项目、资金两大发展瓶颈,建立全球发展项目库和资金库并已顺利运转。2023年9月倡议成果展示高级别会议在联大高级别周期间举行,中国国家副主席韩正、联大主席弗朗西斯、常务副秘书长阿明娜和多国领导人出席开幕式,40多国部长级官员与会发言。2024年4月全球发展倡议之友小组高级别会议举行。中国代表指出,全球发展倡议源自中国,机会和成果属于世界,习近平主席于2021年提出全球发展倡议以来,中方一直秉持凝聚国际发展共识、培育全球发展新动能的初衷,不断加强倡议与2030年议程对接,推动倡议合作取得丰硕成果,使众多发展中国家从中受益。本次会议还通过了关于未来峰会发展领域问题的文件,系统阐述小组成员国对推动未来峰会重视发展问题、加快落实2030年议程的共同立场。② 2024年4月24日,联合国亚太经社会第80届年会期间,国家国际发展合作署、中国常驻联合国亚太经社会代表处、联合国驻华系统联合主办主题为"继续努力实现可持续发展目标:迎接未来峰会"全球发展倡议对话会。

联合国经济和社会事务部能力发展方案管理办公室负责人认为,中国正在为推进2030年可持续发展议程作出积极贡献。

---

① 《铺设促进全球发展的"快车道"》,《人民日报》2023年12月23日第1版。
② 《中国代表:全球发展倡议源自中国,机会和成果属于世界》,中国新闻网,2024年4月18日,https://www.chinanews.com.cn/gj/2024/04-18/10201133.shtml。

作为目前落实全球发展倡议的一大载体，由中国政府捐助成立的联合国和平与发展基金自2016年以来发挥了重要作用。联合国驻华协调员常启德强调，"世界急需更多的融资来实现2030年可持续发展议程所勾勒出的雄心目标，促进国际发展合作正当其时。他相信，中国提出全球发展倡议并建立全球发展和南南合作基金，可以在一定程度上弥补融资缺口，并利用中国自身的技术专业知识帮助发展中国家应对优先事项，最终让全世界在实现可持续发展目标的道路上加快步伐"①。

（2）"全球发展倡议之友小组"的工作目标。在2022年1月全球发展倡议之友小组成立大会上，中方提出四个目标。

第一个目标是重新确定发展的重点。"全球发展倡议将发展放在首位，推动国际社会将发展作为全球宏观政策框架的核心，并将为发展中国家提供更有力、更有针对性的支持。倡议致力于以人民为中心的发展，其目的是保护和促进人权，特别是包括妇女、儿童和其他弱势群体在内的所有人的生存权和发展权。它必将为国际人权事业作出重要贡献。"②

第二个目标是重申对可持续发展目标的承诺。"全球发展对话呼吁各方加强对可持续发展目标的政治承诺，首先要解决发展中国家面临的最紧迫问题。它将通过优先领域引领实现17个可持续发展目标，为加快落实2030年可持续发展议程提供强大动力，为全面实现可持续发展目标作出积极贡献。"③

---

① 《全球发展倡议促进共同发展》，《经济日报》2023年4月21日第1版。
② 《全球发展倡议之友小组在纽约联合国总部正式成立》，中国日报网，2022年1月21日，https://cn.chinadaily.com.cn/a/202201/21/WS61ea07b4a3107be497a0338e.html。
③ 《全球发展倡议之友小组在纽约联合国总部正式成立》，中国日报网，2022年1月21日，https://cn.chinadaily.com.cn/a/202201/21/WS61ea07b4a3107be497a0338e.html。

第三个目标是重振全球伙伴关系。"向所有国家开放，并欢迎各国政府、企业、学术界和民间社会的参与。将促进联合国和其他多边合作进程的共识和协同增效，加强全球发展伙伴关系。中国愿意加强与各方的战略结盟，听取有益建议，不会制造任何小圈子。"①

第四个目标是重启发展合作。"全球发展倡议呼吁调动更多的国际资源，为全球发展，特别是为发展中国家的优先目标提供资助。它将有助于促进南北合作、南南合作和三角合作。这一倡议遵循广泛磋商、共同贡献、共同受益的原则，致力于合作共赢、共同发展。"②

成立全球发展倡议之友小组的目的是在全球发展大会与2030年可持续发展议程之间寻求更大的互补性，支持联合国的发展工作，帮助发展中国家抗击新冠疫情，落实2030年可持续发展议程。小组将重点开展包括加强政策对话、分享最佳实践、促进务实合作三方面的工作。

联合国副秘书长阿米娜·穆罕默德女士在全球发展倡议之友启动会上赞赏习近平主席在第76届联合国大会上提出全球发展倡议时发挥的领导作用。这清楚地表明了中国对支持实现可持续发展目标的持续承诺。

（3）"全球发展倡议之友小组"达成的共识。在2022年5月举办的"全球发展倡议之友小组"高级别视频会议上，与会部长级官员高度赞赏中方为促进落实可持续发展目标发挥的引领作

---

① 《全球发展倡议之友小组在纽约联合国总部正式成立》，中国日报网，2022年1月21日，https://cn.chinadaily.com.cn/a/202201/21/WS61ea07b4a3107be497a0338e.html。

② 《全球发展倡议之友小组在纽约联合国总部正式成立》，中国日报网，2022年1月21日，https://cn.chinadaily.com.cn/a/202201/21/WS61ea07b4a3107be497a0338e.html。

用，表示大力支持全球发展倡议，期待同小组成员一道，深化重点领域合作，助力全球发展事业。泰国副总理兼外长敦表示，倡议对发展中国家应对全球挑战、落实2030年可持续发展议程意义重大，赞赏倡议的开放和包容。"全球发展倡议之友小组"有利于加强各国同联合国在发展领域对接合作，呼吁更多国家加入。时任哈萨克斯坦副总理兼外交部部长特列乌别尔季表示，习近平主席提出的全球发展倡议恰逢其时，正是发展中国家所迫切需求的。巴基斯坦外交部部长比拉瓦尔表示，巴方期待与中方及小组其他成员携手努力，推动实现和平、繁荣的共同愿望，构建人类命运共同体。古巴外交部部长罗德里格斯表示，倡议紧扣2030年可持续发展议程，强调发展优先，确保了南方国家的发展权，有助于推动国际社会将发展问题置于国际体系的核心位置。柬埔寨计划部国务秘书敦塔瑞表示，倡议是加强政策对话和分享最佳实践的重要合作机制，期待此次会议重新明确可持续发展重点领域，并与其他进程协同增效。埃及外交部副部长罗扎表示，倡议为各国分享南南合作和三方合作经验提供了绝佳平台，将有力促进实现可持续发展目标。新加坡代表表示，全球发展倡议是多边主义和联合国发展系统的"加强针"，应同联合国议程及国际机构加强对接，实现全球、区域和国别发展议程协同增效。南非代表表示，数字互联互通和绿色复苏对发展中国家意义重大，期待以小组为平台在相关领域形成更大合力。卡塔尔代表表示，中国的经验对发展中国家尤为重要，愿同中方及之友小组成员加强交流分享，开展务实合作。联合国副秘书长刘振民表示，倡议因反应了全球发展紧迫需求，有助于汇聚合力，聚焦重点领域，助力全球发展事业。联合国开发计划署署长、联合国粮食及农业组织总干事等发展机构负责人表示，倡议同各机构工作重点和优先领域高度契合，愿充分利用自身专业优势支持倡议落实工作，并结合八大重点领域，同小组成员探讨具体合作项目。① 会议达成以下四点共识。

一是凝聚新共识。会议进一步提升了各方对倡议的认同和支持，凝聚团结合作新共识。欢迎更多国家积极加入全球发展倡议之友小组，共商发展合作之计，推动实现共同发展。

二是开展新项目。倡议提出半年多来，正逐步由理念转化为实践，开始取得早期收获。此次会议再次为小组成员同联合国各发展机构深化合作提供了重要平台，期待有关各方共同努力，打造更多符合发展中国家迫切需求的高质量项目。

三是探索新路径。小组已成为推动倡议在联合国落实的有效平台。中方将同各成员一道，制订小组工作规划，适时视需探讨小组内部机制建设、对外合作机制化等问题，不断完善小组架构和工作内容。

四是增添新动力。各方普遍认同倡议八个重点领域有效涵盖并将助力17个可持续发展目标全部实现。会议促进了联合国发展议程同各国别、地区、国家集团和多边合作机制的发展战略沟通对接，有助于形成合力，推动全球发展事业早日回归正轨。

"全球发展倡议之友小组"下一步将继续围绕加强政策对话、分享良好实践、促进务实合作开展工作，并在应对全球性危机、促进落实联合国发展议程、助力深化南南合作、努力挖掘资源潜力四个方面重点发力。

（4）"全球发展倡议之友小组"的工作方向。在2022年9月举办的"全球发展倡议之友小组"部长级会议上，中方提出以下三点建议。

---

① 《全球发展倡议之友小组在联合国总部成功举行高级别视频会议》，中国日报网，2022年5月10日，https://cn.chinadaily.com.cn/a/202205/10/WS6279afeda3101c3ee7ad4852.html。

一是坚持协同增效，加强联合国发展系统的引领作用。推动倡议同"全球粮食、能源和金融危机应对小组"、可持续发展高级别政治论坛等机制和进程形成合力。在联合国层面尽快成立倡议推进的工作机制，有关专门机构根据自身主责主业分别牵头同倡议的重点领域对接，用好"全球发展和南南合作基金"和"中国—联合国和平与发展基金"，动员和汇集更多资源。

二是坚持共商共建共享，凝聚集体智慧和力量。推进小组机制化建设，确定重点领域和区域的协调国，更深融入各国的发展需求以及区域、次区域发展战略，提出新的项目建议。小组成员应加强战略沟通，继续共同发声，合力推动明年联合国2030年可持续发展议程中期评估和"可持续发展目标峰会"取得积极成果。

三是坚持包容共进，重振全球发展伙伴关系。期待发达国家履行官方援助义务，参与全球发展倡议项目，加大对发展中国家特别是最不发达国家、小岛屿的国家投入。希望世界银行、亚洲开发银行等国际和地区开发机构积极参与倡议合作，为发展中国家提供更多资金支持。

另外，联合国系统倡议推进工作组已正式成立，旨在加强联合国和会员国对接交流，加强在减贫、粮食安全、发展筹资、工业化、互联互通等领域合作。工作组将依托全球发展倡议的广泛基础，促进南北、南南和三方合作，深化全球发展伙伴关系，为未来峰会筹备作出贡献。并与倡议之友小组开展合作，进一步推动倡议与落实2030年议程形成有效合力。倡议框架下的全球发展促进中心及其网络秘书处已在北京成立，将为发展合作理念交流、规划对接、资源统筹提供有力支持。①

---

① 《中国代表：全球发展倡议源自中国，机会和成果属于世界》，中国新闻网，2024年4月18日，https://www.chinanews.com.cn/gj/2024/04-18/10201133.shtml。

## （二）全球发展倡议的主要内容

全球发展倡议最核心的理念是坚持以人民为中心，最主要的目的是加快落实联合国 2030 年可持续发展议程，最长远的目标是满足全世界人民对美好生活的向往。

### 1. 六大原则

全球发展倡议有六大原则，即"六个坚持"。

第一，坚持发展优先，即"将发展置于全球宏观政策框架的突出位置，加强主要经济体政策协调，保持连续性、稳定性、可持续性，构建更加平等均衡的全球发展伙伴关系，推动多边发展合作进程协同增效，加快落实联合国二〇三〇年可持续发展议程。"① 坚持发展优先是中国有关世界新发展理论的核心原则、一贯理念。中国始终认为，"发展是解决一切问题的总钥匙"。2020 年 9 月，习近平主席在第七十五届联合国大会一般性辩论上的讲话重申，"中国是世界上最大的发展中国家，走的是和平发展、开放发展、合作发展、共同发展的道路"②。

第二，坚持以人民为中心，即"在发展中保障和改善民生，保护和促进人权，做到发展为了人民、发展依靠人民、发展成果由人民共享，不断增强民众的幸福感、获得感、安全感，实现人的全面发展"③。不同于西方国家资本主导现代化、现代化成果为少数精英或者利益集团所占有的情况，中国始终坚持发展为了人民、发展依靠人民、发展成果由人民共享，体现了发

---

① 《习近平著作选读》第二卷，人民出版社 2023 年版，第 513—514 页。
② 习近平：《在第七十五届联合国大会一般性辩论上的讲话（全文）》，《人民日报》2020 年 9 月 23 日第 3 版。
③ 《习近平著作选读》第二卷，人民出版社 2023 年版，第 514 页。

展的目的性、实践性、整体性。全球发展倡议的目的性很明确，就是秉持以人民为中心的核心理念，最大限度地满足人民日益增长的物质文化需要以及更高层次的美好生活需要，推进实现人的自由全面发展。以人民为中心的发展思想是从中国发展实践中得出的重要经验，也是全球发展倡议所秉持的根本原则。

第三，坚持普惠包容，即"关注发展中国家特殊需求，通过缓债、发展援助等方式支持发展中国家尤其是困难特别大的脆弱国家，着力解决国家间和各国内部发展不平衡、不充分问题"①。中国秉持人类命运共同体理念，不断深化国际发展合作，为推动2030年可持续发展议程全球落实作出积极贡献。中国坚持共商共建共享的全球治理观，倡导国际关系民主化，支持联合国发挥积极作用，推动将发展问题置于全球宏观政策协调的重要位置。中国积极倡导贸易和投资自由化便利化，推动构建开放型世界经济，改善国际发展环境。中国坚持根据"共同但有区别的责任"原则合作应对气候变化，保护好人类赖以生存的地球家园。在2016年9月召开的G20峰会上，由中国主导的峰会议题第一次提出了要采取集体行动支持非洲和最不发达国家工业化。开展南南合作是中国对外主要工作方向，迄今已向166个国家和国际组织提供发展援助，为120多个发展中国家落实联合国千年发展目标提供有力支持。

第四，坚持创新驱动，即"抓住新一轮科技革命和产业变革的历史性机遇，加速科技成果向现实生产力转化，打造开放、公平、公正、非歧视的科技发展环境，挖掘疫后经济增长新动能，携手实现跨越发展"②。为适应国内外经济发展的客观需要，党的十八届五中全会提出了"创新、协调、绿色、开放、共享"

---

① 《习近平著作选读》第二卷，人民出版社2023年版，第514页。
② 《习近平著作选读》第二卷，人民出版社2023年版，第514页。

五大发展理念，并制定了《国家创新驱动发展战略纲要》，推动中国可持续发展，力争到2030年成为创新型国家前列，届时中国的经济结构将发生全新的变化，经济增长的推动力将从过去依靠数量型转变为质量型、拉动经济增长的力量由外需转为内需和由投资转为消费、经济制度也更加向世界开放等等，使世界充分感受到"中国模式"的力量。中国坚持创新发展，实施创新驱动发展战略，不断推进理论创新、制度创新、科技创新、文化创新等各方面创新，着力提高发展的质量和效益。坚持协调发展，推动区域协同、城乡协调、物质文明精神文明并重，新型工业化、新型信息化、新型城镇化、农业现代化同步，不断增强发展整体性。坚持绿色发展，坚决贯彻节约资源和保护环境的基本国策，积极应对气候变化，着力改善生态环境，推动经济社会发展全面绿色转型。坚持开放发展，奉行互利共赢的开放战略，通过共建"一带一路"等倡议，为各国特别是发展中国家落实议程提供助力。坚持共享发展，注重机会公平，保障和改善民生，增进人民福祉，走共同富裕的道路，同时同各国分享发展经验、共享发展成就，共同构建人类命运共同体。

第五，坚持人与自然和谐共生，即"完善全球环境治理，积极应对气候变化，构建人与自然生命共同体。加快绿色低碳转型，实现绿色复苏发展。中国力争2030年前实现碳达峰、2060年前实现碳中和，这需要付出艰苦努力，但我们会全力以赴。中国将大力支持发展中国家能源绿色低碳发展，不再新建境外煤电项目。"[1] 习近平主席指出，中国坚定不移走生态优先、绿色发展之路，让绿色成为高质量发展的底色。完善全球环境治理，积极应对气候变化，构建人与自然生命共同体。加快绿色低碳转型，实现绿色复苏发展。目前中国已经完成了工业化

---

[1] 《习近平著作选读》第二卷，人民出版社2023年版，第514页。

的初级阶段，正在向工业化的中高级阶段过渡。中国不走西方国家的"串联式"的老路，而是要走"并联式"发展新路。中国认真落实《联合国气候变化框架公约》和《巴黎协定》，为人与自然和谐而努力。中国率先出资15亿元人民币，成立昆明生物多样性基金，支持发展中国家生物多样性保护事业；加快构建以国家公园为主体的自然保护地体系，等等。

第六，坚持行动导向，即"加大发展资源投入，重点推进减贫、粮食安全、抗疫和疫苗、发展筹资、气候变化和绿色发展、工业化、数字经济、互联互通等领域合作，加快落实二〇三〇年可持续发展议程，构建全球发展命运共同体。中国已宣布未来三年内再提供三十亿美元国际援助，用于支持发展中国家抗疫和恢复经济社会发展。"[①] 倡议再好，也抵不过行动，行动才是最关键的。作为世界最大的发展中国家，中国已于2020年底彻底消灭绝对贫困，提前10年实现联合国2030年可持续发展议程减贫目标，不仅成为人类发展史上的壮举，也结束千百年来绝对贫困难以绝迹的历史性难题。为回答时代之问，中国以实际行动，在力争做最好的自己同时也力争为世界发展作出最大的贡献。随着综合实力的不断提升，中国对世界发展的贡献在不断增大。从2006年起，中国已连续15年成为世界经济增长的第一大贡献国，面对新冠疫情，中国已捐赠口罩、防护服上亿件次，为110多个国家捐赠上亿剂疫苗。2022年，中国宣布向非洲国家提供10亿剂额外疫苗，还将向东盟国家捐赠1.5亿剂疫苗。

全球发展高层对话会主席声明在六大原则基础上，增加一项新原则，即坚持多边主义。习近平主席指出："维护联合国宪章宗旨和原则，维护以联合国为核心的国际体系和以国际法为基础的国际秩序，坚持主权平等、不干涉别国内政。顺应世界

---

① 《习近平著作选读》第二卷，人民出版社2023年版，第515页。

多极化和国际关系民主化的历史潮流，构建相互尊重、公平正义、合作共赢的新型国际关系，共同反对霸权主义和强权政治。弘扬和平、发展、公平、正义、民主、自由的全人类共同价值，倡导共商共建共享的全球治理观，以公平正义理念引领全球治理体系变革，提升新兴市场国家和发展中国家在国际事务和机制中的代表性和发言权。推动构建开放型世界经济，加强宏观经济政策协调，共同维护国际经济金融体系稳健运行，推动世界经济稳定复苏，营造和平稳定、开放包容的国际发展环境。"① 全球发展倡议本身就是多边行动，坚持多边主义自然是推进全球发展倡议的题中之义。不让一个人、一个国家掉队，本身就是多边主义的理念之一，需要开放包容、需要共商共建共享、需要加强协调，而不再走传统发展老路。全球发展倡议提出之后，首要对接的是联合国 2030 年可持续发展议程，主张与多个国家、多个国际组织加强合作，凡是有助于发展议题推进的，都是合作伙伴。

### 2. 八大领域

全球发展倡议提出的减贫、粮食安全、抗疫和疫苗、发展筹资、气候变化和绿色发展、工业化、数字经济、互联互通八大重点领域，基本上涵盖了发展中国家最迫切想要解决的关键领域。一旦这八大领域得到有效推进，将从整体上改变发展中国家的生存状态。

一是减贫。这是发展中国家面临的最大难题之一。应该说，贫困一直是伴随人类社会发展进程中长期存在的一个现象，至今仍在困扰着多数发展中国家，尤其是最不发达国家。中国在

---

① 《全球发展高层对话会主席声明（全文）》，《人民日报》2022 年 6 月 25 日第 6 版。

减贫方面取得的历史性成就为世界发展中国家完成这一历史使命提供了最佳模板。中国既有经验、也有成就,既有机制、也有政策,为世界减贫提供了丰富的经验。因此这也是中国将减贫作为全球发展倡议八大领域之一。

二是粮食安全。人口激增正在超过地球所能承载的范围和能力,其中最主要的表现是粮食正在成为越来越不安全的领域。粮食的绝对短缺和相对短缺不仅一直对最不发达国家构成严重威胁,而且也对那些人口众多的发展中国家构成日益严峻的威胁。一旦全球出现粮食安全问题,就有可能导致饥饿人口的大幅度增加,甚至引发大规模的冲突。因此,如何解决粮食安全问题,已是迫在眉睫的一项任务。解决粮食安全有利于为发展中国家经济发展提供坚实的基础和后盾,也标志着发展中国家的经济发展摆脱了最初的粮食安全陷阱,为世界和平提供最基础性的保障条件。

三是抗疫和疫苗。2020年开始暴发的新冠疫情直接威胁到人类的健康生命。与以往不同的是,今天的人类社会更有可能在短时间内完成抗疫这一艰巨任务。技术进步、资金支持、有效举措、精诚合作等都为抗疫胜利提供了必要的前提和保障。不过,由于世界各国发展水平不一,并不是所有国家都能够在短时间内获得同样的抗疫能力。2021年9月,联合国贸易与发展会议发布《2021年最不发达国家报告》显示,全球46个最不发达国家的新冠疫苗接种率较低,仅2%的人口接种了疫苗,而发达国家这一数字为41%。受新冠疫情影响,最不发达国家经济增长也是过去30年里最低水平,脱贫、教育和卫生等领域均出现倒退。过去50年来,最不发达国家面临的发展挑战大体相似,这些国家在国际贸易中的边缘化问题持续存在。因此,抗疫的重点国家和重点人群主要集中在发展中国家的民众,特别是最不发达国家的民众。中国提出抗疫和疫苗领域作为全球发展倡议的八大领域，更主要关注的是人类健康与发展，在确保生命至上的基础上才能安心发展、放心发展，解除对人类健康的底线威胁才能有利于经济的长远发展。

四是发展筹资。发展中国家发展面临的首要问题是资金，资金短缺极大地限定了发展中国家摆脱贫困陷阱，也因此，多年来发展中国家，特别是最不发达国家成为国际资本的最渴望需求者，自然成为国际社会捐赠的主要对象。在联合国等多个重大国际场合，经常听到的声音是发展中国家迫切希望获得更多的资金支持。目前为发展而进行的投入也在逐年增加，但仍然满足不了发展中国家所需要的巨大资金缺口。在实现从站起来到强起来的转变之后，中国愿意拿出部分资金资助发展中国家的经济发展，也呼吁国际社会注资发展中国家。

五是气候变化和绿色发展。西方工业化道路曾给人类居住环境带来较大的负面影响，最后也不得不走上环境治理的轨道。随着发展中国家大规模工业化进程的推进，环境对工业化的承载能力早已超出极限，要发展还是要生存这一选择题，不可避免地摆在人类的面前。因此，发展中国家的工业化、现代化进程必然是绿色进程、人与自然和谐进程。中国以自身经验为出发点，结合发展中国家的实际，将气候变化与绿色发展纳入八大领域，更加突出发展的真实要义，今天的发展必然是具有综合、全面、系统内涵的发展，不能为了某一领域的单一发展而发展，否则发展也失去其应有价值。

六是工业化。工业化是人类发展的必由之路，过去如此，现在如此，将来更是如此，在人类社会尚未完全实现工业化之前，工业化进程就必然有其存在的价值和必要，其原因在于工业化是迄今为止能够最大限度地激发人类潜能的一套经济动力系统。自其诞生以来，给人类带来的进步超出历史上任何一个发展阶段。日本学者薮野祐三认为，在讨论现代化问题上，要避免陷入两个假设泥潭：其一，现代化是自动的，其二，在当代现代化只有一条发展道路。① 为解决发展中国家大量人口贫困和发展问题，工业化更是有着不可小觑的作用，是促使大规模人口摆脱贫困陷阱和步入新发展阶段的主要工作机制。中国的实践一再证明，减贫和发展主要是依靠工业化进程，这也是中国为什么要在G20杭州峰会上将工业化作为推进发展中国家发展的主要议程。

七是数字经济。数字经济看似离发展中国家较远，但是却为发展中国家实现跳跃式发展提供机会和可能。数字经济所激发出来的经济活力以及对经济发展成本的大规模降低，促使数字经济即使在不发达国家也有着较好的发展前景。数字经济本身是经济发展的一部分，同时还能够带动经济其他部门发展，这也是数字经济的魅力所在，同时还能确保发展中国家跟上时代的步伐，可以说数字经济是一种成本低、收益高、见效快的经济模式，是推动发展中国家实现又好又快发展的主要领域。

八是互联互通。缺乏基本的基础设施，也是阻碍当今发展中国家经济发展的主要约束条件之一。"要想富，先修路"，这是中国经济发展成功的重要内容之一。中国突出互联互通，不仅仅是在一国国内做好基础设施的建设工作，进而推动该国经济发展，更主要地还强调世界各国之间互联互通，降低世界各国进入全球市场的成本和壁垒，激发世界经济整体发展。将互联互通纳入八大领域也是有着客观迫切需要和紧迫性在内的，是推动发展中国家经济发展跃上新台阶的前提和主要保障。

上述八大领域的提出是中国对自身发展经验总结的结果，也是确保发展中国家实现快速更好发展的关键领域。当然八大

---

① ［美］塞缪尔·亨廷顿等：《现代化：理论与历史经验的再探讨》，罗荣渠主编，上海译文出版社1993年版，第146页。

领域之间尽管相互独立，却又紧密相连，具有相互促进的作用。因此，做好这八大领域的工作，总体上可以解决发展中国家面临的主要问题和问题的主要方面，也有利于提升发展中国家整体的生存状态和发展状态，这是统筹新时期世界发展支持与被支持的新模式，打破了传统意义上发达国家对发展中国家发展支持的单一性、割裂性特点，更有助于加快推进发展中国家的发展进程，也必将掀开人类社会发展的新篇章。

### 3. 四个目标

2022年5月，国务委员兼外交部部长王毅在"全球发展倡议之友小组"高级别会议开幕式上阐述了全球发展倡议的四大目标。

一是致力于凝聚加快发展的政治共识。"不管国际风云如何变幻，各国人民对美好生活的向往没有变，对发展的渴望和追求也没有变，发展的重要性和紧迫性更加凸显。全球发展倡议聚焦发展议程，强化政治意愿，推动形成重视发展、共谋合作的势头。"①

二是致力于搭建发展合作的公共平台。"全球发展需要明确愿景目标，更需要务实行动举措。全球发展倡议坚持行动导向，从保障和改善民生出发，从全球发展最紧迫的问题入手，聚焦减贫、抗疫、人力资源培训、粮食能源安全、工业化、数字经济、绿色发展等重点合作领域，为各方对接发展需求、开展项目合作搭建有益平台。"②

三是致力于促进发展经验的交流互鉴。"无论是发达国家还

---

① 《王毅：全球发展倡议是大势所趋、人心所向》，外交部官网，2022年5月10日，https://www.mfa.gov.cn/web/wjbzhd/202205/t20220509_10683600.shtml。

② 《王毅：全球发展倡议是大势所趋、人心所向》，外交部官网，2022年5月10日，https://www.mfa.gov.cn/web/wjbzhd/202205/t20220509_10683600.shtml。

是发展中国家，都积累了大量有益发展经验。全球发展倡议旨在支持各种发展经验的分享和交流，助力各国探索符合本国国情、发挥自身优势的发展道路，最终实现共同发展。"①

四是致力于增强协同发展的国际合力。"中国愿与各方一道，为落实2030年可持续发展议程、深化全球发展合作、推动构建人类命运共同体作出新的贡献。"②

## （三）全球发展倡议取得的进展与贡献

2023年6月中国国际发展知识中心编写的《全球发展倡议落实进展报告》正式发布，报告全面梳理近两年中国与其他合作伙伴推动全球发展倡议落地、促进实现2030年可持续发展目标的举措和进展。报告认为，全球发展倡议有效地促进共识凝聚，推动国际社会对全球发展的再聚焦，为推动实现2030年可持续发展目标提供了"加速器"。

### 1. 全球发展倡议取得的进展

中国外交部在2022年9月③和2022年10月分别举办的两次例行记者会上介绍了有关落实全球发展倡议取得的积极进展。中国外交部发言表示，在中方和国际社会的共同努力下，全球发展倡议落地生根，不仅获得多项早期收获，而且呈现重

---

① 《王毅：全球发展倡议是大势所趋、人心所向》，外交部官网，2022年5月10日，https://www.mfa.gov.cn/web/wjbzhd/202205/t2022 0509_ 10683600.shtml。
② 《王毅：全球发展倡议是大势所趋、人心所向》，外交部官网，2022年5月10日，https://www.mfa.gov.cn/web/wjbzhd/202205/t2022 0509_10683600.shtml。
③ 外交部：《全球发展倡议有效推动国际社会重新重视发展问题》，国际在线，2022年9月21日，https://news.cri.cn/baidunews-eco/2022 0921/8f2739ea-a0b4-644a-840c-917cab5390b7.html。

点突出、全面推进的良好态势，标志着全球发展倡议实现从"打基础"到"搭框架"的跨越，由"写意画"向"工笔画"的迈进。

一是广泛凝聚了推进倡议合作、加快落实2030年可持续发展议程的国际共识。目前已有100多个国家和多个国际组织支持倡议，80多个国家加入"全球发展倡议之友小组"，全球发展倡议写入中国同东盟、中亚、非洲、拉美、太平洋岛国等合作文件。中国已同20多个国家签署了全球发展倡议双边合作文件。与相关国家发布《共同推进"一带一路"建设农业合作的愿景与行动》，与近90个共建国家和国际组织签署了100余份农渔业合作文件，与共建国家农产品贸易额达1394亿美元，向70多个国家和地区派出2000多名农业专家和技术人员，向多个国家推广示范菌草、杂交水稻等1500多项农业技术，帮助亚洲、非洲、南太平洋、拉美和加勒比等地区推进乡村减贫，促进共建国家现代农业发展和农民增收。麦肯锡公司的研究报告显示，中国企业在非洲雇员本地化率达89%，有效带动了本地人口就业。

二是搭建了两个资金平台。全球发展和南南合作基金与中国—联合国和平与发展基金已成为中方支持全球发展倡议项目合作的两大重要资金平台，支持开展全球发展倡议合作。全球发展和南南合作基金已支持实施200多个项目，覆盖60多个国家。① 同时，也在探索新的筹资渠道，动员各方资金跟进，推进倡议八大重点领域务实合作。② 截至目前，中方已成立总额40亿美元的全球发展和南南合作基金，中国金融机构即将推出100

---

① 《中国代表：全球发展倡议源自中国，机会和成果属于世界》，中国新闻网，2024年4月18日，https://www.chinanews.com.cn/gj/2024/04-18/10201133.shtml。

② 《坚定信心携手奋进 共创全球发展新时代——写在全球发展高层对话会召开一周年之际》，新华社，2022年6月24日，http://www.news.cn/politics/2023-06/24/c_1129714200.htm。

亿美元专项资金，专门用于落实全球发展倡议。①

三是推进各领域合作机制建设。中方成立全球发展促进中心，为推动落实全球发展倡议提供行动平台。发起并创建世界职业技术教育发展联盟、中国—太平洋岛国应对气候变化合作中心、国际减贫合作网络等合作平台，同各方携手在农业、教育、抗疫、应对气候变化等领域打造合作网络。2022年9月，中方成功举办"全球发展倡议之友小组"部长级会议，推出七大方面的举措，发布了全球发展倡议项目库首批项目清单，包括50个减贫、粮食安全、工业化等领域务实合作项目及1000期能力建设项目。②

四是加强发展知识分享。中方发布的首期《全球发展报告》，为全球发展事业提供智力支持。加快建设全球发展知识网络，同世界各国积极开展治国理政和发展经验交流，促进互学互鉴。③2022年11月12日，国家国际发展合作署全球发展促进中心正式揭牌。这是中方落实全球发展倡议、深化国际发展合作的一项重要举措，将为落实全球发展倡议打造统筹资源、协调行动、汇集众智、宣介理念的平台。④2023年9月，41个国家、地区和国际组织共同推动"全球发展促进中心网络"建设，近30个国家和国际机构同中方签署合作谅解备忘录，推动倡议与相关

---

① 《勠力同心 携手同行 迈向发展共同体——在"金砖+"领导人对话会上的讲话》，《人民日报》2023年8月25日第2版。
② 《外交部发言人："全球发展倡议之友小组"部长级会议取得积极成果》，新华社，2022年9月22日，http://www.news.cn/world/2022-09/22/c_1129024248.htm。
③ 《坚定信心携手奋进 共创全球发展新时代——写在全球发展高层对话会召开一周年之际》，新华社，2022年6月24日，http://www.news.cn/politics/2023-06/24/c_1129714200.htm。
④ 中国国际发展知识中心：《全球发展倡议落实进展报告2023》，外交部官网，2023年6月20日，https://www.mfa.gov.cn/web/wjb_673085/zzjg_673183/gjjjs_674249/xgxw_674251/202306/P020230620670372006993.pdf。

国家和地区重大发展战略深度对接。① 2023年1月全球发展促进中心网络成立大会暨首次司局级对话会成功举行。来自66个国家、3个区域组织、24个国际组织及3个国外基金会等共96家外方代表以网络正式成员或观察员身份出席。网络将为倡议落实提供平台和支持。②

五是加快项目落地。中国已同各方一道积极落实全球发展高层对话会32项推进倡议合作的务实举措，推动发展问题重回国际议程中心，受到各方高度评价。实施了100多个早期收获项目，使60多个发展中国家受益。成立国际民间减贫合作网络，首批已有来自17个国家和地区的相关机构加入，正同近40个国家和地区的150家机构共同筹建世界职业技术教育发展联盟。"全球发展倡议之友小组"就粮食安全问题在联合国大会上表明共同主张。中国—太平洋岛国应对气候变化合作中心已经落地。中国已同13个国家开展新冠疫苗联合生产，包括9个"全球发展倡议之友小组"国家。1000多期能力建设项目为发展中国家提供4万余人次培训。③ 中方在倡议框架下同联合国南南合作办公室开展了跨境电商能力建设研修项目，近百个国家1000多名学员踊跃参加。④ 作为目前落实全球发展倡议的一大载体，联合国和平与发展信托基金下设立的2030年可持续发展议程子基金旨在提供一个

---

① 《韩正在全球发展倡议合作成果展示高级别会议上的致辞》，新华网，2023年9月20日，http://www.news.cn/2023-09/20/c_1129872796.htm。

② 中国国际发展知识中心：《全球发展倡议落实进展报告2023》，外交部官网，2023年6月，https://www.mfa.gov.cn/web/wjb_673085/zzjg_673183/gjjjs_674249/xgxw_674251/202306/P020230620670372006993.pdf。

③ 《坚定信心携手奋进 共创全球发展新时代——写在全球发展高层对话会召开一周年之际》，新华社，2022年6月24日，http://www.news.cn/politics/2023-06/24/c_1129714200.htm。

④ 《中国代表：全球发展倡议源自中国，机会和成果属于世界》，中国新闻网，2024年4月18日，https://www.chinanews.com.cn/gj/2024/04-18/10201133.shtml。

"工具箱",整合政策建议、知识分享、培训项目和其他技术援助来支持联合国发展系统应对受援国家的紧迫需求,同时与各国政府、地方当局、学术界、私人部门和所有利益攸关方建立强有力的伙伴关系。子基金已经为48个联合国项目提供了6140万美元的资金,惠及来自非洲、亚太、拉丁美洲及欧洲的74个国家,其中大部分是最不发达国家、内陆发展中国家和小岛屿发展中国家。这些项目覆盖了所有可持续发展目标,为项目所在国带来了巨大的改变。① 目前,全球发展倡议项目库已纳入近200个务实合作项目,覆盖60多个发展中国家。②

中国外交部负责人表示,"全球发展倡议以落实2030年可持续发展议程为中心,以重点领域务实合作项目为引领,加强同联合国对接,重视联合国发展系统的作用,致力于加强同各区域、次区域和国家集团的发展进程协同增效。汇聚并用好各方资源,更好服务发展中国家实际发展需求。""全球发展倡议秉持开放包容的伙伴精神,欢迎包括发达国家在内的伙伴参与倡议合作,合力推动全球发展事业迈上新台阶,为如期实现所有可持续发展目标凝聚最广泛合力。"③

**2. 全球发展倡议为推动2030年可持续发展议程作出的新贡献**

全球发展倡议旨在加快落实联合国2030年可持续发展议程,推动实现更加强劲、绿色、健康的全球发展,构建全球发

---

① 《新进展与新行动:全球发展倡议助力实现可持续发展议程》,联合国新闻,2023年4月19日,https://news.un.org/zh/story/2023/04/1117232。
② 《韩正在全球发展倡议合作成果展示高级别会议上的致辞》,新华网,2023年9月20日,http://www.news.cn/2023-09/20/c_1129872796.htm。
③ 《外交部发言人介绍全球发展倡议提出一年来取得的积极进展》,《人民日报》2022年9月22日第3版。

展命运共同体。

一是为2030年可持续发展议程提供政治动力。"全球发展倡议之友小组"是一个非正式的合作机制，目的是就实现可持续发展目标交换意见并分享最佳做法，为全球发展伙伴关系作出贡献，并加速落实2030年可持续发展议程。中方将同小组成员、联合国机构及相关各方深化交流合作，加强政策对话，分享良好实践，打造务实项目，积极把倡议落到实处，助力各国特别是发展中国家共同发展、转型发展、绿色发展，推动构建人类命运共同体。[1] 中国将努力取得具体成果，帮助各国实现共同、转型和绿色发展，构建人类命运共同体。时任联合国副秘书长阿米娜·穆罕默德女士在全球发展倡议之友小组启动会上强调："我们距离实现2030年的目标还有9年时间，但很明显，我们离需要达到的目标还很远。因此，我欢迎所有为实现可持续发展目标而作出更大的政治承诺、伙伴关系领导和行动的努力。联合国支持全球发展倡议，以确保我们的世界信守2030年可持续发展议程的承诺，不留下任何人在后面。"她认为全球发展倡议彰显了中方对落实可持续发展目标的一贯承诺，期待与小组开展下一步务实合作。各国大使纷纷表示，习近平主席提出全球发展倡议，充分体现了中国领导人对多边主义和2030年可持续发展议程的坚定承诺，体现了中方在国际发展合作中的大国引领作用，体现了广大发展中国家谋求共同发展的普遍呼声。各方期待以小组为平台，同中方围绕倡议的重点领域加强交流合作，共同为国际社会团结抗疫、促进疫后重建、实现可持续发展目标注入新的政治动力。[2]

---

[1] 《全球发展倡议之友小组在纽约联合国总部正式成立》，《人民日报》2022年1月22日第3版。

[2] 《全球发展倡议之友小组在纽约联合国总部正式成立》，《人民日报》2022年1月22日第3版。

二是为2030年可持续发展议程提供组织动力。作为中国向国际社会提供的重要公共产品和合作平台,全球发展倡议将同共建"一带一路"倡议、非盟《2063年议程》、非洲发展新伙伴计划等协同增效,通过联合国、二十国集团、金砖国家等多边合作机制、各种区域和次区域平台凝聚共识,形成强大合力。时任联合国贸易和发展会议秘书长蕾韦卡·格林斯潘表示,"中国提出的全球发展倡议与增进民生福祉紧密相关,有助于实现联合国2030年可持续发展议程,也为各国制定可持续发展政策提供了思路和启示。"①"全球发展倡议提出了一套原则框架和优先方向,贸发会议期待在具体项目的研究、评估和技术合作方案等方面与全球发展倡议开展合作。联合国贸发会议是在广大发展中国家的努力推动下成立的,全球发展倡议由世界最大的发展中国家——中国提出,可以与其他多边机制协同增效。贸发会议期待在建立伙伴关系、筹集发展资金等方面与全球发展倡议进行沟通和对接,更好推进南南合作。"②"全球发展倡议有助于凝聚全球合力,加快落实联合国2030年可持续发展议程,推动全球发展迈向平衡、协调、包容新阶段。各方纷纷表示,倡议中体现的核心发展理念和原则彰显了中国在当今世界的道义力量,为发展中国家加快发展,实现共同繁荣注入了强劲动力,愿同中方开展交流合作,共同推动倡议落实。"③

三是为2030年可持续发展议程提供经济动力。全球发展倡

---

① 《"全球发展倡议的提出恰逢其时"——访联合国贸易和发展会议秘书长蕾韦卡·格林斯潘》,《人民日报》2022年4月4日第3版。
② 《"全球发展倡议的提出恰逢其时"——访联合国贸易和发展会议秘书长蕾韦卡·格林斯潘》,《人民日报》2022年4月4日第3版。
③ 《外交部就联合国秘书长表示完全支持习近平主席提出的"全球发展倡议"愿同中方就此加强合作等答问》,外交部官网,2021年11月8日,https://www.mfa.gov.cn/web/wjdt_674879/fyrbt_674889/202111/t20211108_10445594.shtml。

议本身就是一个经济议程，以增进民众福祉为目标，通过开展多种形式合作、提供发展资金以及打通阻碍经济社会发展的各种梗阻，必将为2030年可持续发展议程提供强大的经济支持。朱旭峰认为，全球发展倡议强调行动导向及与现有机制的协同增效。① 王志民、陈贞吉认为，全球发展倡议将发展作为当今世界的核心问题旨在解决世界发展的不平衡、不充分问题。推进全球发展倡议，通过构建全球发展伙伴关系和全球发展命运共同体，为恢复疫情冲击下的世界经济激发新动能，为实现平衡和充分的全球发展注入新动力，具体目标则是落实联合国2030年可持续发展议程。② 全球发展倡议集中体现了中国有关世界发展的新理念，这一新发展理念既来自中国经验的总结，也符合人类社会发展的终极目的，也由此将开创世界发展新格局。巴基斯坦新闻网说，习近平主席向世界，特别是发展中国家和最不发达国家伸出合作之手。③ 联合国秘书长古特雷斯表示，"全球发展倡议对促进全球平等和平衡可持续发展具有重要积极意义，联合国方面完全支持，愿同中方就此加强合作。"④ "全球发展倡议建立在中国取得伟大成就的基础上，将中国的发展经验和愿景介绍给世界，其内涵丰富，规划了全球发展的蓝图，契合当今世界的迫切需要。"⑤

---

① 《为落实全球发展倡议提供智力支持——专家解读〈全球发展报告〉》，《新华每日电讯》2022年6月22日第7版。

② 王志民、陈贞吉：《全球发展倡议：推动世界发展的中国方案》，《思想理论教育导刊》2022年第4期。

③ Shakeel Ahmad Ramay, "China's Global Development Initiative", The News, January 4, 2022, https:// www. thenews. com. pk/print/922405-china-s-global-development-initiativeChina's global development initiative.

④ 《联合国称完全支持"全球发展倡议" 中方：欢迎各国共同参与》，中新网，2021年11月8日，https://www.chinanews.com.cn/gn/2021/11-08/9604697.shtml。

⑤ 《开创全球发展事业更加光明的前景》，《人民日报》2022年9月21日第3版。

四是为构建全球发展命运共同体创造初始条件。全球发展命运共同体首先消除了长期固化在人们头脑中美西方发展观永远是对的这一传统理念，向人们昭示了人类本是一家，唯有同舟共济，共同面对现实问题和挑战才是人类获得全面发展的路径。全球发展命运共同体旨在寻求对迄今为止的工业化进程存在的对抗性命运的破解方法，通过建立平等协商的原则创建新的国际秩序，并在世界范围内通过合作来解决人类面临的共同难题。党的十九大报告指出，没有哪个国家能够独自应对人类面临的各种挑战，也没有哪个国家能够退回到自我封闭的孤岛。全球发展命运共同体不仅有助于推进中国后期工业化目标的实现，也有助于推进世界工业化进程，使中国再次成为推动世界发展、构建新的世界经济体系核心国家，为中国的未来发展、更为世界的未来发展提供了一条新路，即通过大力发展生产力，为未来重新调整世界范围内的生产力与生产关系之间的传统矛盾提供了新机遇，未来的世界也将因全球发展命运共同体的推进而呈现出新的面貌，体现时代精神和新的全球发展观。不过，构建全球发展命运共同体是一个长期进程，全球发展倡议是为全球发展命运共同体建设创造初始条件或者是启动按键，至此，拉开全球发展命运共同体建设的序幕。学者要瑶认为，全球发展命运共同体是落实联合国2030年可持续发展议程的重要战略对接点，是联合世界各国谋发展、促和平、享成果的标杆。[①] 当然，构建全球发展命运共同体，离不开对以联合国为核心的国际体系的维护，发挥联合国在可持续发展进程中的统筹协调作用，将发展置于全球宏观政策突出位置，加强南北合作，深化南南合作，向发展中国家提供更多发展资源，增强发展中国家的自主发展能力，消除"发展鸿沟"。

---

① 要瑶：《构建全球发展命运共同体：内涵、挑战、建构》，《安徽行政学院学报》2022年第1期。

## （四）有关全球发展倡议性质的讨论

随着中国在国际事务中的影响力逐渐增强，国际智库，特别是西方国家智库和印度智库对中国提出的助推全球发展的倡议，如共建"一带一路"倡议和全球发展倡议持有疑虑甚至不惜恶语相向，极力打压，声称中国提出的倡议就是出于地缘政治的考虑，试图扩大全球地缘政治影响力，对美国进行战略威胁，以达到称霸世界的目的。德国发展研究所 2022 年 11 月发表的研究报告指出，中国在联合国不断扩大的影响力已成为世界政治的一个决定性特征。自 2015 年以来，一系列事件和举措，如 2015 年联合国可持续发展峰会期间习近平主席发表的具有里程碑意义的讲话和 2016 年中国发起设立的联合国和平与发展基金，表明中国准备大幅加强对联合国发展系统的支持。中国已成为联合国发展工作中越来越引人注目的参与者。一方面，中国公开宣示了对联合国多边主义和 2030 年可持续发展议程的承诺，并作出了大量的努力，以引入其在扶贫和其他发展相关问题上的专业知识，帮助实现 2030 年可持续发展目标，中国在领导地位、资金支持和政策举措等方面的影响力扩大可以被视为一个积极信号；另一方面，从地缘政治角度看，中国对实现新的全球治理架构和改变世界秩序的愿望越来越公开，西方公众将其解读为对西方国家在联合国权力的直接挑战。[①]

---

[①] Max-Otto Baumann, Sebastian Haug and Silke Weinlich, "China's Expanding Engagement with the United Nations Development Pillar: the Selective Long-term Approach of a Programme Country Superpower", Idos Research, December 23, 2022, https://www.idos-research.de/en/others-publications/article/chinas-expanding-engagement-with-the-united-nations-development-pillar-the-selective-long-term-approach-of-a-programme-country-superpower/.

如果认为中国提出全球发展倡议的目的是提高地缘政治影响力,这一说法未免失之偏颇。事实上,中国可以有多种路径来提升自身的全球影响力,而不必选择一条最为费力且不被理解的"善意"做法。全球发展倡议不以赚钱为宗旨,而主要是扶持当地经济社会发展,共同做大世界经济蛋糕,就此,习近平主席多次指出要树立正确的义利观。正因为中国的"善举",才引得西方国家智库和印度智库对中国进行地缘政治的不当解读。中国是世界排名第二的大国,如果全球发展倡议仅作地缘政治层面的解读,不仅对全球发展倡议是一种错误的认知,更是对世界未来发展走势缺乏足够的认知,中国的"善举"早已超越地缘政治层面的意义,是对人类社会发展进行的开创性探索,代表现代文明大国新形象。

地缘政治是西方以国家主义视角来看待他国国际行为的主要出发点和落脚点。地缘政治思想在西方发展由来已久,其中最为有名的是英国地理学家麦金德提出的"心脏地带"战略概念。由于担心他国对西方主导的国际秩序的威胁,西方国家时刻警惕世界上任何大国的国际行动。自中国提出"一带一路"倡议之后,"一带一路"频繁遭到西方话语打压,或者出台各种举措,试图对抗"一带一路",全球发展倡议推出之后,也同样被西方国家认为是中国的一种地缘政治行为。美欧等发达国家认为"一带一路"倡议和全球发展倡议都具有典型的地缘政治性质,意在全球建立中国的势力范围,甚至不少欧美智库抛出中美之间存在"修昔底德陷阱"的言论,认为新冷战即将拉开序幕,中美之间必有一战,等等,也因此,制约、限制、规范、替代"一带一路"的方案花样百出,包括推出《更好利用投资引导发展法案》、成立新国际发展金融公司、推出'蓝点网络'计划和经济繁荣计划、推出"重建更好世界"倡议、推出《亚洲通过能源促进发展与增长计划》计划、提出《印度洋—太平洋地区透明度倡议》以及建立基础设施建设高标准，等等。这些动作无法抹黑中国形象，阻止中国的国际善行，降低中国基础设施建设的国际合法性存在，进而降低"一带一路"和全球发展倡议的国际合法性。

全球发展倡议和"一带一路"倡议，作为由中国推出的、具有全球性质的两大倡议，是否具有地缘政治性质，需要以地缘政治标准来判定。地缘政治概念的核心是将地理与政治进行高度结合，进而形成一门新学科，今天这一概念已泛指试图主导国际秩序进而追求国家利益最大化的国际行为，利益包括安全利益、经济利益和政治利益或意识形态。在西方国家看来，地缘政治首先是一种国家私利行为，以获得自身利益最大化为主要目标，而不是以全球利益最大化为根本目标；其次，允许多手段获得国家利益，包括和平和非和平手段；再次，掌握核心地域资源，以形成主导国际秩序的稳定基础；最后，地缘政治是一种具有强烈政治主张的国际战略行为，有可能对现存国际秩序造成冲击。

按照西方提出的地缘政治标准的概念，地缘政治不适用于评价全球发展倡议。

第一，全球发展倡议追求的全球经济利益最大化，而不是中国一家利益最大化。全球发展倡议是全球经济合作倡议，不是搞地缘政治联盟或军事同盟。当前国外，特别是美西方诸多舆论把全球发展倡议看作中国推行地缘政治的代名词，认为中国无非借助全球发展倡议实现世界霸权，进而威胁西方"苦心经营"多年的世界秩序。从近期实际来看，全球发展倡议始终没有偏离经济合作这一大目标、大方向。全球发展倡议是一种对国际公共产品的投入，同时也在遵从现有的国际标准，这种功能性或程序性的遵从并没有消除美西方国家对全球发展倡议的疑虑，其核心在于全球发展倡议所具有的价值理念正在改写国际社会的传统价值观，代表国际社会未来的发展方向，冲击美西方的传统理念，而这对于以价值理念立足于国际社会的美西方国家直接构成了挑战。

第二，全球发展倡议是公共产品。国际智库评论道，中国的全球发展倡议旨在重新关注威胁我们实现可持续发展目标的全球能力的直接挑战。希望全球发展倡议以及中国和全球政府、企业和民间社会利益攸关方的共同努力，能够帮助加快联合解决问题和恢复多边主义，以推动可持续发展目标的进展，并为通往一个更加和平与繁荣的世界提供道路。① 全球发展倡议是"开放包容进程，不是要关起门来搞小圈子或者'中国俱乐部'"。全球发展倡议要推进的是全球发展进程，这从根本上决定了全球发展倡议必须走开放包容的发展道路。历史上关起门来搞小圈子的国家有不少，但是最终均以失败而告终。这是因为搞小圈子抑制了内部的发展活力，也限制与外部进行各类资源交流的机会，最终不得不为搞小圈子承担巨大的成本。因此，全球发展倡议坚决摒弃搞小圈子，而是坚定不移地走开放包容的道路。开放包容道路将为所有参与国提供发挥比较优势的机会，也有利于在世界范围内实现资源的最优配置，最终将有利于参与合作的各方。把机会提供给别人也等于把别人的机会提供给自己，正是基于这样一种合作理念，全球发展倡议始终坚持开放包容的原则。联合国亚洲及太平洋经济社会委员会认为，最重要的是，中国对"一带一路"倡议的政治承诺从未改变。②

---

① 世界经济论坛：《中国的努力如何推动全球发展》，Weforum，2022年5月25日，https://www.weforum.org/agenda/2022/05/china-global-development-initiative/。
② 联合国亚洲及太平洋经济社会委员会："The Belt and Road Initiative for Seamless Connectivity and Sustainable Development in the Asia-Pacific Region"，UNESCAP，2021年12月17日，https://www.unescap.org/sites/default/d8 files/knowledge-products/BRI_report.pdf。

这句话也适用于全球发展倡议。

第三，全球发展倡议是合作平台，无地域特征。全球发展倡议以及全球安全倡议或扩大的金砖国家集团等松散的组织形式，推动有关发展的国际合作。全球发展倡议是对主权的最大尊重，即全球发展倡议是一个和平倡议，而且也是一个能够带来和平的倡议。卢梭提出："主权和人民只能有唯一的共同利益，因之政治机构的一切活动，永远都只是为了共同的幸福，这只有当人民和主权者是同一的时候才能做到。"①《联合国宪章》规定，各会员国在其国际关系上不得使用威胁或武力，或以与联合国宗旨不符的任何其他方法，侵害任何会员国或国家之领土完整与政治独立。1966年联合国大会通过的《经济、社会、文化权利国际公约》规定了，所有人民得为他们自己的目的自由处置他们的天然财富和资源的经济主权原则。今天，全球发展倡议建设同样是以尊重国家主权为第一要务。追求互利互赢是全球发展倡议建设的初衷，也是落脚点，是中国改变西方传统发展模式的新理念。

第四，全球发展倡议不以意识形态划界，不搞零和游戏。第二次世界大战结束后，随着发展中国家陆续完成政治上的独立，能否获得经济发展的机会则主要看发达国家提供的"机会"。发展中国家因国内市场狭小，要完成工业化任务必然依托外部市场，特别是发达国家市场，从某种角度上说，发达国家对发展中国家工业化进程起着决定性作用，也正是在这一背景之下，哪个发展中国家率先获得发展机会主要取决于发达国家的"政治选择"，或者说意识形态一直是发展中

---

① 刘杰、黄仁伟：《试论国际机制下国家主权的可变性与适应性》，《上海社会科学院学术季刊》1999年第1期。

国家进入世界市场的入门券。符合发达国家意识形态标准的，则被优先给予各种发展机会，包括贸易、援助、资金和市场，等等。这也是我们看到第二次世界大战后部分发展中国家先发展起来的现象。发达国家始终认为，世界发展是零和的，不是共赢的，迄今为止还没有哪种发展方案能够突破现有的零和框架思维。而全球发展倡议的创新之处在于突破现有的国际合作机制、合作模式，打破传统僵化的思维模式，以人类社会从未有过的新思维引领发展中国家共同创造人类发展的未来。

第五，全球发展倡议的落实需要各国共同努力。多边主义不仅意味着商定一套全球原则和规则，而且意味着利用来自不同方面的各种知识、优势和观点，迅速将新知识转化为集体行动。由新兴经济体创设的国际组织，代表发展中国家利益的国际组织正在不断涌现，如亚洲基础设施投资银行、新开发银行等，正在改变国际规则完全为发达国家所垄断的情况。这些机构更主要的目的是对世界发展规则进行"修订"。而中国只是倡议的发起者，主要是用来支持上述行为。如，英国皇家国际事务研究所 Lee Jones 和 Shahar Hameiri 认为[①]，将"一带一路"倡议理解为中国在欧亚乃至全球创建以中国为中心的新秩序的地缘政治战略是错误的，"一带一路"倡议从根本上讲是一个经济项目；受援国基于自身的国内议程对"一带一路"项目是否接受具有主导权。这种看法同样适用于与"一带一路"倡议具有同等性质的全球发展倡议。尽管作为亚洲基础设施投资银行的

---

① Lee Jones and Shahar Hameiri, "Debunking the Myth of 'Debt-trap Diplomacy', How Recipient Countries Shape China's Belt and Road Initiative", Chatham House, 2020 年 8 月 19 日, https:// www.chathamhouse.org/publication/debunking-myth-debt-trap-diplomacy-jones-hameiri.

最大股东，中国却主动放弃了一票否决制①，甚至在超标准执行国际标准，同时中国积极加强对国际公共产品的投入力度，如设立丝路基金、建设新开发银行等。

---

① 亚洲基础设施投资银行的规则制定遵从世界银行等国际性组织，甚至执行比现有国际组织更为严格的国际标准，如绿色，中国也放弃一些国际惯例如一票否决权等。有关亚洲基础设施投资银行运作可参见其官网。

# 五　中国推进全球发展倡议的可行性

当前，国际社会对全球发展倡议能否推行下去，带有很大的疑问，有的智库认为，全球发展倡议已提出多年，却不见有什么实际成果，甚至怀疑中国提出全球发展倡议是出于与美国争夺世界秩序主导权而提出的外交举措。这些想法是对中国提出全球发展倡议初衷的误读。全球发展倡议具有可行性，这种可行性来自发展中国家对发展的长久期待、联合国对凝聚发展共识的长期努力、中国对成功实现发展的宝贵经验总结和中国推动全球发展的新作为。

## （一）国际层面

### 1. 联合国为推动全球发展议程凝聚共识

联合国，作为全球最具号召力的非国家行为主体，自第二次世界大战以来一直在推动全球发展议程。

一是确立"发展"概念。1945年通过的《联合国宪章》宗旨之一是促成国际合作，以解决国际间属于经济、社会、文化及人类福利性质之国际问题，且不分种族、性别、语言或宗教，增进并激励对于全体人类之人权及基本自由之尊重。1948年联合国大会第三届会议期间通过了一项里程碑式的决议——《欠发达国家的经济发展》，首次系统性地将经济发展问题纳入联合国议程，并进一步将世界划分为北方和南方，即发达国家和欠发达国家。"发展中国家"概念也首次出现在1964年举行的第一届联合国贸易与发展会议上。① 之后，"发展"概念的内涵又不断扩大。1976年联合国教科文组织大会提出，社会发展应是"以人为核心的发展"。1986年12月联合国大会一致通过《发展权利宣言》，明确规定发展是一种权利，在发展过程中要以人为本，每一个人和所有民族均有权参与、促进并享受经济、社会、文化和政治的发展，在这种发展中，所有人权和基本自由都能获得充分实现。1990年联合国开发计划署首次发表的《人类发展报告》提出，人类发展的主要目标乃是扩大提供给人们的选择空间，使得发展更富有民主和参与性。这些选择应该包括提供收入和就业、教育和卫生保健、不造成危险的适宜环境的各种通道。个人同样应该具有充分参与共同体的决策和享受人的各种经济和政治自由的可能。《2005年人类发展报告》提出，如若错失全球所达成的使人们摆脱极端贫穷的目标，人类将为之付出代价，如在下一个十年可能会有数千万人死亡。2020年12月，联合国开发计划署发布《人类发展报告》30周年纪念版，提出了一项具有实验性的全球指数，用新的维度重新测算了人类发展与进步的程度。

二是确立"可持续发展"概念。随着国际社会对发展的认知不断深化，联合国逐渐将非经济指标加入发展议程中，谋求经济社会联动发展。联合国逐渐形成一套以综合、包容、可持续为特色的全球发展理念，强调经济、社会、环境、安全、人权等不同领域目标之间的相互联系、相互促进、协调

---

① 陈曦:《风云80载，"发展中国家"内涵几度变迁》，中国商务新闻网，2023年4月13日，https://www.comnews.cn/content/2023-04/11/content_24866.html。

兼顾和不可分割。1972 年 6 月联合国召开了人类环境会议，世界各国首次一致认为环境问题是国际议程的重要议题，会上提出了"人类环境"的概念，并通过了《人类环境宣言》成立了联合国环境规划署。1987 年，受联合国委托，布伦特兰领导的世界环境与发展委员会发布了《我们共同的未来》报告，正式提出了"可持续发展"概念。[①] 报告指出，我们需要有一条新的发展道路，这条道路不是仅能在若干年内、在若干地方支持人类进步的道路，而是一直到遥远的未来都能支持全人类进步的道路。1989 年联合国环境发展会议专门通过了《关于可持续发展的声明》，明确可持续发展的定义和战略[②]，"可持续发展"概念成为 20 世纪 80 年代以来联合国倡导的全球发展核心理念。联合国贸易与发展会议、联合国开发计划署等机构也相应建立起来。1991 年，中国发起召开"发展中国家环境与发展部长会议"，发表《北京宣言》。1992 年 6 月，联合国举行环境与发展大会，通过以可持续发展为核心的《里约环境与发展宣言》《21 世纪议程》《关于森林问题的原则声明》《气候变化框架公约》及《生物多样性公约》5 个重要的环保文件。

三是推进发展战略规划。联合国先后发起两次较大规模的战略行动。一次是起源于 20 世纪 60 年代的国际发展战略。为促进发展中国家经济和社会发展，联合国以 10 年为一个规划期，从 20 世纪 60 年代到 80 年代，先后通过了三个"发展十年

---

① "可持续发展"被定义为"既满足当代人的需要，又不对后代人满足其需要的能力构成危害的发展"，旨在促进"人类之间以及人类与自然之间和谐"的发展，是需要经济、社会、环境、人口、科技、资源以及和平与安全等不同领域目标协调兼顾、相互促进来实现的发展。

② 即走向国家和国际平等；要有一种支援性的国际经济环境；维护、合理使用并提高自然资源基础；在发展计划和政策中纳入对环境的关注和考虑。

国际发展战略"，并提出"发展之最终目标必须为确使个人福利不断改进并使人人均受惠泽"。不过，与目标相较，其实施结果并不理想。① 另一次是进入 21 世纪后推出的以减少贫困为目标的"千年计划"。2000 年联合国千年发展峰会首次提出了系统的全球发展议程，正式推出了千年发展目标，旨在将全球贫困水平在 2015 年之前降低一半（以 1990 年水平为标准）的行动计划，并提出六大原则。② 千年发展目标的提出标志着联合国推动全球发展进入到一个新的历史阶段。2015 年，联合国又发起一项具有里程碑意义的议程——2030 年可持续发展议程。2030 年可持续发展议程确立了 17 个大目标和 169 个具体目标，比 2015 年发展目标呈现质量更高、规模更大、范围更广的特点。该议程更加强调可持续性绿色发展，也对发展的包容、平等、公正提出了更高标准，包括公平就业、公平教育、性别平等、国家内部不同人群的平等，国家之间的平等以及公平（确保发展中国家在全球国际经济和金融机构决策中享有更大的代表权和发言权）。为加速该议程目标的落实，2020 年 1 月联合国还启动了实现可持续发展目标"行动十年"。③ 不过，由于联合国缺乏足够的资金和行动力，大多数发展议程处于说多做少的状态。

四是明确重点对象。联合国长期重点关注发展议程中的短

---

① 第三个发展十年国际发展战略强调在国际贸易方面应减少非关税壁垒、对发展中国家实行非互惠原则和较优惠待遇；对世界生产结构进行广泛改革，促进发展中国家工业化进程；支持发展中国家的粮食和农业生产；建立稳定公平的国际货币制度，提高对发展中国家特别是最不发达国家的援助额。

② 即自由、平等（不得剥夺任何个人和任何国家得益于发展的权利）、团结、容忍（积极促进所有文明之间的和平与对话文化）、尊重大自然（必须改变不可持续的生产和消费方式）、共同承担责任（必须共同承担责任来管理全球经济和社会发展以及国际和平与安全面临的威胁）。

③ 李东燕：《全球发展倡议为推动可持续发展注入新动力》，《中国妇女报》2022 年 5 月 25 日第 2 版。

板国家——最不发达国家。自 1971 年设立最不发达国家类别以来，联合国一直鼓励各方加大对最不发达国家的援助和支持，以使最不发达国家尽快摆脱贫困落后状态。最近的一次会议是 2022 年 3 月举办的第五次最不发达国家问题会议。该次会议审议通过了《多哈行动纲领》。《多哈行动纲领》绘就了关于 2022—2031 年发展蓝图，确定到 2031 年再有 15 个国家毕业的目标。《多哈行动纲领》载有若干重要的优先事项和目标[①]，包括消除贫穷、结构转型、能力建设和数字化建设，代表最不发达国家与发展伙伴之间新型的全球伙伴关系，是帮助最不发达国家从疫情中恢复过来的国际对策的关键部分，也是一个重要的势头，是最不发达国家实现可持续发展的里程碑。联合国秘书长古特雷斯表示，不同的历史、脆弱性和结构性不平等给最不发达国家的发展带来巨大障碍。每个国家都应该有一个公平的竞争环境，以释放其人力资源潜力并建立强大的、有复原力的经济。他还指出，最不发达国家需要得到大量的技术和财政支持，以启动向可再生能源和绿色就业的公正过渡，并建立抵御气候变化影响的复原力。《多哈行动纲领》为最不发达国家的短期复苏、中期实现可持续发展目标以及长期的繁荣和发展提供了"生命线"[②]，全球八分之一人口的希望、梦想、生活和生计都在《多哈行动纲领》的字里行间得以体现。

为推进 2030 年可持续发展议程，缓解新冠疫情和俄乌冲突

---

① 提出优先行动领域有：扩大和加强最不发达国家官员的技能；避免过度部门化和分散化的方法；限制交付机构之间的偏见以及过去应用的无效政策的诱惑；开发能够衡量国家能力的工具，以促进监测和评估在执行发展战略和计划方面取得的进展。

② 《多哈行动纲领》包含 5 道生命线，第一道生命线是疫苗；第二道生命线是将最不发达国家的需求置于首位的全球金融体系；第三道生命线是使这些国家的基础设施和运输系统现代化，并使其经济摆脱对自然资源的依赖；第四道生命线以气候行动为中心；第五道生命线则以和平与安全为重点。

对2030年可持续发展议程的负面影响，联合国多次举办会议研究应对举措，如2022年2月，联合国社会发展委员会举行一般性讨论①、部长级论坛以及第五次联合国最不发达国家问题会议等，这些会议共同表达了对全球未来发展的高度关注。

一是呼吁国际社会建立一个不让任何人掉队的全球架构，尽快摆脱新冠疫情，并解决贫穷和饥饿等顽固性问题以及弥合数字鸿沟，使人们能够获得远程教育。"大多数极度饥饿和贫困的国家都是被殖民了数百年的国家"，2030年可持续发展议程必须充分融入全球努力，必须解决儿童的贫困和社会排斥问题，以打破贫困和贫困的代际循环，必须消除一切形式的贫穷——特别是赤贫——以及所有方面的不平等。

二是加强对发展的资金支持。国际金融机构应向发展中国家提供新的特别提款权和优惠融资，联合国应调动资金，以便为发展中国家疫情后的恢复和过渡建设提供支持，发展中国家每年需要34亿—35亿美元来实现2030年可持续发展议程，发达国家应实现其官方发展援助0.7%的目标。加强各机构和会员国之间的积极对话将确保各项努力与各项社会发展政策同步，多边主义可以为一些国家提供必要的费用支持。联合国复原计划必须包括有关就业、消除饥饿和粮食无保障的这种包容性和目标明确的想法。呼吁重新向受到气候变化和新冠疫情不利影响的经济体提供财政支持。

三是发展新型伙伴关系。有必要促进多边伙伴关系以支持社会发展，敦促国际伙伴加倍努力，使最不发达国家能够充分应对阻碍其发展的结构性制约因素和挑战，并公平和及时地提

---

① "Inclusive Recovery from Pandemic Requires Greater Push to End Poverty, Hunger, Delegates in Social Development Commission Stress, as 2022 Session Continues", United Nations, February 8, 2022, https://press.un.org/en/2022/soc4899.doc.htm.

供新冠肺炎疫苗,"作为我们的最高愿望和目标,最不发达国家的减贫需要在发展领域建立有意义的伙伴关系,而不需要其他政治考虑。"①

四是加强国际合作。政府需要加强对中小型企业的社会保护,主张所有国家加入全球免费学校膳食联盟,应发挥全球和国内民间社会组织在促进国际合作方面的作用。

五是应投资信息和通信技术及基础设施,以支持社会福利和发展方案的"新常态"运作。充分执行《巴黎协定》《格拉斯哥气候公约》和实现财政目标至关重要。国际社会必须注意两性平等是能够促进可持续发展的催化剂。必须重视赋予妇女和女孩权力,必须加强不发达国家的财政制度,扩大税收基础。

六是继续执行《哥本哈根社会发展问题宣言》和《社会发展问题世界首脑会议行动纲领》。消除贫穷是1995年在哥本哈根举行的社会发展问题世界首脑会议确定的社会发展三大目标之一,并对全世界有十多亿人生活在贫困线以下表示关切,目前离实现可持续发展目标还不到十年,非洲集团坚决承诺根据《亚的斯亚贝巴行动议程》,努力消除贫困,实现可持续发展。

七是推动《多哈行动纲领》实施②。呼吁各方履行其官方发展援助承诺,将其国民总收入的0.15%—0.20%用于发展官方援助,并改变其未使用的特别提款权。必须增加对最不发达国家的私人和公共投资,支持贸易、资本和知识的自由流动,以推动经济增长。国际社会必须加紧努力,帮助这些国家应对许多挑战,

---

① "Inclusive Recovery from Pandemic Requires Greater Push to End Poverty, Hunger, Delegates in Social Development Commission Stress, as 2022 Session Continues", United Nations, February 8, 2022, https://press.un.org/en/2022/soc4899.doc.htm。

② "Member States Adopt Action Plan to Help Least Developed Countries End Poverty, Recover Stronger from Pandemic, Ahead of March Conference in Qatar", United Nations, March 18, 2022, https://www.un.org/press/en/2022/dev3445.doc.htm。

例如接受疫苗、减免债务、打击非法资金流动和采取更多行动应对气候变化。尽管不同国家在发展政策、发展模式、发展道路等方面有诸多不同，但联合国主张的包容性可持续发展理念已得到国际社会的广泛认同和支持，如将落实 2030 年可持续发展议程纳入国家和地区层面的发展战略规划。

**2. 国际社会对全球发展倡议的认同**

自全球发展倡议推出之后，逐渐为国际社会所认同和接受。坦桑尼亚外交部部长穆拉穆拉认为，"新冠疫情提醒人们，世界是一个共同体，国际社会需要整合资源，共同努力，探索出包容性发展路径，全球发展倡议的提出正当其时"[1]。

（1）官方层面。自全球发展倡议提出以来，得到国际社会特别是发展中国家广泛支持，截至 2023 年 6 月，全球已有 100 多个国家和国际组织支持该倡议。

①国际组织层面

联合国秘书长古特雷斯在 2021 年可持续发展论坛书面致辞中表示，"当前世界正处在一个十字路口，新冠疫情使实现可持续发展目标的努力受到重挫，全球发展面临前所未有的挑战，只有通过团结、创新和变革才能克服危机"[2]。"全球发展倡议对促进全球平等和平衡可持续发展具有重要积极意义，联合国方面完全支持，愿同中方就此加强合作。"[3] 联合国工业发展组织（以下简称"工发组织"）新任总干事米勒说，"工发组织积极支持全球发

---

[1] 《为全球发展合作擘画蓝图（2021·年终专稿）》，《人民日报》2021 年 12 月 21 日第 1 版。

[2] 《2021 年可持续发展论坛在北京开幕》，《中国报道》2021 年 9 月 27 日第 1 版。

[3] 外交部：《"全球发展倡议"面向全球开放，欢迎各国共同参与》，新华社，2021 年 11 月 8 日，https://www.gov.cn/xinwen/2021-11/08/content_ 5649817.htm。

展倡议，中国是工发组织极其重要的成员国，中国的发展经验值得在工发组织中充分分享。习近平主席提出的全球发展倡议，与工发组织促进成员国包容和可持续工业发展的目标高度契合。工发组织愿予以明确支持，并愿与中国就此深化合作"①。联合国工业发展组织驻华代表康博思对记者表示，全球发展倡议在实现可持续发展目标方面起到加速器的作用。他尤其关注全球发展倡议及《全球发展报告》中强调的创新工业化以及提升基础设施建设的能力，这与联合国工业发展组织的理念契合。康博思表示，"全球发展倡议的重要性在于它以开放的方式引入合作伙伴，为其他机制带来牵引力，以加快实现可持续发展目标。中国发挥的作用是卓越的、开放的、包容的"②。

第78届联大主席弗朗西斯致辞表示，全球发展倡议的目标与2030年议程一致，具有造福世界各国的巨大潜力。倡议所倡导的愿景是真正多边主义精神的体现，能够成为实现变革的催化剂，为所有人建设一个更加公平和可持续的世界。③

联合国粮食及农业组织驻华代表文康农称，"全球发展倡议的关键原则和理念与联合国粮农组织步调一致，我们都致力于消除绝对贫困、实现零饥饿、保障粮食安全、发展农村农业。联合国粮农组织愿与中国协作搭建全球粮食安全体系，提升农业体系效率，加快推进2030年可持续发展议程的实施"④。

---

① 《联合国工业发展组织新任总干事支持全球发展倡议》，《人民日报》2022年2月12日第3版。

② 《全球发展倡议可极大加速可持续发展进程——〈全球发展报告〉在京发布》，《光明日报》2022年6月22日第12版。

③ 《中国代表：全球发展倡议源自中国，机会和成果属于世界》，中国新闻网，2024年4月18日，https：//www.chinanews.com.cn/gj/2024/04-18/10201133.shtml。

④ 《全球发展倡议可极大加速可持续发展进程——〈全球发展报告〉在京发布》，《光明日报》2022年6月22日第12版。

联合国驻华协调员常启德称赞全球发展倡议是非常负责任的举动，中国作为世界上最大的发展中国家，为世界提供了很多经验和知识，使数亿人摆脱了贫困，这是非常重要的发展成果，这样的知识和经验必须向全世界分享。联合国驻华系统非常愿意与中国一道帮助其他发展中国家。考虑到新冠疫情的消极影响，全球发展倡议有望在"行动十年"间加快全球可持续发展目标的实现。联合国发展系统驻华协调员席德哈特·查特吉表示，"联合国欢迎中国提出的全球发展倡议，将加快实施2030年可持续发展议程。""联合国随时准备提供技术建议和指导，以确保全球发展倡议与可持续发展目标的愿望相一致，并成为最佳实践。这是我们都渴望的繁荣。"①

②地区层面

一是获得欧洲认同。其标志是习近平主席同欧洲理事会主席米歇尔通电话时提出就全球发展倡议开展交流合作。米歇尔表示，欧方愿同中方深化绿色和数字经济等领域务实合作，就全球发展倡议开展交流合作，并就重大国际问题密切沟通协调。

二是获得太平洋岛国认同。其标志是2021年10月中国同建交的太平洋岛国通过视频方式举行首次外长会。会议通过的联合声明欢迎并愿意支持和加入全球发展倡议，并将该倡议同太平洋可持续发展路线图和蓝色太平洋2050战略相衔接。

三是获得东盟认同。其标志是2021年11月中国—东盟建立对话关系30周年纪念峰会。峰会上通过《中国—东盟建立

---

① "Global Development Initiative to Improve Velocity of 2030 Agenda: UN Resident Coordinator in China", Hellenic Shipping News, December 13, 2021, https://www.hellenicshippingnews.com/global-development-initiative-to-improve-velocity-of-2030-agenda-un-resident-coordinator-in-china/.

对话关系30周年纪念峰会联合声明——面向和平、安全、繁荣和可持续发展的全面战略伙伴关系》，认同中方提出的全球发展倡议。

四是获得非洲认同。其标志是2021年12月中非合作论坛第八届部长级会议。会议通过《中非合作论坛第八届部长级会议达喀尔宣言》和《达喀尔行动计划（2022—2024）》都明确表示，非洲国家欢迎并支持中方提出的全球发展倡议，完善全球发展伙伴关系是加快落实2030年可持续发展议程和《2063年议程》的关键所在，致力于推动实现更加强劲、绿色、健康的全球发展，构建全球发展命运共同体。这一倡议得到53个非洲国家和非洲联盟广泛支持。

五是获得拉美和加勒比国家共同体的认同。其标志是2021年12月中国与拉美和加勒比国家共同体举行中国—拉共体论坛第三届部长会议。会议通过的《中国—拉共体论坛第三届部长会议宣言》指出，欢迎中方提出的全球发展倡议，相信该倡议将有助于加快落实联合国2030年可持续发展议程，推动实现更加强劲、绿色、健康的全球发展，不让任何人掉队。

③国家层面

全球发展倡议获得多个国家和地区组织支持。如，苏里南总统单多吉表示，习近平主席提出共建"一带一路"倡议和全球发展倡议等重要全球倡议，倡导平等有序的世界多极化和普惠包容的经济全球化，对维护多边主义、促进世界和平与可持续发展意义重大，苏方予以支持，愿同中方加强协作，共同推动构建人类命运共同体。[①] 埃塞俄比亚总理阿比表示，习近平主席提出的全球发展倡议、全球安全倡议、全球文明倡议体现了平等开放和相互尊重，有利于促进共同发展，埃塞高度赞赏

---

① 《习近平同苏里南总统单多吉会谈》，《人民日报》2024年4月13日第1版。

并积极支持,愿同中方密切合作推动落实。① 密克罗尼西亚联邦总统西米纳表示,习近平主席提出的全球发展倡议、全球安全倡议、全球文明倡议,对帮助发展中国家实现共同发展、促进世界和平稳定繁荣具有重要意义。② 新发展开发银行行长罗塞夫表示,加强基础设施建设和互联互通,对于发展中国家实现共同发展至关重要。历史上从来没有任何一个倡议像"一带一路"这样,能够把150多个国家凝聚在一起。"一带一路"倡议和此次高峰论坛将为全球可持续发展和绿色发展发挥重要作用。新开发银行同"一带一路"倡议的宗旨和理念十分契合,愿积极参与共建"一带一路"倡议合作,为推动世界多极化和国际金融体系改革作出应有贡献。③ 智利总统博里奇表示,习近平主席提出的共建"一带一路"倡议,源自中国5000多年传统文化,基于平等和相互尊重原则,已经成为世界各国开展互利合作的重要平台和实现共同发展的重要机遇,智方高度评价并将继续积极参与。智方着眼于长远思考和谋划同中国的关系发展,希望以此访为契机,加强环保、减贫、能源、科技、矿业等领域合作,深化人文交流,欢迎中国企业赴智开展投资合作,推动智中关系继往开来,进入更高水平发展的新阶段。④ 安提瓜和巴布达总理布朗表示,通过提出共建"一带一路"倡议、全球发展倡议、全球安全倡议和全球文明倡议,以自己的实际行动推动世界实现共同发展繁荣,造福人民,在世界上展现出无可比

---

① 《习近平会见埃塞俄比亚总理阿比》,《人民日报》2023年10月18日第3版。
② 《习近平同密克罗尼西亚联邦总统西米纳会谈》,《人民日报》2024年4月10日第1版。
③ 《习近平会见新开发银行行长罗塞夫》,《人民日报》2023年10月20日第2版。
④ 《习近平同智利总统博里奇会谈》,《人民日报》2023年10月18日第3版。

拟的领导力、感召力，必将引领更多全球南方国家加强团结合作。① 佐科表示，印尼赞赏习近平主席提出的系列重要倡议，愿将东盟印太展望同"一带一路"倡议更好对接，助力实现地区共同发展和联合国2030年可持续发展议程。②

（2）智库认同。全球发展倡议之后，引发国际智库，特别是西方国家智库的热议。部分国际智库对全球发展倡议同样持欢迎态度。国际智库席勒研究所专家理查德·布莱克认为，"时至今日，战争、饥荒和西方经济强权导致的灾难还在不少地区持续出现，中国没有空谈，而是通过实际行动证明了一条崭新路径"③。荷兰阿姆斯特丹自由大学跨文化人权研究中心主任汤姆·兹瓦特认为，"坚持以人民为中心的发展思想，是中国取得一个又一个胜利的重要原因，胸怀人民、以人民利益为根本出发点制定政策，是破解治理难题的唯一方法。中国的实践是这一理念的绝佳证明"④。

中国提出全球发展倡议，为全球发展注入"积极的正能量"。美国库恩基金会主席罗伯特·劳伦斯·库恩表示，"全球发展倡议建立在中国取得伟大成就的基础上，将中国的发展经验和愿景介绍给世界，其内涵丰富，规划了全球发展的蓝图，契合当今世界的迫切需要"⑤。

---

① 《习近平会见安提瓜和巴布达总理布朗》，《人民日报》2024年1月25日第1版。
② 《习近平同印度尼西亚总统佐科会谈》，《人民日报》2023年10月18日第3版。
③ 《全球发展倡议：让希望之光照亮人类未来》，人民网，2022年9月22日，http://world.people.com.cn/n1/2022/0921/c1002-32531201.html。
④ 《为全球发展合作擘画蓝图》，上观新闻，2021年12月21日，https://export.shobserver.com/baijiahao/html/434638.html。
⑤ 《专访：中国正在将自身发展经验惠及全球——访美国库恩基金会主席罗伯特·劳伦斯·库恩》，新华社，2021年10月24日，http://news.cnr.cn/native/gd/20211025/t20211025_525642267.shtml。

全球发展倡议有利于推进全球步入增长新阶段。瑞士世界经济论坛2022年1月发布的《全球风险报告》显示,面对新冠疫情的严重冲击,全球发展倡议旨在引导全球发展迈向平衡、协调和包容性增长的新阶段。瑞典"一带一路"研究院2022年1月发表报告称,为促进全球发展,习近平主席呼吁"坚持发展优先",这清楚地表明了中国对支持联合国实现2030年可持续发展目标的持续承诺。①

全球发展倡议表明中国正在转向一种"新的发展模式"。英国皇家国际问题研究所认为,其重点是支持中小企业和人力资本投资、绿色发展以及强调外国直接投资流动。② 英国《经济学人》认为,全球发展倡议将更加关注可持续发展。第三代环保主义组织认为,全球发展倡议以援助为驱动,以实现可持续发展为核心发展目标,将成为推动中国国际发展战略的一种新的筹资机制。③

中国正在逐步引领一个新的经济全球化时代和模式。美国全球发展中心认为,作为一个"为未来全球治理制定游戏规则"的规范性大国,中国已经具备了真正的全球影响力。全球发展倡议创造的机会属于整个世界。中国正在呈现一种新型大国姿态和全球领导态度,这与传统大国之间的竞争和对抗性零和博弈有着根本不同。中国正在促进形成一个全新的"人类命

---

① "Over 100 Countries Form Friends of the Global Development Initiative at UN",瑞典"一带一路"研究院官网,January 25, 2022, https://www.brixsweden.org/friends-of-the-global-development-initiative-at-un/.

② Creon Butler, Yu Jie, Alex Vines, "Addressing Debt Distress in Africa", Chathamhouse, January 17, 2022, https://www.chathamhouse.org/2022/01/addressing-debt-distress-africa.

③ Byford Tsang, "China, Climate, Diplomacy: Trends to Watch in 2022", E3G News, February 2, 2022, https://www.e3g.org/news/china-climate-diplomacy-trends-to-watch-in-2022/.

运共同体"的国际概念，掀起"新文明超级大国"时代。

全球发展倡议并没有使非洲从中国的优先考虑事项中消失。英国海外发展研究所认为，全球发展倡议现已纳入中非合作论坛的讨论，表明中国日益渴望在全球发展格局中发挥更大作用的想法得以实现。[1] 美国国家亚洲研究局认为，非洲并没有从中国的优先考虑事项中消失。如中国承诺与非洲国家开展疫苗合作，与经济合作与发展组织各捐助方迄今在疫苗供应方面乏善可陈的努力形成了鲜明的对比，表明中国作为全球公共产品提供者的决心。再如，在数字技术和创新领域，中国与非洲开展的合作，有可能为非洲生产、出口和旅游部门发展提供平台。英国《经济学人》认为，一项由世界银行资助的基础设施项目研究发现，中国给非洲带来的是非洲经济增长所急需的道路和港口。[2] 根据美国全球发展中心的数据，2007—2020年，中国各开发银行为非洲基础设施提供了230亿美元贷款，而其他所有开发银行只提供了91亿美元贷款。波士顿大学全球发展政策研究中心认为，未来十年，中国在全球范围内用于建设大规模基础设施和能源项目的投资可能达到1万亿—4万亿美元，成为第二次世界大战后以来最大规模的公共投资。

东南亚国家一致表示支持全球发展倡议。黄氏河（Hoang Thi Ha）认为，大多数东南亚国家都是发展中国家，发展赤字巨大。这使得全球发展倡议对他们来说是一个极有吸引力的提议。就东南

---

[1] Yunnan Chen, Yue Cao, "Changing Tides for China-Africa Cooperation: Our Key Take Aways from the 8th FOCAC", ODI, December 8, 2021, https://odi.org/en/insights/changing-tides-for-china-africa-cooperation-our-key-takeaways-from-the-8th-focac/.

[2] Johannesburg and Nairobi, "How Chinese Firms have Dominated African Infrastructure Western Firms Grumble more but Compete Less", Economist, February 19, 2022, https://www.economist.com/middle-east-and-africa/how-chinese-firms-have-dominated-african-infrastructure/21807721.

亚国家而言，拥抱全球发展倡议不仅是因为他们期待中国提供更多的发展援助，更重要的是，他们期待中国能够提升其在该地区的经济地位。由于"发展"是一个包罗万象且积极的概念，全球发展倡议已成为中国深化与东南亚国家和整个东南亚国家联盟的全面联系的新口号，从教育到健康，绿色转型到数字化转型，社会保障到经济一体化。①

全球发展倡议是对多边主义的新贡献。瑞士世界经济论坛认为，反思全球发展倡议的八个优先领域，表明通过多边和多方利益相关者的努力可以找到并实施解决方案。全球发展倡议的另一项关键内容是着眼于发展中国家在管理自然资源和实现人与自然和谐相处方面的迫切需求，以及如何为这一努力提供资金。通过中国和全球政府、企业和民间社会利益相关者的共同努力，全球发展倡议有助于加快共同解决问题和恢复多边主义，推动可持续发展目标的实现，并为建设一个更加和平与繁荣的世界铺平道路。②澳大利亚东亚论坛认为，中国致力于避免"修昔底德陷阱"，这凸显了中国在国际发展和多边主义方面的做法。③

美国加州大学戴维斯分校教授、哥伦比亚大学全球化与可持续性发展研究中心东亚项目主任胡永泰进一步指出，"全球发展倡议的目标就是通过加强可持续发展协作带来共同利益，然

---

① Hoang Thi Ha, "Why is China's Global Development Initiative Well Received in Southeast Asia", ISEAS, September 23, 2022, https://www.iseas.edu.sg/articles-commentaries/iseas-perspective/2023-9-why-is-chinas-global-development-initiative-well-received-in-southeast-asia-by-hoang-thi-ha/.

② Rebecca Ivey, "How China's Efforts are Advancing Global Development", We Forum, May 25, 2022, https://www.weforum.org/agenda/2022/05/china-global-development-initiative/.

③ Jing Gu, "Unravelling the Controversies of Chinese Foreign Aid", Eastasiaforum, May 3, 2022, https://www.eastasiaforum.org/2022/05/03/unravelling-the-controversies-of-chinese-foreign-aid/.

后去解决在地缘政治和经济发展方面所存在的分歧"①。红十字国际委员会东亚地区代表处主任柯邱鸣表示，全球发展倡议涉及非常关键的领域，例如全球健康领域。中国在应对新冠疫情方面表现出了领导力，在国家层面上解决了许多问题。②

南非国际事务研究所 Cobus Van Staden 认为，随着全球发展倡议和全球安全倡议的提出，中国似乎有意重塑自己作为国际发展合作伙伴的角色。这些努力的结果不仅仅关乎基础设施，还可能改变全球发展本身。全球发展倡议，将与联合国 2030 年可持续发展议程所阐述的多边发展基准联系起来，中国创造了一个使其能够与全球南方国家受众接触，在发展和技术标准方面发挥领导作用的环境。③

另外，国际智库有关全球安全倡议和全球发展倡议关系的论述。全球安全倡议提出正当时。柬埔寨皇家科学院中国研究所所长基塞雷瓦特说，"在全球面临许多新问题和新挑战时，全球安全倡议的提出恰逢其时"。"倡议强调维护区域和全球和平与安全的重要性，这是全球发展和繁荣的先决条件。"④卡内基印度中心认为，自 2013 年以来，中国的战略目标一直以习近平主席的地区安全思想为指导。该思想基于三项重大举措："一带一路"倡议、健康丝绸之路和全球发展倡议。这几

---

① 《全球发展倡议可极大加速可持续发展进程——〈全球发展报告〉在京发布》，《光明日报》2022 年 6 月 22 日第 12 版。
② 《全球发展倡议可极大加速可持续发展进程——〈全球发展报告〉在京发布》，《光明日报》2022 年 6 月 22 日第 12 版。
③ Cobus Van Staden, "China is Looking to Transform Global Development-Again", World Politics Review, May 2, 2023, https://www.worldpoliticsreview.com/china-africa-investment-belt-and-road-initiative-xi-jinping/.
④ 《"中国向世界发出的时代强音"——国际社会持续关注、高度评价全球安全倡议》，人民网，2022 年 4 月 30 日，http://cpc.people.com.cn/n1/2022/0430/c64387-32412525.html。

项努力旨在应对互联互通和医疗保健等具体的全球挑战，但它们共同构成了一个一揽子计划，旨在更大规模地实现和维持安全。

安全和发展互为补充。西班牙中国政策观察网站认为，稳定、进步与和平的关键在于发展，而发展是安全的另一面。中国提出的全球安全倡议，与此前的全球发展倡议相互补充，两者都被中国定义为国际公共产品。意识到全球安全相关问题对中国自身发展的影响，以及担心未来几年随着中美对抗加剧出现极端恶化的局势，中国决定采取主动，提出了人类命运共同体的理念。这一理念融入中国外交，主张谋求发展和促进互利合作，维护世界各国人民的共同利益。其前提之一是，不存在服务于所有国家的单一发展模式，每个国家的选择都应当得到其他国家的尊重。同样，一个国家在追求自身利益时，也必须尊重他国的正当利益。①

有助于构建国际安全新秩序。肯尼亚学者卡文斯·阿德希尔在当地主流媒体《民族报》刊文指出，中方提出的全球安全倡议回应了国际社会防止冲突、避免战争的迫切需求，与共建"一带一路"倡议、"非洲之角和平发展构想"等相辅相成。②

有助于实现持久和平与长远发展。肯尼亚南南合作智库负责人斯蒂芬·恩德格瓦在当地主流媒体《星报》发文称，"中国提出的全球安全倡议能够引领世界走向和平与繁荣，推

---

① Xulio Ríos, "China, el Eesarrollo y la Seguridad Global", Politica China, June 10, 2022, https:// politica-china. org/areas/politica-exterior/china-el-desarrollo-y-la-seguridad-global.

② 《"中国向世界发出的时代强音"——国际社会持续关注、高度评价全球安全倡议》，人民网，2022 年 4 月 30 日，http:// cpc. people. com. cn/n1/2022/0430/c64387-32412525. html。

动发展中国家实现安全发展"①。博鳌亚洲论坛理事、菲律宾前总统阿罗约认为，中国在维护世界和平安全方面发挥越来越重要的作用。中国和平发展的示范效应将促使更多国家共同落实全球安全倡议，加强团结合作，共同推动构建人类命运共同体。②

应积极支持多边主义。博鳌亚洲论坛理事、巴基斯坦前总理阿齐兹表示，从提出全球发展倡议到提出全球安全倡议，"中国展现出促进全球合作发展的决心与信心。坚持对话合作、坚持真正的多边主义，这是中国向世界发出的时代强音。"③

有研究指出，两大倡议为推动全球发展和安全事业注入了新的思想动力，为推动构建人类命运共同体阐明了更有力、更具针对性和可行性的现实路径。有学者指出，全球发展倡议和全球安全倡议相互呼应、相辅相成，顺应了世界各国对和平、发展、合作、共赢的期待，统筹兼顾和平与发展两大时代课题，努力在国际社会寻求最大公约数、画出最大同心圆，为各国促民生、谋发展提供了新支撑。两大倡议具有普惠性、开放性和非排他性，与美西方搞的某些"小院高墙""平行体系"的发展倡议和安全理念有根本性区别。也有学者指出，两大倡议体系完整，内涵丰富，是习近平外交思想在国际发展和安全领域的重要应用成果，更是对西方单边主义、保护主义以及地缘政

---

① 《"中国向世界发出的时代强音"——国际社会持续关注、高度评价全球安全倡议》，人民网，2022年4月30日，http://cpc.people.com.cn/n1/2022/0430/c64387-32412525.html。

② 《"中国向世界发出的时代强音"——国际社会持续关注、高度评价全球安全倡议》，人民网，2022年4月30日，http://cpc.people.com.cn/n1/2022/0430/c64387-32412525.html。

③ 《"中国向世界发出的时代强音"——国际社会持续关注、高度评价全球安全倡议》，人民网，2022年4月30日，http://cpc.people.com.cn/n1/2022/0430/c64387-32412525.html。

治安全理论的扬弃超越，呼应了各国人民追求幸福生活、促进发展进步和实现共同安全的美好愿望，必将为完善全球发展和安全治理体系发挥积极的建设性作用。①

为更好推进全球发展倡议，国际智库也提出如下相关建议。

全球发展倡议面临的问题值得关注。亚洲基金会认为，未来中国将继续推动全球发展倡议，努力推动全球发展更强劲、更绿色、更健康。但是全球发展倡议也面临一些问题：如何充实自身，如何与"一带一路"倡议对接，如何在发展中国家伙伴关心的关键问题上采取行动，如减免债务、融资等。②

建言美国应与中国就全球发展倡议加强合作。美国伍德罗·威尔逊中心建议，无论是直接竞争还是言语上的批评都不大可能阻止中国长期以来为全球发展提供项目的做法。美国和国际社会其他成员应敞开与中国政府协调合作的大门，鼓励今后有关中国海外发展活动的官方信息披露的改善。③

加强与第三方合作。瑞典斯德哥尔摩国际和平研究所认为，中国已成为国际发展合作中的一个重要角色。中国对外援助提供了以硬性基础设施为重点的替代性资金来源，这对那些有迫切发展需求的国家来说是一个机会。提出如下建议：（1）与经济合作与发展组织发展援助委员会合作，制定中国支持的2030年可持续发展议程目标联合项目评估标准。（2）探索融合领域，第三方应通过三边合作探讨共同点，促进不同资金来源援助的

---

① 《全球发展倡议和全球安全倡议意义重大》，人民网，2022年4月29日，http://world.people.com.cn/n1/2022/0429/c1002-32411995.html。

② "Peering into the Year Ahead in Asia", Asia Foundation, January 19, 2022, https://asiafoundation.org/2022/01/19/peering-into-the-year-ahead-in-asia/。

③ Austin Strange, "Influence Nodes: China's High-Profile Global Development Projects", Wilson Center, June 1, 2022, https://www.wilsoncenter.org/publication/influence-nodes-chinas-high-profile-global-development-projects.

对接，使受援国根据本国国情自主选择发展道路。（3）探索共同和可持续的项目，而不是推动一次性或临时项目。应关注中国和其他各方都优先考虑的领域，如可再生能源和绿色发展，这是中国承诺的，也是欧盟在最新预算中确定的优先领域。①

## （二）发展中国家层面

### 1. 推动经济发展和社会进步是发展中国家普遍之愿

追求幸福生活是各国人民的共同愿望，实现共同发展是人类进步的重要基础。第二次世界大战后，发展中国家在获得政治独立之后，纷纷将国内的工作重心从谋求政治独立调整到发展经济上来。赶超发达国家生活水平是当时发展中国家的普遍心愿，如，中国也曾提出要"赶英超美"。为实现人均收入水平的提升，一方面，发展中国家不断探索自身的发展道路，以便又快又好地实现发展目标；另一方面，发展中国家也在不断提高自组织能力，在国际舞台上争取更大的发展空间。瞿宛文在《全球化与后进国之经济发展》中指出，战后国际资本主义体系中，先进国与后进国经济成长的记录显示，这个体系对于绝大多数的后进国而言，是个很严苛的考验。很多国家失败或近乎失败了，而先进国的实质援助与自由学派的理论处方，多无济于事，甚至有害。②

经过几十年的发展，发展中国家综合实力处于稳步上升阶段，所具有的潜在的和现实的市场力量逐渐向发达国家靠近。发展中国家人均收入水平已较过去有明显的提升，其占世界 GDP 的比重

---

① Jingdong Yuan, Fei Su and Xuwan Ouyang, "China's Evolving Approach to Foreign Aid", Sipri, May 20, 2022, https://www.sipri.org/publications/2022/sipri-policy-papers/chinas-evolving-approach-foreign-aid.

② 瞿宛文：《全球化与后进国之经济发展》，载贺照田主编《后发展国家的现代性问题》，吉林人民出版社 2011 年版，第 65 页。

从 1970 年的不到 17.2% 上升到 2021 年的 39.5%，制造业规模占世界的比重从 1970 年的 10.0% 上升到 2021 年的 50.0%；同期发展中国家市场规模也在日益扩大，占世界进口规模的比重从 1970 年的 17.9% 上升到 2022 年的 40.5%，发展中国家本身正在形成一个巨大的市场；发展中国家的资本流出、流入占世界的比重呈走高态势，从发展中国家流出的资本占比从 1990 年的 6.1% 上升到 2021 年的 21.0%，流入发展中国家的资本占比从 1990 年的 22.9% 上升到 2021 年的 27.1%；发展中国家，特别是有一定收入水平的发展中国家技术研发实力上升较快，包括中国在内的中高收入水平的国家占世界全部专利生产的比重从 1970 年 10% 多点上升到 2018 年的 40.0%，而高收入国家却从 1970 年的 85.0% 下降到 2018 年的 60.0%。随着发展中国家政府治理经验日趋成熟，以及应对世界挑战的能力提升，发展中国家逐渐能够依靠制度力量来保障自身的经济发展。最为明显的是发展中国家之间达成的自由贸易区协议的数量和质量的提升。根据世界贸易组织统计，发展中国家之间以及发展中国家和发达国家之间签署的自由贸易区协议约占世界全部自由贸易区的七成左右。如今，发展中国家正在以前所未有的力量出现在世界舞台上，为推进自身发展进程创造了条件。过去，发展中国家主要是向西方国家"要"东西，今天，随着自身力量的强大，发展中国家正在向内挖潜，更多地创造价值，为发展中国家摆脱西方国家走上独立的工业化、现代化之路提供了可能性，也成为塑造世界新发展格局的中坚力量，更为实现长久心愿提供了坚实的物质基础。

### 2. 发展中国家崛起及其意义

发展中国家已崛起为世界一支重要力量，而不再是以贫穷、落后面貌出现在世人眼中。第二次世界大战之后，发展中国家的综合实力一直处于稳步上升的阶段。根据联合国贸易和发会议数据库资料，发展中国家占全球 GDP 比重从 1970 年的 17.2% 上升到 2022 年的 40.2%，经济实力正在向发达国家靠近，上述变化极大地提升了发展中国家在国际社会中的政治权力以及话语权力，或者说发展中国家在国际社会中的议价权力有较大程度的上升，为发展中国家争取更好的外部环境创造了良好条件，以此形成国内经济社会发展与国际环境的良性互动。

从消费方面来看，发展中国家市场力量的崛起将加快其工业化进程的步伐。发展中国家产品和服务进口规模日益扩大，占世界进口规模的比重从 1970 年的 21.1% 上升到 2022 年的 39.1%。这意味着发展中国家对发达国家市场依赖有所下降，或者发展中国家本身正在形成一个巨大的市场，为发展中国家通过合作方式推进自身工业化进程提供了前提。发展中国家产品和服务出口规模占世界出口规模的比重从 1970 年的 20.9% 上升到 2022 年的 41.3%，成为带动自身工业化进程的一大动力。发展中国家私人消费占世界的比重从 1970 年的 18.8% 上升到 2022 年的 35.8%。发展中国家国内投资占世界比重从 1970 年的 16.1% 上升到 2022 年的 49.0%，国内消费和国内投资成为拉动经济增长的主要动力源之一。现今的世界总需求已难以满足发展中国家整体性扩张需求，发展中国家市场力量扩张将助推经济增长和工业化任务的完成。

从产业方面来看，发展中国家正在走向自主工业化道路。长期以来，发展中国家制造能力不足是其工业化进程脆弱化表现之一。经过近半个多世纪的发展，多数发展中国家已步入工业化阶段，尽管农业占世界规模的比重仍然很高，从 1970 年的 43.1% 上升到 2022 年的 79.8%，上升了 36.7 个百分点，与此同时，制造业占世界规模的比重上升更快，从 1970 的 13.2% 上升到 2022 年的 52.8%，上升了 39.6 个百分点。当然，服务业对发达国家依赖程度较高，不过占世界规模的比重也有一个较大幅度的上升，从1970年的13.9%上升到2022年的32.8%。发展中国家生产能力的扩张为走向自主工业化道路创造了条件。

另外，发展中国家也参与多个多边协议或自创多个地区组织，以降低经济发展中存在的外部制度成本，为本国经济发展创造稳定的外部环境，这也表明发展中国家参与全球治理的能力在提升，不仅为自身争取更多的发展权，同时也为全球治理体系迈向公平、公开、公正起到积极的推动作用。

### 3. 发展中国家集团形成：全球南方

"全球南方"是新进热度较高的一个地缘政治术语。有统计，2023年2月慕尼黑安全会议公布的《2023年慕尼黑安全报告》用较大篇幅聚焦"全球南方"议题，"全球南方"一词在报告中共出现55次。①"全球南方"一词最早出现在半个多世纪前，当时主要是指用地理位置指代发展中国家或不发达国家。之后这个概念一直沉于人们的视线之下。"全球南方"不同于过去说的南北问题的"南"（南北问题的"南"讲的是贫困问题），而是指一个经济上相对落后、政治上也有别于北约这样的"霸道联盟的政治群体"。"全球南方"这一群体十分庞大，囊括了除美国、北约、G7、五眼联盟之外的几乎所有国家，人口比例超过65%。全球南方力量在不断扩张。2023年9月，二十国集团领导人第十八次峰会上，非洲联盟成为二十国集团的正式成员。从2024年1月1日起阿根廷、埃及、埃塞俄比亚、伊朗、沙特阿拉伯和阿联酋成为金砖国家正式成员。非洲联盟成为G20正式成员以及金砖国家扩员等表明，全球南方国家越来越成为一个有吸引力的政治群体。目前，全球南方国家占全球经济比重

---

① 《西方操弄"全球南方"概念，中国必须纠偏》，新华网，2023年8月14日，http://www.news.cn/world/2023-08/14/c_1212255698.htm。

不断上升，形成与发达国家相抗衡的经济力量。经济实力的崛起也为全球南方国家提出改革国际秩序提供条件，通过组建亚投行、金砖新开发银行等新型金融合作组织，成为国际金融秩序中的一支新兴力量，提高话语权和议事权。2023年9月，联合国大会将讨论的主题定为"发展"，可见代表全球南方利益的重大议题不得不获得国际社会的关注，并得到了切实回应。普华永道一份题为"长远观点：到2050年全球经济秩序将如何变化"的报告对全球32个最大经济体到2050年的潜在GDP增长进行了预测。这些经济体加起来约占全球GDP的85.0%。该报告称，预计到2042年，世界经济规模将翻一番。这一增长背后的主要推动力将是新兴市场和发展中国家。具体来说，E7经济体（巴西、中国、印度、印度尼西亚、墨西哥、俄罗斯和土耳其）预计在未来34年的平均年增长率约为3.5%，而发达的G7国家（加拿大、法国、德国、意大利、日本、英国和美国）的增长率预计将低得多，约为1.6%。

"全球南方"新晋升温的重点是它的性质在发生改变，在从经济指向向政治指向转变，也就是说全球发展中国家或不发达国家正在形成一个庞大的政治群体，即在全球和国际问题上发出属于自己的声音，反映自身的利益诉求，而不再听命于美西方国家。面对美西方国家的胁迫，"全球南方"不再以屈服为特征，而是坚持独立自主立场，敢于发出与美西方国家不同的声音。这种集体意志的政治觉醒使得"全球南方"成为一支不可忽视的全球政治力量。在2022年3月联合国大会召开的有关俄乌冲突问题的特别会议上，全球超过50个"南方国家"不支持西方对俄罗斯实施制裁，之后，82个"南方国家"拒绝支持暂停俄罗斯在联合国人权理事会会员资格。

"全球南方"当然不是为反对西方而组建起来的，其更主要的使命和任务是发展自身，并为发展自身而向国际社会争取更多的资源和权力。因此，"全球南方"的定位是求发展，求更好更快的发展。"全球南方"将成为推进全球发展议程的重要政治力量。如第78届联合国大会主席丹尼斯·弗朗西斯所言：发展中国家正在国际舞台上快速崛起，发展中国家有权利也有机会在联合国决策中贡献自己的想法和力量。在当前国际体系下，发展中国家正在推动公共政策进程。本届联大上，联合国可持续发展目标峰会发布宣言承诺，每年至少提供5000亿美元的可持续发展目标刺激方案以及有效的债务减免机制，呼吁改变多边开发银行的商业模式，以更可负担的利率为发展中国家提供私人资金。2023年9月，约30个国家的国家元首或政府首脑、多名国际和区域组织负责人及近100个国家的高级别代表团参加的"77国集团和中国"峰会以"当前发展面临的挑战：科学、技术和创新的作用"为主题，推动全球南方国家加强合作。在此次峰会上，古巴国家主席迪亚斯—卡内尔指出，在全球北方国家将自身利益放在首位并统治全球几个世纪之后，全球南方国家必须"改变国际秩序的游戏规则"①。

当然，"全球南方"尚处于概念生成阶段，全球南方都包括哪些国家，如何结伴同行等还缺乏具体的数据和机制，处于一盘散沙状态，其潜在的巨大的全球影响力远没有发挥出来。另外，全球南方毕竟是一个多元化的集合，因国内政治制度、治理模式、资源分布和发展阶段不同，要采取集体行动也是一件不易之事，而且更容易受到美西方的拉拢而遭到瓦解和破坏。

关于"全球南方"，中国的政策主张已体现在王毅外长在约翰内斯堡出席第十三次金砖国家安全事务高级代表会议时的

---

① 《"全球南方"齐发声：呼吁团结合作，关注发展议题》，《人民日报》（海外版）2023年9月26日第10版。

主张当中。王毅外长指出,"全球南方"是新兴市场国家和发展中国家的集合体,并就加强"全球南方"国家合作提出四点主张。① 王毅外长表示,独立自主是"全球南方"的政治底色,发展振兴是"全球南方"的历史使命,公道正义是"全球南方"的共同主张。作为"全球南方"大家庭成员和负责任的地球村成员,我们要携手努力,为世界和平担当,为共同发展尽责。第一,要消除冲突,共建和平。倡导共同、综合、合作、可持续的安全观,推动构建均衡、有效、可持续的安全架构,尊重各国合理安全关切,推动政治解决热点问题,构建人类安全共同体。第二,要重振活力,共促发展。坚持把发展置于国际议程中心位置,进一步凝聚促发展的国际共识,维护发展中国家正当发展权利。重振全球发展伙伴关系,培育全球发展新动能。推动发达国家切实履行援助承诺,让发展成果更多惠及各国人民。第三,要开放包容,共谋进步。弘扬全人类共同价值,倡导尊重文明多样性,反对意识形态划线和阵营对抗。支持各国根据自身国情探索发展道路,尊重各国人民选择的社会制度,加强治国理政交流互鉴,共同为人类进步作出贡献。第四,要团结一致,共商合作。倡导共商共建共享原则,反对霸权主义和强权政治,支持联合国在国际事务中发挥积极作用。在新一轮全球治理体系变革中扩大"全球南方"国家的话语权和代表性,维护好共同利益。王毅外长强调,中国是"全球南方"的当然成员,永远是发展中国家大家庭的一员。中方愿同广大新兴市场国家和发展中国家一道,推动落实全球发展倡议、全球安全倡议、全球文明倡议,共同构建人类命运共同体。

---

① 《王毅就加强"全球南方"国家合作提出四点主张》,外交部官网,2023年7月26日,https://www.mfa.gov.cn/wjbzhd/202307/t20230726_11117824.shtml。

中国学者指出，全球南方国家叙事带来了国际关系新的变化，赋予了国际政治新的气象。全球南方国家逐渐成为一个立场中立的国家组群的代名词。全球南方国家作为一个新的国际关系术语，既是人类文明发展到一定阶段的全球化元素的体现，也展示了一种全球命运与共的"南方"关怀。全球南方国家在国际社会中也逐渐被看作一个整体性的力量。不过，"全球南方"概念发明者卡尔·奥格斯比提出这一概念的初衷是解决南北不平衡和贫富差距的问题。因此，以发展为要义，保持这一概念的初衷，才是全球南方国家在不确定时代的国际关系研究中的应有之义。全球南方国家不仅在自觉不自觉地塑造一种新型的世界观，也在有意无意地引领一种非西方的世界潮流。全球南方国家既不是传统地缘政治学意义上的大国权力游戏，也不是民族、国族与种族叙事把持下的国家间政治，而是一个与可持续发展攸关的涉及环保、地理、海洋、生物等的全球公域。①

印度学者指出，"全球南方"是在百年未有之大变局中诞生的一股新生强大全球政治力量，其发展与壮大，对于形成废除霸权、合作共赢、合和共生、文明共生的美好世界具有重大推动作用。也将完全是中国推动"一带一路"倡议、全球发展倡议、全球安全倡议、全球文明倡议，倡导和平、发展、公平、正义、自由和民主的人类共同价值，共商共建共享高水平人类命运共同体的"同盟军"。建议中国积极发挥"全球南方"领导作用，发起创办"全球南方论坛"，把愿意将自己定义为"全球南方"国家的首脑召集在一起，共商全球南方发展大计、发声大计、发光大计，并形成永久性组织机制，推动"全球南方"由虚变实。中国

---

① 张云：《从"发展中国家"到"全球南方"国家》，《中国社会科学报》2023年10月19日第8版。

有能力成为"全球南方论坛"的领导者。目前，中国已组建的群组中大多属于"全球南方"。如，"一带一路"群组，已经有150多个国家、32个国际组织加入，是除联合国外的全球第一大群组；上海合作组织，已经有9个正式成员国；金砖国家集团，已经有11个成员国；以及中国—77国集团、中国与南美加勒比国家论坛、中非论坛、中国中东与阿拉伯国家论坛等。将这些群组中的国家凝聚在一起，就是"全球南方论坛"。

## （三）中国层面

### 1. 中国式现代化道路为实现全球共同发展提供理论基础

马克思曾给出世界发展的终极结果，即世界各国走向经济同质化。工业文明属于全人类的文明成果，从来不会、将来也不会停滞在某个阶段、某个国家，只要当今世界仍存在诸多不发达国家，工业文明也就有其前行的必要和可能。1847年马克思在《共产主义原理》中指出，"大工业使所有文明国家的社会发展大致相同"[①]。当今世界发展的主要任务仍然是如何推进发展中国家工业化进程，使各国发展大致处于相对均等的发展状态上，最终使大工业化遍及世界。不仅如此，还应确保每个生产者个人获得最全面的发展。马克思说："一定要把我关于西欧资本主义起源的历史概述彻底变成一般发展道路的历史哲学理论，一切民族，不管他们所处的历史环境如何，都注定要走这条道路，——以便最后都达到在保证社会劳动生产力高度发展的同时，又保证每个生产者个人最全面的发展的这样一种经济形态。但是我要请他原谅。"[②] 马克思这句话包含以下三方面的

---

① 《马克思恩格斯文集》第1卷，人民出版社2009年版，第687页。
② 《马克思恩格斯全集》第19卷，人民出版社1974年版，第130页。

意思：一是西方创造的工业文明包含有世界发展的"一般"，走工业化、现代化道路是世界各国发展的必经之路，这是马克思对西方现代化道路的肯定，也是对西方创造的工业文明新形态的肯定；二是西方创造的工业文明应该包含实现所有人的最全面的发展的部分内核；三是西方创造的工业文明只是资本主义起源的一种模式，不能放大为资本主义发展的一般模式，各国情况不同，其发展道路也不尽相同。从现实来看，西方国家用了400年的时间也没能做到"大工业使所有文明国家的社会发展大致相同"并"保证每个生产者个人最全面的发展"。如何实现共同富裕、共同发展，是中国给出了当今世界最好的答案。经过几代人不懈努力，中国共产党探寻出一条有别于西方发展道路的新路，即中国式现代化道路。如果说西方现代化道路是人类发展史上实现的第一次飞跃，即创造出不同于历史上其他人类文明形态的话，那么中国式现代化道路则实现了第二次飞跃，也就是实现马克思所指出的"保证每个生产者个人最全面的发展的这样一种经济形态"。中国式现代化道路尽管有中国的"特殊"一面，却也包含人类发展的"一般"，为实现共同富裕、天下大同开创了新的局面，这是西方现代化道路所不可比拟的，是人类社会发展史上又一次新的飞跃。

中国式现代化道路为世界众多人口享有工业化成果增添了信心和动力。在中国工业化、现代化取得成功之前，仅从人口规模看，没有任何证据证明工业化、现代化进程可以在世界范围内得以实现。《增长的极限》已宣告西式增长道路或西式工业化道路的终结，由此推论西式道路是无法保证工业文明在世界各地落地生根。中国经济发展道路的成功为发展中国家带来新的希望，人口规模并不是限定工业化、现代化进程的约束条件，人人享有工业化成果是可以由理想转化为现实的。有学者指出，"现阶段的中国工业化进程是一段让全球工业化的版图发生巨大变化的世界历史变迁时期"①。

中国的发展还表明,世界工业化进程不必完全由西方发达国家主导来完成。中国已成为世界第二大经济体,连续15年成为世界经济增长最大贡献国。从2013年到2020年,中国的GDP平均每年增长6.4%左右,对世界经济增长的贡献率连续多年超过30%。中国是世界第一大制造业国家、世界第一大进口市场。中国消费市场增长迅猛,加上境外消费,正在成为世界最大的、最有潜力的市场。现在中国已成为多个国家的最大贸易伙伴,尤其是进口贸易伙伴。2021年,中国国内生产总值同比增长8.1%,达到约17.7万亿美元,占全球总量的18%以上,实现了高增长和低通胀的双重目标。中国人均国内生产总值达到12551美元,超过全球平均水平。2021年中国研发投资占GDP比重达到2.44%,已成为仅次于美国的世界第二大科技经费投入国家。中国规模以上高技术制造业增加值2013—2021年均增速11.6%;信息传输、软件和信息技术服务业增加值2013—2021年均增速17.7%;研发经费投入2013—2021年均增速11.7%。2022年,中国在全球创新指数中排名第12位,高于日本和加拿大(见表5-1)。根据世界知识产权组织2022年3月最新统计,中国本土创新主体数量呈逐年递增态势,中国制造正在向中国创造转变。2020年中国对外投资首次跃居世界首位,为1537亿美元,2021年吸引外资位居世界第二位,接近万亿人民币。中国累计使用外商直接投资和对外投资总额均超过2万亿美元。2015年底,人民币成为国际货币基金组织一篮子货币的第五大币种。从2018年起,中国开始举办世界上第一个以进口为主题的国家级展会,即中国国际进口博览会,表明中国正在成为世界进口大国,这也将打破西方发达国家长期垄断世

---

① 金碚:《世界分工体系中的中国制造业》,《中国工业经济》2003年第5期。

界市场的格局。中国已经签署多个自由贸易区协议，中国14亿人口、4亿以上中等收入群体构成的超大规模市场和内需潜力将充分释放，为世界创造更多需求、带来更多机遇。麦肯锡全球研究院的研究报告认为，到2040年，中国和世界其他经济体彼此融合有望创造22万亿—37万亿美元经济价值，相当于全球经济总量的15%—26%，世界其他经济体和中国加强合作，将会创造出巨大的经济价值。

表5-1　　　　　　　世界创新能力指数排名

| 名次 | 国家（地区） | 名次 | 国家（地区） | 名次 | 国家（地区） |
| --- | --- | --- | --- | --- | --- |
| 1 | 瑞士 | 11 | 法国 | 21 | 卢森堡 |
| 2 | 瑞典 | 12 | 中国 | 22 | 爱尔兰 |
| 3 | 美国 | 13 | 日本 | 23 | 比利时 |
| 4 | 英国 | 14 | 以色列 | 24 | 澳大利亚 |
| 5 | 新加坡 | 15 | 加拿大 | 25 | 马耳他 |
| 6 | 芬兰 | 16 | 爱沙尼亚 | 26 | 意大利 |
| 7 | 荷兰 | 17 | 中国香港 | 27 | 新西兰 |
| 8 | 德国 | 18 | 奥地利 | 28 | 塞浦路斯 |
| 9 | 丹麦 | 19 | 挪威 | 29 | 西班牙 |
| 10 | 韩国 | 20 | 冰岛 | 30 | 葡萄牙 |

资料来源：根据世界知识产权组织（WIPO）发布的《全球创新指数2023》报告整理所得。

中国式现代化道路不仅证明发展是可以通过和平路径实现的，而且发展起来后的中国还可以成为世界和平的坚定维护者。中华民族历来传承和追求的是和平、和睦、和谐理念，深知今天的发展来自宝贵的和平环境。习近平主席指出，中国最需要和谐稳定的国内环境与和平安宁的国际环境，任何动荡和战争都不符合中国人民根本利益，"中国从一个积贫积弱的国家发展成为世界第二大经济体，靠的不是对外军事扩张和殖民掠夺，而是人民勤劳、维护和平。"① 中华人民共和国成立以来，中国奉行独立自主的和平外交政策，坚持走和平发展道路，从未主动挑起过一场战争，从未侵略过别国一寸土地，从来不搞代理人战争，不参加或组建任何军事集团，是全世界在和平与安全问题上记录最好的大国。根据"今日俄罗斯"电视台网站报道，在中国大力搞经济发展、建立"经济基地"的时候，美国却一门心思保持自己的军事存在，"美国目前在80多个国家建有750个军事基地。"② 目前，中国依然是世界上唯一一个将"坚持和平发展道路"载入宪法的国家，也是五个拥有核武器国家中唯一承诺不首先使用核武器的国家。中国承诺，无论发展到什么程度，中国永远不称霸、不扩张、不谋求势力范围，不搞军备竞赛，无意跟任何国家打冷战热战，坚持以对话弥合分歧，以谈判化解争端，始终做守护人类和平安宁的中坚力量。③

中国式现代化道路内嵌于人类文明新形态的诸多要素，使得中国式现代化道路既与西方现代化道路有所联系，但是却又存在本质上的区别，而正是这些区别标志着一种新的人类文明形态的产生。人类文明新形态是指不同以往的一种新的文明存在，既有物质层面，也包括精神层面。在物质层面，中国式现代化道路是追求共同富裕的道路；在精神层面，中

---

① 《习近平著作选读》第一卷，人民出版社2023年版，第569—570页。
② 《俄媒：美国建军事基地，中国建贸易枢纽，中国不是为了追求霸权》，《环球时报》2022年1月10日第1版。
③ 王毅：《落实全球安全倡议，守护世界和平安宁》，《人民日报》2022年4月24日第6版。

国式现代化道路追求的是摆脱被物质层面所羁绊的西方文明物质化的新文明，即构建人类命运共同体。无论是从物质层面，还是精神层面，中国式现代化道路都在为人类社会发展贡献一种新的与西方全然不同的发展模式，这也是人类发展史上从未出现过的一种发展模式。中国经过百多年的探寻，并将其升华为世界"一般"，是中国对世界发展作出的新的理论贡献，将人类文明形态向前推进了一大步。对于中国式现代化新道路的核心特征，2022年10月习近平总书记在党的第二十次全国代表大会上指出，中国式现代化是中国共产党领导的社会主义现代化，既有各国现代化的共同特征，更有基于自己国情的中国特色。中国式现代化是人口规模巨大的现代化，是全体人民共同富裕的现代化，是物质文明和精神文明相协调的现代化，是人与自然和谐共生的现代化，是走和平发展道路的现代化。① 中国式现代化将带领14亿多中国人民共同迈入现代化行列，将彻底改写现代化的世界格局，成就人类历史上前所未有的壮举。

## 2. 中国已为落实2030年可持续发展议程提供新机制

全球发展倡议的一个突出特点是由单个国家提出的专门支持联合国某个议程的倡议，这在联合国历史上也不多见，更主要的是开创了发展中大国支持联合国议程的先河，形成了大国倡议与联合国议程相互成就的局面。德国发展研究所发布的报告认为，中国正在采取越来越自信和长期的方法来改变联合国发展工作的一些传统轮廓，全球发展倡议就是最近的一个例子。中国已经成为在联合国和其他地方最引人注目的南南合作提供者。当然，由于中国的加入，南南合作在联合国不再是一

---

① 《习近平著作选读》第一卷，人民出版社2023年版，第18—20页。

个次要的小众话题，而是在许多方面成为多边合作有时激烈辩论的中心，也因此遭遇西方会员国的抵制。①

自联合国2030年可持续发展议程提出以来，在诸多的国际场合中，为凝聚共识和落实议程，中国作出了思想贡献、行动贡献，并起到了表率作用，给联合国这一议程注入了新的生机和活力，有助于减弱新冠疫情给全球发展造成的负面影响，推动2030年可持续发展议程的全面实现。

（1）为推进2030年可持续发展议程贡献新思想。2019年11月习近平主席在金砖国家领导人巴西利亚会晤公开会议上的讲话时指出，"要推动将发展问题置于全球宏观政策框架核心位置，坚定落实联合国2030年可持续发展议程和应对气候变化《巴黎协定》，实现经济、社会、环境各领域协同发展。"②

一是塑造新共识。习近平主席在多个国际场合指出，"创新、协调、绿色、开放、共享的发展理念日益深入人心，实现更加全面、更有质量、更可持续的发展，是国际社会共同追求的目标。落实2030年可持续发展议程，应对气候变化等全球性挑战，成为国际社会重要共识。"③ "促进国际发展合作、落实可持续发展议程是我们应有的担当。让我们携起手来，一起开辟一条公平、开放、全面、创新的发展之路。"④ ①积极倡导公平包容发展。

---

① Max-Otto Baumann, Sebastian Haug and Silke Weinlich, "China's Expanding Engagement with the United Nations Development Pillar: the Selective Long-term Approach of a Programme Country Superpower", Idos Research, November 23, 2022, https://www.idos-research.de/en/others-publications/article/chinas-expanding-engagement-with-the-united-nations-development-pillar-the-selective-long-term-approach-of-a-programme-country-superpower/.

② 习近平：《携手努力共谱合作新篇章——在金砖国家领导人巴西利亚会晤公开会议上的讲话》，《人民日报》2019年11月15日第2版。

③ 习近平：《抓住世界经济转型机遇 谋求亚太更大发展——在亚太经合组织工商领导人峰会上的主旨演讲》，《人民日报》2017年11月11日第2版。

④ 《深化互利合作 促进共同发展——在新兴市场国家与发展中国家对话会上的发言》，《人民日报》2017年9月6日第3版。

"消除贫困和饥饿,实现公平、开放、全面、创新发展,不仅是共同的道义责任,而且能释放出不可估量的有效需求。"① "发展是实现公平公正的强有力支撑。要维护发展中国家发展利益和空间,支持世界经济真正公平发展。"② ②推动全球范围平衡发展。"要让发展更加平衡,让发展机会更加均等、发展成果人人共享,就要完善发展理念和模式,提升发展公平性、有效性、协同性。"③ ③倡导共同繁荣。"发展是第一要务,适用于各国。各国要同舟共济,而不是以邻为壑。需要加强协调、完善治理,推动建设一个开放、包容、普惠、平衡、共赢的经济全球化,既要做大蛋糕,更要分好蛋糕,着力解决公平公正问题。"④ ④建设清洁美丽世界。"不能吃祖宗饭、断子孙路,用破坏性方式搞发展。应该遵循天人合一、道法自然的理念,寻求永续发展之路。要倡导绿色、低碳、循环、可持续的生产生活方式,平衡推进2030年可持续发展议程,不断开拓生产发展、生活富裕、生态良好的文明发展道路。"⑤ ⑤共建开放共享的世界经济。"应该谋求包容互惠的发展前景,共同维护以联合国宪章宗旨和原则为基础的国际秩序,坚持多边贸易体制的核心价值和基本原则,促进贸易和投资自由化便利化,推动经济全球化朝着更加开放、包容、普惠、平衡、共赢的方向发展。我们应该落实联合国2030年可持续发展议程,加大对最不发达国家支持力度,让发展成果惠及更

---

① 习近平:《创新增长路径 共享发展成果——在二十国集团领导人第十次峰会第一阶段会议上关于世界经济形势的发言》,《人民日报》2015年11月16日第2版。
② 习近平:《登高望远,牢牢把握世界经济正确方向——在二十国集团领导人第十三次峰会第一阶段会议上的讲话》,《人民日报》2018年12月1日第2版。
③ 习近平:《共担时代责任,共促全球发展》,《求是》2020年第24期。
④ 习近平:《共同构建人类命运共同体》,《求是》2021年第1期。
⑤ 习近平:《共同构建人类命运共同体》,《求是》2021年第1期。

多国家和民众。"①

二是建立发展伙伴关系。2017年9月，在金砖国家领导人厦门会晤期间，新兴市场国家与发展中国家对话会领导人一致认为，"新兴市场国家和发展中国家发展势头向好，应该在落实2030年可持续发展议程、完善全球经济治理等方面发挥更大作用，深化南南合作，打造'金砖+'的合作模式，建立广泛的发展伙伴关系，打造开放多元的发展伙伴网络，携手走出一条创新、协调、绿色、开放、共享的可持续发展之路，为促进世界经济增长、实现各国共同发展注入更多正能量。"② "要坚持以国际法为基础、以公平正义为要旨、以有效行动为导向，维护以联合国为核心的国际体系，遵循《联合国气候变化框架公约》及其《巴黎协定》的目标和原则，努力落实2030年可持续发展议程；强化自身行动，深化伙伴关系，提升合作水平，在实现全球碳中和新征程中互学互鉴、互利共赢。"③

三是重视发展权。习近平主席指出，"联合国要以解决问题为出发点，以可视成果为导向，平衡推进安全、发展、人权，特别是要以落实2030年可持续发展议程为契机，把应对公共卫生等非传统安全挑战作为联合国工作优先方向，把发展问题置于全球宏观框架突出位置，更加重视促进和保护生存权和发展权。"④ "国际社会要在减缓债务、援助等方面采取及时

---

① 习近平：《开放合作 命运与共——在第二届中国国际进口博览会开幕式上的主旨演讲》，《人民日报》2019年11月6日第3版。
② 《新兴市场国家与发展中国家对话会主席声明》，《人民日报》2017年9月6日第3版。
③ 习近平：《共同构建人与自然生命共同体——在"领导人气候峰会"上的讲话》，《人民日报》2021年4月23日第2版。
④ 习近平：《在联合国成立75周年纪念峰会上的讲话》，《人民日报》2020年9月22日第2版。

和强有力举措，确保落实好联合国2030年可持续发展议程，帮助他们克服困难。"① "要坚持民生优先，推进全球可持续发展。要直面疫情挑战，推动国际社会将落实联合国2030年可持续发展议程置于国际发展合作核心，将消除贫困作为首要目标，让资源更多向减贫、教育、卫生、基础设施建设等领域倾斜。"② "要加强经济技术合作，促进包容性贸易投资，支持中小企业发展，加大对妇女等弱势群体的扶持力度，分享消除绝对贫困的经验，努力落实2030年可持续发展议程。"③

四是重视联合国作用。习近平主席指出，"要维护联合国权威和地位，围绕落实联合国2030年可持续发展议程，全面推进减贫、卫生、交通物流、基础设施建设等合作。"④ "要支持联合国发挥统筹协调作用，推动构建更加平等均衡的全球发展伙伴关系，让发展成果更多惠及发展中国家，更好满足弱势群体需求。要呼吁国际社会把发展置于宏观政策协调的重要位置，发挥联合国作用，利用好可持续发展高级别政治论坛，加快落实可持续发展议程。"⑤

五是大国应发挥积极作用。习近平主席指出，"中国愿继续发挥负责任大国作用，推动加强全球减贫、粮食安全、发展筹资等领域合作，落实联合国2030年可持续发展议程，构建

---

① 习近平：《在第七十五届联合国大会一般性辩论上的讲话》，《人民日报》2020年9月23日第3版。

② 习近平：《守望相助共克疫情 携手同心推进合作》，《人民日报》2020年11月18日第2版。

③ 习近平：《团结合作抗疫引领经济复苏》，《人民日报》2021年7月17日第2版。

④ 习近平：《与世界相交 与时代相通 在可持续发展道路上阔步前行》，《人民日报》2021年10月15日第2版。

⑤ 《深化互利合作 促进共同发展——在新兴市场国家与发展中国家对话会上的发言》，《人民日报》2017年9月6日第3版。

全球发展命运共同体。"① "全球发展倡议是向全世界开放的公共产品，旨在对接联合国2030年可持续发展议程，推动全球共同发展。中国愿同各方携手合作，共同推进倡议落地，努力不让任何一个国家掉队。"② "大国要有大国的担当，都应为全球发展事业尽心出力。"③

（2）为推进2030年可持续发展议程作出新表率。早在全球发展倡议提出之前，中国就已经在为《2030年可持续发展议程》作出自身的贡献。联合国可持续发展高级别政治论坛是全球讨论可持续发展目标后续落实和评估工作的主要平台，各成员国自愿在论坛期间进行国别陈述。2016—2020年，是全球落实联合国2030年可持续发展议程的第一个五年。自2016年以来，已有168个国家开展了205次国别自愿陈述。其中，中国就落实2030年可持续发展议程情况进行国别自愿陈述，表示将持续推进2030年可持续发展议程各项任务，在消除贫困、包容增长、健康福祉等目标上取得积极进展。2021年7月，中方在联合国可持续发展高级别政治论坛期间发布《中国落实2030年可持续发展议程国别自愿陈述报告》。该报告对中国过去五年重点领域的主要进展和经验进行了系统回顾。五年来，中国坚持以人民为中心，贯彻创新、协调、绿色、开放、共享的新发展理念，历史性地解决了绝对贫困问题，全面建成小康社会，全面落实2030年可持续发展议程，为全球议程落实作出重要贡献。

习近平主席指出，"二十国集团集中了当今世界大部分主

---

① 《坚持可持续发展 共建亚太命运共同体》，《人民日报》2021年11月12日第2版。
② 《坚定信心 勇毅前行 共创后疫情时代美好世界——在2022年世界经济论坛视频会议的演讲》，《人民日报》2022年1月18日第2版。
③ 《共迎时代挑战 共建美好未来》，《人民日报》2022年11月16日第2版。

要经济体，完全应该也有能力在落实方面先行一步，作出表率。"① "中国高度重视2030年可持续发展议程，制定了落实议程的国别方案，建立了可持续发展创新示范区，在经济、社会、环境等领域取得多项早期收获。为推动国际发展合作，中方将利用南南合作援助基金、中国—联合国和平与发展基金、气候变化南南合作基金等机制，积极助力其他发展中国家落实可持续发展议程。中国将在南南合作援助基金项目下提供5亿美元援助，帮助其他发展中国家应对饥荒、难民、气候变化、公共卫生等挑战。"② "中方还将利用国际发展知识中心、南南合作与发展学院等平台，同各国加强发展经验交流和能力建设合作，并在未来1年为其他发展中国家提供4万个来华培训名额。"③ "中国将设立联合国全球地理信息知识与创新中心和可持续发展大数据国际研究中心，为落实联合国2030年可持续发展议程提供新助力。"④ "性别平等和妇女赋权已成为联合国2030年可持续发展议程的重要目标。"⑤ "中国将加强生态文明建设，加快调整优化产业结构、能源结构，倡导绿色低碳的生产生活方式。中国力争于2030年前二氧化碳排放达到峰值、2060年前实现碳中和。"习近平主席指出，"只要是对全人类有益的事情，中国就应该义不容辞地做，并且做好。中国正在

---

① 习近平：《创新增长路径　共享发展成果——在二十国集团领导人第十次峰会第一阶段会议上关于世界经济形势的发言》，《人民日报》2015年11月16日第2版。

② 《深化互利合作　促进共同发展——在新兴市场国家与发展中国家对话会上的发言》，《人民日报》2017年9月6日第3版。

③ 《深化互利合作　促进共同发展——在新兴市场国家与发展中国家对话会上的发言》，《人民日报》2017年9月6日第3版。

④ 习近平：《在第七十五届联合国大会一般性辩论上的讲话》，《人民日报》2020年9月23日第3版。

⑤ 习近平：《在联合国大会纪念北京世界妇女大会25周年高级别会议上的讲话》，《人民日报》2020年10月2日第2版。

制定行动方案并已开始采取具体措施，确保实现既定目标。中国这么做，是在用实际行动践行多边主义，为保护我们的共同家园、实现人类可持续发展作出贡献。"①

中国宣布有关全球发展倡议的政策主张。2021年10月，中国发布的《中国联合国合作立场文件》阐释"全球发展倡议"基本框架，阐述了50年来中国大力促进全球发展的历程。文件首次明确全球发展倡议将"秉持以人民为中心的核心理念，将增进人民福祉、实现人的全面发展作为出发点和落脚点，把各国人民对美好生活的向往作为努力目标，紧紧抓住发展这个解决一切问题的总钥匙，全力破解发展难题、创造更多发展机遇，努力实现不让任何一国、任何一人掉队的目标。"② 并表明该倡议"是中国为国际社会提供的重要公共产品和合作平台"③。2021年11月，国务院新闻办公室发布《新时代的中非合作》白皮书。白皮书指出，双方将"在面向未来发展的关键领域拓展合作，共同支持全球发展倡议，打造全球发展命运共同体，推动实现高质量、可持续的共同发展，造福中非人民。"④

中国以实际行动践行了《联合国宪章》的宗旨和原则。中国实施了几千个援助项目、1万多个技术合作项目和人力资源开发项目，提供了40多万个培训机会，惠及包括冈比亚在内的160多个发展中伙伴国。50年来，中国忠实履行作为联合国安理会常任理事国的责任和使命，坚持联合国在国际事务中的核心作用。中国认真落实《联合国气候变化框架公约》和

---

① 《习近平谈治国理政》第四卷，外文出版社2022年版，第465页。
② 《中国联合国合作立场文件》，《人民日报》2021年10月23日第6版。
③ 《中国联合国合作立场文件》，《人民日报》2021年10月23日第6版。
④ 国务院新闻办公室：《新时代的中非合作》，新华社，2021年11月26日，http://www.scio.gov.cn/gxzt/dtzt/2021/xsddzfhzbps/。

《巴黎协定》，为人与自然和谐而努力。中国积极参与了抗击新冠疫情的国际合作，并遵守了使中国疫苗成为全球公共产品的承诺。中非合作就是中国恢复联合国合法席位50年来一个很好的例子和缩影。面对新冠疫情带来的挑战，中非合作展现出超强的韧性。中国已经连续10多年成为非洲最大的贸易伙伴，始终致力于帮助非洲减缓债务压力，是二十国集团成员中落实缓债金额最大的国家。

### 3. 为推进2030年可持续发展议程贡献新行动

一是推动国际共同行动计划。"把落实2030年可持续发展议程纳入'十三五'规划，同时倡议二十国集团成员都制定落实这一议程的国别方案，汇总形成二十国集团整体行动计划，助推世界经济强劲、可持续、平衡增长。"[1] 这就是首次落实2030年可持续发展议程制定的行动计划。[2] "以落实2030年可持续发展议程为契机，谋求经济、社会、环境效益协调统一，实现联动包容发展。"[3] "坚持人与自然和谐共生，推动国际社会全面落实《巴黎协定》，加快构筑尊崇自然、绿色发展的生态体系。积极推动国际发展合作，敦促发达国家履行官方发展援助承诺，增加对广大发展中国家的支持。"[4]

二是提供经费支持。"中国将充分利用有关基金，同联合

---

[1] 习近平：《创新增长路径 共享发展成果——在二十国集团领导人第十次峰会第一阶段会议上关于世界经济形势的发言》，《人民日报》2015年11月16日第2版。

[2] 习近平：《中国发展新起点 全球增长新蓝图——在二十国集团工商峰会开幕式上的主旨演讲》，《人民日报》2016年9月4日第3版。

[3] 习近平：《深化金砖伙伴关系 开辟更加光明未来——在金砖国家领导人厦门会晤大范围会议上的讲话》，《人民日报》2017年9月5日第3版。

[4] 习近平：《把握时代潮流 缔造光明未来——在金砖国家工商论坛开幕式上的主旨演讲》，《人民日报》2022年6月23日第2版。

国发展机构在发展中国家开展务实项目,推动落实2030年可持续发展议程。"① 中国扶贫基金会(现更名为"中国乡村发展基金会")发起的国际微笑儿童项目,先后在埃塞俄比亚、苏丹、尼泊尔、缅甸和巴基斯坦5国实施,通过为发展中国家受饥饿儿童供餐或发放粮食,帮助他们健康成长、重返校园。截至2021年年底,累计惠及91438人次。2022年6月,中国扶贫基金会紧急援助粮食包项目捐赠仪式在斯里兰卡科伦坡科塔纳学校举行,粮食包惠及科伦坡4所学校的1150名学生。② 2015年成立的南南合作援助基金是另一个显著的发展。该基金支持国际组织、社会组织、智库等开展项目,帮助其他发展中国家实现2030年可持续发展议程,重点支持减贫和农业发展。2022年6月,中国将南南合作援助基金整合升级为"全球发展和南南合作基金",并在30亿美元基础上增资10亿美元,支持发展中国家落实全球发展倡议和2030年可持续发展议程。

自2015年以来,中国更多地参与了多边发展合作,特别是通过联合国系统,如联合国开发计划署,以及多边开发银行,如世界银行的国际开发协会。中国对国际开发协会优惠资金补充的贡献从2010—2012年排名第20位上升到2019—2021年第6位。2019年,中国是专注于发展项目的联合国机构的第五大捐助国。除此之外,中国也更多地通过多边开发银行参与三边合作,甚至在近年来建立了一些多边开发银行,如2015年的新开发银行和2016年的亚洲基础设施投资银行。

在2030年可持续发展目标受到疫情影响而有所停滞不前甚

---

① 《全球发展高层对话会主席声明》,《人民日报》2022年6月25日第6版。
② 《汇聚民间力量 共促全球发展(命运与共)》,《人民日报》2022年8月15日第3版。

至逆转倒退的情况下，中国却高度重视落实2030年可持续发展议程。如宣布"未来3年中国将向中亚国家提供5亿美元无偿援助，用于各国民生项目建设；提供5000个研修研讨名额，帮助各国培养卫生健康、减贫惠农、互联互通、信息技术等各领域专业人才，增强发展的内生动力；提供5000个研修研讨名额，帮助各国培养卫生健康、减贫惠农、互联互通、信息技术等各领域专业人才，增强发展的内生动力。"①

三是抓住全球治理重点。2016年9月习近平主席提出，"全球经济治理特别要抓住以下重点：共同构建公正高效的全球金融治理格局，维护世界经济稳定大局；共同构建开放透明的全球贸易和投资治理格局，巩固多边贸易体制，释放全球经贸投资合作潜力；共同构建绿色低碳的全球能源治理格局，推动全球绿色发展合作；共同构建包容联动的全球发展治理格局，以落实联合国2030年可持续发展议程为目标，共同增进全人类福祉。"② 与国际机构的三边合作是中国参与全球治理、提高话语权、扩大其在国际和地区事务中的影响力的重要渠道。

四是加强与各国、各区域战略对接。习近平主席指出，"要立足自身国情，把可持续发展议程同本国发展战略有效对接，持之以恒加以推进，探索出一条经济、社会、环境协调并进的可持续发展之路。"③ 要全面落实联合国2030年可持续发展议程，让发展成果更多更公平惠及各国人民。"建立政策协调对接机制，相互学习借鉴，并在这一基础上共同制定合作方案，共同采取合作行动，形成规划衔接、发展融合、利益共享局面。

---

① 《携手共命运 一起向未来》，《人民日报》2022年1月26日第2版。
② 习近平：《中国发展新起点 全球增长新蓝图——在二十国集团工商峰会开幕式上的主旨演讲》，《人民日报》2016年9月4日第3版。
③ 《深化互利合作 促进共同发展——在新兴市场国家与发展中国家对话会上的发言》，《人民日报》2017年9月6日第3版。

我们要把'一带一路'建设国际合作同落实联合国2030年可持续发展议程、二十国集团领导人杭州峰会成果结合起来，同亚太经合组织、东盟、非盟、欧亚经济联盟、欧盟、拉共体区域发展规划对接起来，同有关国家提出的发展规划协调起来，产生'一加一大于二'的效果。"① "全球发展倡议契合东盟各国发展需要，可以与《东盟共同体2025愿景》协同增效。中方愿在未来3年再向东盟提供15亿美元发展援助，用于东盟国家抗疫和恢复经济。中方愿同东盟开展国际发展合作，启动协议谈判，支持建立中国—东盟发展知识网络，愿加强减贫领域交流合作，促进均衡包容发展。"② "全球发展倡议同非盟《2063年议程》和联合国2030年可持续发展议程高度契合，欢迎非洲国家积极支持和参与。"③ "要支持以世界贸易组织为核心的多边贸易体制，维护全球产业链供应链安全稳定，做大合作蛋糕，让发展成果更好惠及各国人民。"④

五是发表声明。2022年6月全球发展高层对话会发表《全球发展高层对话会主席声明》，讨论共同关心的全球发展问题，并达成广泛共识。作为主席国，中国将根据会议共识，落实全球发展倡议，同与会各国及国际社会共同努力，为促进全球共同发展作出积极贡献。

2030年可持续发展议程是为了改变发展中国家，特别是最不发达国家生存发展状态而制定的行动议程。发展起来之前的中国与发展中国家有过相似的经历，都希望尽快摆脱贫困落后

---

① 习近平《开辟合作新起点 谋求发展新动力——在"一带一路"国际合作高峰论坛圆桌峰会上的开幕辞》，《人民日报》2017年5月16日第3版。
② 《习近平谈治国理政》第四卷，外文出版社2022年版，第442页。
③ 《习近平谈治国理政》第四卷，外文出版社2022年版，第446页。
④ 习近平：《在庆祝中国国际贸易促进委员会建会70周年大会暨全球贸易投资促进峰会上的致辞》，《人民日报》2022年5月19日第2版。

或者不发达状态,成为享有工业文明成果的国家,也都走过不少发展的弯路。发展起来的中国更能体会当今发展中国家面临的发展困境以及发展中国家广大民众的向往和追求,也因此,在发展中国家追赶发达国家过程中,中国愿意将经验与广大发展中国家进行分享,也愿意力所能及地为发展中国家,特别是最不发达国家做些贡献,更愿意引领发展中国家走出一条人类发展的新路(见表5-2)。

表5-2　全球发展倡议服务2030年可持续发展议程的新主张

| 序号 | 时间 | 国际场合 | 主要内容 |
| --- | --- | --- | --- |
| 1 | 2022年6月17日 | 第二十五届圣彼得堡国际经济论坛全会 | 第一,塑造有利发展环境。要践行真正的多边主义,尊重并支持各国走符合本国国情的发展道路,建设开放型世界经济,提升新兴市场国家和发展中国家在全球经济治理中的代表性和发言权,促进全球平衡、协调、包容发展。第二,提振发展伙伴关系。要加强南北合作、南南合作,汇聚合作资源、平台和发展伙伴网络,增加发展援助,形成发展合力,弥合发展鸿沟。第三,推动经济全球化进程。要加强发展政策、国际规则和标准的软联通,摒弃脱钩、断供、单边制裁、极限施压,消除贸易壁垒,维护全球产业链供应链稳定,携手应对日趋严峻的粮食、能源危机,实现世界经济复苏。第四,坚持创新驱动。要挖掘创新增长潜力,完善创新规则和制度环境,打破创新要素流动壁垒,深化创新交流合作,推动科技同经济深度融合,共享创新成果① |
| 2 | 2022年6月22日 | 金砖国家工商论坛开幕式 | 全球发展倡议呼吁围绕落实联合国2030年可持续发展议程,推动构建团结、平等、均衡、普惠的全球发展伙伴关系,全面推进减贫、卫生、教育、数字互联互通、工业化等领域合作② |

---

① 《习近平出席第二十五届圣彼得堡国际经济论坛全会并致辞》,《人民日报》2022年6月18日第1版。

② 习近平:《把握时代潮流　缔造光明未来——在金砖国家工商论坛开幕式上的主旨演讲》,《人民日报》2022年6月23日第2版。

续表

| 序号 | 时间 | 国际场合 | 主要内容 |
| --- | --- | --- | --- |
| 3 | 2022年6月23日 | 金砖国家领导人第十四次会晤 | 全球发展倡议旨在推动联合国2030年可持续发展议程再出发，推动构建全球发展共同体。中方愿同金砖伙伴一道，推动倡议走深走实，助力实现更加强劲、绿色、健康的全球发展① |
| 4 | 2022年6月24日 | 全球发展高层对话会 | 要把发展置于国际议程中心位置，落实联合国2030年可持续发展议程，打造人人重视发展、各国共谋合作的政治共识。中国一直是发展中国家大家庭一员。将采取务实举措，继续支持联合国2030年可持续发展议程。——中国将加大对全球发展合作的资源投入，把南南合作援助基金整合升级为"全球发展和南南合作基金"，并在30亿美元基础上增资10亿美元；将加大对中国—联合国和平与发展基金的投入，支持开展全球发展倡议合作。——中国将同各方携手推进重点领域合作，动员发展资源，深化全球减贫脱贫合作，提升粮食生产和供应能力，推进清洁能源伙伴关系；加强疫苗创新研发和联合生产；促进陆地与海洋生态保护和可持续利用；提高全民数字素养和技能，加快工业化转型升级，推动数字时代互联互通，为各国发展注入新动力。——中国将搭建国际发展知识经验交流平台，成立全球发展促进中心，建立全球发展知识网络，开展治国理政经验交流，促进互学互鉴；举办世界青年发展论坛，共同发起全球青年发展行动计划，为落实联合国2030年可持续发展议程汇聚最广泛力量② |
| 5 | 2022年11月7日 | 国际竹藤组织成立二十五周年志庆暨第二届世界竹藤大会 | 中国政府同国际竹藤组织携手落实全球发展倡议，共同发起"以竹代塑"倡议，推动各国减少塑料污染，应对气候变化，加快落实联合国2030年可持续发展议程③ |

---

① 习近平：《构建高质量伙伴关系 开启金砖合作新征程》，《人民日报》2022年6月24日第2版。

② 习近平：《构建高质量伙伴关系 共创全球发展新时代》，《人民日报》2022年6月25日第2版。

③ 《习近平向国际竹藤组织成立二十五周年志庆暨第二届世界竹藤大会致贺信》，《人民日报》2022年11月8日第1版。

续表

| 序号 | 时间 | 国际场合 | 主要内容 |
| --- | --- | --- | --- |
| 6 | 2022年11月15日 | 二十国集团领导人第十七次峰会第一阶段会议 | 大国要有大国的担当，都应为全球发展事业尽心出力。全球发展倡议着眼全球共同发展的长远目标和现实需要，凝聚促进发展的国际共识，培育全球发展新动能，推动世界各国共同发展进步。创设全球发展和南南合作基金，将加大对中国—联合国和平与发展基金投入，制定务实合作清单，设立开放式项目库，明确倡议推进路线图，同100多个国家和国际组织推进这一倡议，为落实联合国2030年可持续发展议程提供新助力① |
| 7 | 2022年11月18日 | 亚太经合组织第二十九次领导人非正式会议 | 在减贫、粮食、能源、卫生等领域加强务实合作，加快落实联合国2030年可持续发展议程，欢迎亚太国家积极参与② |
| 8 | 2022年12月9日 | 中国—海湾阿拉伯国家合作委员会峰会 | 要加强发展战略对接，发挥互补优势，培育发展动能。中方期待同各方一道推进落实全球发展倡议，落实联合国2030年可持续发展议程，促进地区发展繁荣③ |
| 9 | 2023年4月24日 | 第四届联合国世界数据论坛 | 中国是联合国2030年可持续发展议程的支持者和践行者，坚持创新、协调、绿色、开放、共享的新发展理念，不断完善数字基础设施，建立健全数据基础制度体系，加强数据和统计能力建设，积极分享中国可持续发展目标监测实践和经验。中国愿同世界各国一道，在全球发展倡议框架下深化国际数据合作，以"数据之治"助力落实联合国2030年可持续发展议程，携手构建开放共赢的数据领域国际合作格局，促进各国共同发展进步④ |

① 《共迎时代挑战　共建美好未来》，《人民日报》2022年11月16日第2版。

② 习近平：《团结合作勇担责任　构建亚太命运共同体——在亚太经合组织第二十九次领导人非正式会议上的讲话》，《人民日报》2022年11月19日第2版。

③ 习近平：《弘扬中阿友好精神　携手构建面向新时代的中阿命运共同体——在首届中国—阿拉伯国家峰会开幕式上的主旨讲话》，《人民日报》2022年12月10日第4版。

④ 《习近平向第四届联合国世界数据论坛致贺信》，《人民日报》2023年4月25日第1版。

续表

| 序号 | 时间 | 国际场合 | 主要内容 |
|---|---|---|---|
| 10 | 2023年7月10日 | 全球共享发展行动论坛首届高级别会议 | 当今世界,百年变局加速演进,世界经济复苏艰难,全球发展议程面临挑战。为凝聚合作共识、推进共同发展,我提出全球发展倡议,助力加快落实联合国2030年可持续发展议程① |

资料来源:笔者根据网络公开资料整理所得。

---

① 《习近平向全球共享发展行动论坛首届高级别会议致贺信》,《人民日报》2023年7月11日第1版。

# 六　积极推进全球发展倡议务实落地

全球发展倡议落地是目前各国，尤其是发展中国家最为关注的事情。加快落实 2030 年可持续发展议程是各国特别是广大发展中国家的共同心声，全球发展倡议已具备广泛的国际共识，合作重点契合各方和国际发展合作的需要，也因此具备行稳致远的基础。解决发展难题重点是解决好利益、价值观和目标方向问题。这就需要重新建立一套新的价值观和理念，即发展问题是所有人的基本关切，每一个人都直接或间接地受到发展难题的影响，新冠疫情就是对发展造成冲击的典型重大事件，改善发展中国家特别是最不发达国家的生存和发展状态符合每个利益攸关者的共同利益。同时也应清楚地看到，改善发展中国家的生存和发展状态仅依靠个人主义是无效的，个人主义思路本身就存在无法为每个发展中国家提供机会的结构性缺陷，因此要增加发展机会，必须调整发展模式，发展应被置于全球议题的核心位置上，应给予特别的重视。

## （一）推进全球发展倡议应坚持的原则

全球发展倡议与联合国一直倡导的发展精神高度契合，代表人类未来发展新范式，也必将引领世界开启共同发展新征程。

一是坚持维护以联合国为核心的国际体系。近年来,习近平主席在多个国际场合阐明中国坚定奉行多边主义的重大主张,发出中国支持多边主义、践行多边主义的明确信号,始终高举多边主义旗帜,推动国际合作行稳致远。"多边主义最基本的道理,就是国际上的事情,要由各国商量着办,要按大家同意的规矩办,要兼顾各国利益和关切。"[①] 在2021年联合国大会一般性辩论的讲话中,习近平主席指出,"世界只有一个体系,就是以联合国为核心的国际体系。只有一个秩序,就是以国际法为基础的国际秩序。只有一套规则,就是以联合国宪章宗旨和原则为基础的国际关系基本准则。"[②] 多边主义,就是大家的事情,大家一起商量、一起推动,大家的规则,大家一起制定、一起遵守。[③] 多边主义的要义是国际上的事由大家共同商量着办,世界前途命运由各国共同掌握。[④] 不能把一个或几个国家制定的规则强加于人,也不能由个别国家从所谓"实力地位"出发[⑤],给整个世界"带节奏"。[⑥] 习近平主席说,"21世纪的多边主义要守正出新、面向未来,既要坚持多边主义的核心价值和基本原则,也要立足世界格局变化,着眼应对全球性挑战需要,在广

---

① 《习近平会见联合国秘书长古特雷斯》,新华社,2018年9月2日,https://www.gov.cn/xinwen/2018-09/02/content_ 5318669.htm。

② 《习近平著作选读》第二卷,人民出版社2023年版,第515—516页。

③ 《学习进行时丨习近平为何多次强调"真正的多边主义"》,新华社,2021年9月22日,http://www.xinhuanet.com/2021-09/22/c_ 1127889987.htm。

④ 《习近平谈治国理政》第四卷,外文出版社2022年版,第461页。

⑤ 习近平:《不忘初心 砥砺前行 开启上海合作组织发展新征程——在上海合作组织成员国元首理事会第二十一次会议上的讲话》,新华社,2021年9月17日,https://www.gov.cn/xinwen/2021-09/17/content_ 5638055.htm。

⑥ 《同舟共济克时艰,命运与共创未来——在博鳌亚洲论坛2021年年会开幕式上的视频主旨演讲》,新华社,2021年4月20日,https://m.gmw.cn/baijia/2021-04/20/34777611.html。

泛协商、凝聚共识基础上改革和完善全球治理体系。"① 习近平主席强调，"真正的多边主义，最终目的还是走团结合作之路。热衷于搞'小圈子'，会把世界推向分裂和对抗。"②

二是遵循"共同但有区别的责任"原则。习近平主席指出，"不论遇到什么困难，我们都要坚持以人民为中心的发展思想，把促进发展、保障民生置于全球宏观政策的突出位置，落实联合国2030年可持续发展议程，促进现有发展合作机制协同增效，促进全球均衡发展。我们要坚持共同但有区别的责任原则，在发展框架内推进应对气候变化国际合作，落实《联合国气候变化框架公约》第二十六次缔约方大会成果。发达经济体要率先履行减排责任，落实资金、技术支持承诺，为发展中国家应对气候变化、实现可持续发展创造必要条件。"③

赵若祯、张贵洪通过对全球发展倡议重点领域与2030年可持续目标进行文本对比，表明两者内容在很大程度上是高度一致的④（见表6-1）。全球发展倡议的重点领域服务于2030可持续发展目标，更偏重于落实。当然，两者实施起来均有较大的难度，但是这是给人类社会共同发展带来曙光的倡议，因此，指向性的意义同样不可小觑。考虑到全球发展倡议与2030年可持续发展议程对接过程的广泛性和复杂性，有必要在秉承共商共建原则，遵循"共同但有区别的责任"原则基础上依据多层渐进的方式推进对接。

---

① 《习近平谈治国理政》第四卷，外文出版社2022年版，第463页。
② 习近平：《把握时代潮流　加强团结合作　共创美好未来——在上海合作组织成员国元首理事会第二十二次会议上的讲话》，光明网，2022年9月16日，https://m.gmw.cn/baijia/2022-09/16/36030233.html。
③ 《坚定信心　勇毅前行　共创后疫情时代美好世界——在2022年世界经济论坛视频会议的演讲》，《人民日报》2022年1月18日第2版。
④ 赵若祯、张贵洪：《全球发展倡议对接2030年可持续发展议程：内涵、动力与路径》，《湖北社会科学》2022年第6期。

表6-1　全球发展倡议重点领域与2030年可持续目标对接表

| 全球发展倡议重点领域 | 可持续发展目标 | 目标具体内容 |
| --- | --- | --- |
| 减贫 | SDG 1 | 在全世界消除一切形式的贫困 |
| 粮食安全 | SDG 2 | 消除饥饿,实现粮食安全,改善营养状况和促进可持续农业 |
| 抗疫和疫苗 | SDG 3 | 确保健康的生活方式,增进各年龄段人群的福祉 |
| 气候变化和绿色发展 | SDG 13、14、15 | (1) 采取紧急行动应对气候变化及其影响<br>(2) 保护、恢复和促进可持续利用陆地生态系统,可持续管理森林,防治荒漠化,制止和扭转土地退化,遏制生物多样性的丧失<br>(3) 保护和可持续利用海洋和海洋资源 |
| 工业化 | SDG 9 | 促进具有包容性的可持续工业化 |
| 数字经济 | SDG 8、12 | (1) 促进持久、包容和可持续经济增长<br>(2) 采用可持续的消费和生产模式 |
| 互联互通 | SDG 9、10、17 | (1) 建造具备抵御灾害能力的基础设施<br>(2) 减少国家内部和国家之间的不平等<br>(3) 重振可持续发展全球伙伴关系 |

资料来源:赵若祯、张贵洪:《全球发展倡议对接2030年可持续发展议程:内涵、动力与路径》,《湖北社会科学》2022年第6期。

三是坚持共商共建共享的全球治理观。解决百年发展难题的其中一个关键的方面是让社会和公共产品更容易为发展中国家,特别是最不发达国家获得。这就需要加强共商共建共享。共商共建共享是中国在新时期推出的参与国际事务的行动准则,也期待各国都能遵守这一行动准则。通过共商共建共享,促使各方资源汇聚到发展这一主题上,有事大家商量着办,共同促进全球发展,也共享全球发展的果实。2022年6月习近平主席在金砖国家工商论坛开幕式上指出,"要坚持共商共建共享,加强全球经济治理,增加新兴市场国家和发展中国家代表性和发言权，确保各国权利平等、规则平等、机会平等。"①

四是坚持与联合国发展事业高度融合。毛瑞鹏认为，一国发起具有道德感召力的国际倡议，有助于其通过议程设置和话语塑造提升在全球治理体系中的影响力并引领国际秩序发展方向。② 全球发展倡议获得联合国高度认可，其关键在于还没有哪个国家提出的倡议与联合国推进全球共同发展的宗旨如此高度契合。联合国各方纷纷表示愿意与全球发展倡议合作，加快2030年可持续发展议程的落实。可以说全球发展倡议就是为落实2030年可持续发展议程而生。

## （二）推进全球发展倡议可采取的具体举措

一是讲好中国有关全球发展的故事。由于全球发展倡议在某种程度上是对美西方国家建立的思维传统构成的一种挑战，因此，在这一过程中，美西方国家必然会对全球发展倡议进行舆论攻击，认为中国是搞"新殖民主义""债务陷阱""缺乏透明度"等。考虑到全球发展倡议是一个长期倡议，且在每一个阶段的工作重点和内容都会有所变化。加强外国对外援助体系的调整，实际上也是强化全球发展倡议与联合国涉及发展的工作内容的衔接。讲好中国有关全球发展的故事、推进全球发展倡议的关键在于注重声誉、强化信任和建立关系等精神价值的塑造。在讲故事过程中，使人们确信全球发展倡议对发展中国

---

① 习近平：《把握时代潮流　缔造光明未来——在金砖国家工商论坛开幕式上的主旨演讲》，中华人民共和国中央人民政府官网，2022年6月22日，https://www.gov.cn/xinwen/2022-06/22/content_ 5697148. htm。

② 毛瑞鹏：《全球发展倡议及其对全球治理体系变革的意义》，《国际展望》2022年第6期。

家有贡献，真心诚意地关心发展中国家，积极与热诚且坚定地落实全球发展倡议，尊重发展中国家，给发展中国家以最好的支持、站在发展中国家利益考虑，不能为了自己的利益给发展中国家带来困扰，让发展中国家觉得值得参与该项倡议，要将与发展中国家的共同利益置于首位，等等。

二是构建以服务全球发展倡议为导向的新一代政策支持体系建设。国际支持措施对动员国际社会支持最不发达国家的意义至关重要。考虑到不发达国家面临的挑战越来越具有复杂性和多样性，有必要推动联合国建立新一代国际支持措施来提高对最不发达国家的支持，以适应快速变化的全球环境。当前最不发达国家需要一种以生产能力为中心的新发展模式，消除结构性障碍，增强抵御冲击的能力，并克服它们在全球经济中持续边缘化所带来的限制。除了传统的贸易、金融、技术援助、发展合作和技术转让领域等措施外，技术领域的国际支持措施可作为新一代国际支持措施的方向之一。考虑到国内政策对于发展生产能力和实现结构转型的重要性，新一代的国际支持措施应更紧密地适应最不发达国家的愿望并解决这些国家长期存在的结构脆弱性问题。①

三是做好对接联合国等国际组织重大议程的对接工作。联合国大会在卡塔尔多哈召开的第五次联合国最不发达国家问题会议上通过的一份新的《2011—2020十年期支援最不发达国家行动纲领》，这对实现这些国家的发展权利至关重要，确定了六大关键行动领域：（1）在最不发达国家充分利用新技术的潜力，防止技术鸿沟加深；（2）在所有最不发达国家实现可持续的债务水平；（3）应对城市高速增长带来的挑战，同时优化机会；

---

① "Policy Brief No. 97, United Nations Conference on Trade and Development", 2022, https://unctad.org/system/files/official-document/presspb2022d 5_en.pdf.

（4）特别关注年轻人，尤其是女童确保他们获得实现其抱负所需的技能；（5）解决执行国家适应计划中的瓶颈问题；（6）加大支持即将脱离最不发达国家身份的国家实现平稳过渡。可考虑与上述行动纲领进行对接。当然，全球发展倡议不仅仅与该行动纲领对接，也可以考虑加强与其他有助于全球发展的行动倡议对接，有助于2030年可持续发展议程的实现；也可考虑与其他国际行为体加强发展合作战略对接，促进各国、各区域合作机制发展进程协同增效。

四是加大对不发达国家治理体系的培育。国家治理能力被理解为制定公共政策和实现政策目标的能力，是所有成功发展经验的关键要素。继第五次联合国最不发达国家问题会议通过的《2022—2031十年期支援最不发达国家行动纲领》将国家能力建设置于突出位置，包括使最不发达国家具备进行同步和历时政策权衡的国家能力；建设最不发达国家将工业政策目标纳入主流的国家能力；扩大最不发达国家调动国内资源的能力；提高最不发达国家国家开发银行支持当地创业基础和生产能力增长的能力；使最不发达国家具备相关统计能力，以衡量和监测发展进展，准确衡量发展支出分配的影响。[①] 可考虑以最不发达国家治理能力培育为援助重点，提升最不发达国家治理水平。

五是加强知识合作与分享。全球发展倡议遵循务实合作的行动指南，将发展共识转化为务实行动，为落实2030年可持续发展议程注入新动力。周太东认为，"中国是南南知识合作的坚定支持者和积极实践者，为更好提升知识合作的效果，发挥知识合作在国际发展合作中的黏合剂作用。要积极提炼可复制、

---

[①] "Policy Brief, No. 95", United Nations Conference on Trade and Development, 2022, https://unctad.org/system/files/official-document/presspb2022d3_en.pdf.

可借鉴的中国经验。在分享中国发展知识、贡献中国方案时，既要充分肯定'中国特色'，也要防止'中国例外主义'，努力将中国经验主流化，提升国际社会对中国经验的接受度，并最终影响全球发展知识体系，使基于中国经验的理论总结成为世界发展知识体系的重要组成部分。要加大对发展中国家发展战略和贫困形成成因等方面的研究。只有在深入了解发展中国家面临的发展挑战的基础上，分享中国发展知识才可能做到有的放矢。要把中国发展经验和发展知识融入中国国际合作项目过程中。要利用好多边平台做好知识分享。可借经合组织成员国做法，加大对主要国际组织影响力及中国与其合作效果的评估，并在评估的基础上确定合作重点和方向。"①

六是加强国际型人才培养。在联合国等国际组织中，中国籍国际公务员人数偏少、级别偏低、占据的重要部门和关键岗位不多。②《中华人民共和国国民经济和社会发展第十四个五年规划和2035年远景目标纲要》明确提出，加强涉外法治体系建设，加强涉外法律人才培养。可见，人才培养在中国涉外法治体系建设中是具有基础性、战略性、先导性的地位和作用的。派遣和鼓励更多中国年轻人才进入联合国系统工作，尤其要重视占据重要部门和关键岗位。

七是进一步办好具有全球性质的博览会等。继续举办中国国际进口博览会，逐步形成和完善"国际采购、投资促进、人文交流、开放合作"四大平台，实现要素资源共享、内外市场联通，让中国从"世界工厂"变为"世界市场"，为国际社会和世界经济发展注入更多正能量。创办中国进出口商品交易会、中国国际

---

① 周太东：《知识合作助力"全球发展倡议"》，《中国社会科学报》2022年1月13日第5版。

② 杨泽伟：《中国与联合国50年：历程、贡献与未来展望》，《太平洋学报》2021年第11期。

服务贸易交易会、中国国际投资贸易洽谈会、中国国际消费品博览会、全球数字贸易博览会、中非经贸博览会、中国—阿拉伯国家博览会、中俄博览会、中国—中东欧国家博览会、中国—东盟博览会、中国—亚欧博览会等重点展会。加强《区域全面经济伙伴关系协定》的推进和拓展，积极推动加入《全面与进步跨太平洋伙伴关系协定》，申请加入《数字经济伙伴关系协定》，等等。

## （三）推进全球发展倡议和"一带一路"倡议相互促进

一是做好项目的匹配工作。全球发展倡议主要对接2030年可持续发展议程，这与"一带一路"倡议有联系也有区别。两者都聚焦发展，在这一总体原则之下，全球发展倡议主要配合联合国2030年可持续发展议程，而"一带一路"倡议主要是中国与当地合作。今后主要是加强项目之间的信息沟通，做好项目之间的统筹，避免资金浪费。

二是做好资金的统筹工作。发展中国家对资金的需求量是非常大的，而全球发展倡议和"一带一路"倡议能够调动的资金毕竟是有限的，在这种背景下，需要做好资金的统筹工作，最大限度地发挥资金的使用效率。其实不仅是两个倡议之间要做好资金统筹工作，也要将其他类似资金加以统筹。

三是做好与当地发展战略的配合工作。两大倡议都需要在发展中国家推进，都需要当地政府的配合，因此，如何加强相互协调，最大限度地推动当地发展是关键，有必要加强两大倡议与当地发展战略的协调、对接，使当地民众成为最大受益人。

四是与联合国有关发展项目的统筹工作。两大倡议致力于全球发展，为充分发挥资金的作用，也需要与联合国有关发展的其他项目加强协调和配合，实现项目之间相互促进或最大限度发挥项目的成效。

五是做好发展知识共享工作。发展知识是人类社会经过几百年积累下来的有关如何发展的规律和经验总结。特别是对中国这样一个超大经济体积累起来的发展经验更值得发展中国家关注，这是因为迄今为止世界上还没有出现一个超过5亿人口的发达国家，现有的发达国家可为发展中国家借鉴的发展经验也是有限的。而中国经济发展无疑打消了发展中国家的后顾之忧，即如何解决庞大人口发展的问题，特别是世界上所有发展中国家一起发展的问题。做好发展知识的分享既避免发展中国家走弯路，同时又能在有限的资源约束下实现人与自然的和谐发展。

## （四）推动全球发展倡议与其他全球倡议相互促进

### 1. 推动全球发展倡议与全球安全倡议的互动

全球发展倡议与全球安全倡议是中国进入新的发展阶段提出的具有全球性质的两大倡议，既是中国新时代对外战略安排的思想体现，也是中国对国际社会面临的重大挑战的积极回应。两大倡议彰显中国对外战略的底线和关注点：全球安全倡议表明，中国将继续奉行独立自主的和平外交政策，坚持走和平发展道路，也期待世界加强合作，通过对话解决分歧。全球发展倡议将更加聚焦发展主题，积极改善民生，缩小贫富差距，消除发展鸿沟，促进全球平衡、协调、包容发展。全球发展倡议体现中国对全球发展事业的高度关注，体现发展中大国高度负责任精神，是具备一定力量之后的发展中大国对其他发展中国家的发展所表现出来的关爱，是践行新时代中国对外战略的一种新体现、新表达。两大倡议交相辉映，是中国有关发展与安全认知的国际延伸。

应进一步加强对两大倡议相互促进的认知。全球安全倡议是全球发展倡议的前提和条件，目的是为全球共同发展营造良好的客观环境。而全球发展倡议是为全球安全倡议提供必要的物质基础，确保全球安全倡议落到实处。

举办发展—安全国际论坛。在当今国际社会日益动荡的背景下，传统安全问题和非传统安全问题对经济发展的掣肘也在日益上升，各国，特别是安全问题的接收者不得不拿出国内部分战略资源用于安全环境的维护。举办论坛的目的是对发展与安全共生关系形成国际共识。

做好国际安全环境建设工作。要向"安全"要效益，即将"安全"对经济发展的掣肘降到最低水平，将尽可能多的资源用于经济增长，即以最小的安全成本确保经济有序发展，当然，反过来，经济发展也将有助于安全环境建设，仓廪实而知礼节，发展起来之后将解决很大一部分安全问题。

加强国际安全机制合作。世界各国不仅要做好经济的国内安全保障工作，也要尽可能推动国际安全环境的改善，如粮食安全、水资源安全，等等。这就需要加强国际安全合作，要以习近平总书记提出的"共同、综合、合作、可持续"安全理念为指导，加强国际安全合作机制建设。

### 2. 推动全球发展倡议与全球文明倡议相互促进

全球发展倡议与全球文明倡议同样是相互促进的两大倡议。全球发展倡议为全球文明倡议提供物质基础，反过来，全球文明倡议为全球发展倡议提供共识基础。要在发展理念上形成共识，离不开全球文明倡议，要推动新的文明观形成和发展，离不开共同发展。倡导全球文明倡议有助于消除对发展的误解。

一是坚持共商共建共享原则。国家之间有分歧是正常的，应该通过对话协商妥善化解。国家之间可以有竞争，但必须是积极和良性的，要守住道德底线和国际规范。大雁之所以能够穿越风雨、行稳致远，关键在于其结伴成行，相互借力。"一带一路"建设是全新的事物，在合作中有些不同意见是完全正常的，只要各方秉持和遵循共商共建共享的原则，就一定能增进合作、化解分歧，把"一带一路"倡议打造成为顺应经济全球化潮流的最广泛国际合作平台，让共建"一带一路"倡议更好地造福各国人民。

二是关注人类最新发展成果。如，绿色发展，就是要解决好人与自然和谐共生问题。人类活动和经济发展必须尊重自然规律，顺应自然发展趋势，否则就会遭到大自然的惩罚。绿色发展是实现发展中国家生产发展、生活富裕、生态良好的文明发展道路的必然选择，是发展中国家通往人与自然和谐境界的必由之路。推动两大倡议应以最新的人类精神成果为要，积极应对气候变化，促进绿色低碳转型，努力构建地球生命共同体，建设生态文明，共同实现2030年可持续发展目标。

三是加强文明交流互鉴。中华文明不仅仅是接纳、包容、汲取外来文化元素，其他优秀文化也从中华文明中汲取养分，丝绸之路文化因素由此得以形成。在"一带一路"高质量发展进程中，各种文明形成了双向、多向的互通道路。在共建国家和地区自然地理、人文环境等客观差异条件之下，不同文明在"一带一路"建设中相互交流与融合，并使各种文明变得更加辉煌灿烂。

四是举办发展—文明论坛。尽快就发展与文明达成国际共识。发展与文明同样是共生共荣的。发展是文明观形成的物质基础，对文明观起到决定性的作用。反过来，有什么样的文明观就有什么样的发展观。刘振民认为，在国际舞台宣介全球文明倡议时，应强调尊重世界文明多样性，要把尊重世界文明多样性和构建人类命运共同体结合起来去宣传推广，让世界各国人民认识到，提出构建人类命运共同体，不是一种制度代替另一种制度，不是一种文明代替另一种文明，而是不同社会制度、不同意识形态、不同历史文化、不同发展水平的国家在国际事务中的利益共生、权力共享、责任共担，形成美好世界的最大公约数。① 举办论坛的目的是坚守发展之道、文明之道，让新的共同发展共识和新的共同文明精神能够在世界各国落地生根，取代保守的、落后的文明意识和狭隘的发展理念。

全球发展倡议是中国为破解全球治理赤字、解决全球性挑战贡献中国智慧的例证，是对人类命运共同体理念的生动诠释，彰显了新时代中国外交的大国担当。② 习近平主席指出，中国共产党始终坚持以人民为中心，我们希望中国人民过上好日子，也希望世界各国人民都能过上好日子。面向未来，我们将继续把自身发展置于人类发展的坐标系中，始终做全球发展的贡献者、公共产品的提供者，同各国人民携手并肩，为充满不确定性的世界注入稳定性和正能量，向着构建人类命运共同体的目标不断前行。③ 阿尔及利亚驻华大使拉贝希强调，"共同繁荣至关重要。全球发展倡议强调和平与发展，努力弥合南北之间的发展鸿沟，致力于实现全人类的福祉，并提出了具体的实施方

---

① 《"全球发展倡议全球安全倡议全球文明倡议研讨会"发言摘要》，《学习时报》2023年3月31日第6版。

② 《2022年10月19日外交部发言人汪文斌主持例行记者会》，外交部官网，2022年10月19日，https:// www. mfa. gov. cn/web/fyrbt_ 673021/jzhsl_ 673025/202210/t20221019_ 10785945. shtml。

③ 《习近平向全球共享发展行动论坛首届高级别会议致贺信》，《人民日报》2023年7月11日第1版。

案。这体现了中国的全球领导力,也体现了中国一直以来践行坚持多边主义、支持发展中国家实现共同发展的承诺。""毫无疑问,历史会记住中国为建设人类更美好共同未来所作出的巨大贡献。""我再次重申,历史一定会记住中国的巨大贡献。"[①]

---

[①] 《全球发展倡议可极大加速可持续发展进程——〈全球发展报告〉在京发布》,《光明日报》2022年6月22日第12版。

# 参考文献

## （一）中文著作、译著

《马克思恩格斯全集》第19卷，人民出版社1974年版。
《马克思恩格斯全集》第39卷，人民出版社1974年版。
《马克思恩格斯全集》第46卷（下），人民出版社1974年版。
《马克思恩格斯文集》第1卷，人民出版社2009年版。
《马克思恩格斯文集》第2卷，人民出版社2009年版。
《邓小平文选》第3卷，人民出版社1993年版。
《习近平谈治国理政》第一卷，外文出版社2014年版。
《习近平谈治国理政》第三卷，外文出版社2020年版。
《习近平谈治国理政》第四卷，外文出版社2022年版。
《习近平著作选读》第一卷，人民出版社2023年版。
《习近平著作选读》第二卷，人民出版社2023年版。
瞿宛文：《全球化与后进国之经济发展》，载贺照田主编《后发展国家的现代性问题》，吉林人民出版社2011年版。
韦冬、沈永福：《比较与争锋：集体主义与个人主义的理论、问题与实践》，中国人民大学出版社2015年版。
［埃及］萨米尔·阿明：《世界规模的积累：欠发达理论批判》，杨明柱、杨光、李宝源译，社会科学文献出版社2017年版。
［加］罗伯特·奥布莱恩、马克·威廉姆斯：《国际政治经济学》，张发林译，中国人民大学出版社2016年版。

［美］查尔斯·K. 威尔伯：《发达与不发达问题的政治经济学》，高铦等译，商务印书馆2015年版。

［美］戴维·S. 兰德斯：《国富国穷》，门洪华等译，新华出版社2001年版。

［美］戴维·斯隆·威尔逊：《利他之心：善意的演化和力量》，齐鹏译，机械工业出版社2017年版。

［美］费景汉、古斯塔夫·拉尼斯：《增长和发展——演进观点》，洪银兴等译，商务印书馆2014年版。

［美］贾雷德·戴蒙德：《为什么有的国家富裕，有的国家贫穷》，栾奇译，中信出版集团2017年版。

［美］马克·罗伯特·兰克：《国富民穷：美国贫穷何以影响我们每个人》，屈腾龙译，重庆大学出版社2014年版。

［美］迈克尔·斯宾塞：《下一次大趋同：多速世界经济增长的未来》，王青等译，北京机械工业出版社2012年版。

［美］塞缪尔·亨廷顿等：《现代化：理论与历史经验的再探讨》，罗荣渠主编，上海译文出版社1993年版。

［美］威廉·内斯特编著：《国际关系：21世纪的政治与经济》，姚远、汪恒译，北京大学出版社2005年版。

［美］亚历山大·格申克龙：《经济落后的历史透视》，张凤林译，商务印书馆2012年版。

［美］伊曼纽尔·沃勒斯坦：《历史资本主义》，路爱国、丁浩金译，社会科学文献出版社1999年版。

［美］伊曼纽尔·沃勒斯坦：《现代世界体系》（第一卷），吕丹译，高等教育出版社1998年版，序言。

［美］保罗·巴兰：《增长的政治经济学》，蔡中兴、杨宇光译，商务印书馆2014年版。

［美］基思·格里芬：《从理论上看不发达国家》，载［美］查尔斯·K. 威尔伯《发达与不发达问题的政治经济学》，高铦

等译，商务印书馆 2015 年版。

［瑞士］吉尔贝·李斯特：《发展史——从西方的起源到全球的信仰》，陆象淦译，社会科学文献出版社 2017 年版。

### （二）中文期刊

习近平：《共担时代责任，共促全球发展》，《求是》2020 年第 24 期。

习近平：《共同构建人类命运共同体》，《求是》2021 年第 1 期。

［埃及］艾哈迈德·巴哈丁·沙班：《中国与全球安全新秩序——探寻以人为本的全新全球化》，《当代世界》2022 年第 9 期。

蔡翠红、于大皓：《中国"三大倡议"的全球治理逻辑及实践路径——基于国际公共产品供给视角的分析》，《东北亚论坛》2023 年第 6 期。

董楠、袁银传：《百年未有之大变局下逆全球化思潮的表现、趋势及应对》，《思想教育研究》2022 年第 9 期。

葛建华、朴静怡：《试析全球安全倡议视域下东亚海上非传统安全合作》，《东北亚学刊》2023 年第 1 期。

郭树勇：《论新型国际关系中的扶助外交及其主要特点》，《国际观察》2022 年第 1 期。

侯冠华：《习近平全球发展倡议的多维论析》，《理论探索》2023 年第 2 期。

金碚：《世界分工体系中的中国制造业》，《中国工业经济》2003 年第 5 期。

金新、翟阔：《统筹发展和安全：中国参与全球治理的路径优化》，《贵州省党校报》2023 年第 2 期。

李贵仁、党国印：《1998 年诺贝尔经济学奖获得者阿马蒂亚·森生平与学术贡献》，《经济学动态》1998 年第 11 期。

廖炼忠：《全球发展倡议与人类命运共同体构建》，《世界民族》2023 年第 1 期。

龙小农：《以国际公共产品的创新传播推进全球治理变革》，《对外传播》2022 年第 5 期。

罗圣荣、兰丽：《国内外学界对人类命运共同体研究的比较及启示》，《世界民族》2020 年第 6 期。

毛瑞鹏：《全球发展倡议及其对全球治理体系变革的意义》，《国际展望》2022 年第 6 期。

门洪华：《中国三大全球倡议的战略逻辑》，《现代国际关系》2023 年第 7 期。

[美] T. 内格尔：《利他主义：直觉的问题》，万俊人译，《世界哲学》2005 年第 3 期。

邵新盈：《全球文明倡议的生成逻辑、时代价值和实践路径》，《当代世界》2023 年第 6 期。

宋微：《推动自主发展：全球文明倡议下中国对非洲治理援助》，《国际问题研究》2023 年第 3 期。

孙德刚、章捷莹：《中阿落实全球发展倡议：理念与实践》，《和平与发展》2022 年第 5 期。

孙敬鑫：《全球文明倡议对外话语体系建设及实践路径》，《当代世界》2023 年第 4 期。

陶坚：《丰富完善中国方案　努力落实两个全球倡议》，《国际安全研究》2023 年第 1 期。

王玏、刘军：《全球安全倡议的核心要义、理论创新与世界意义》，《国际问题研究》2022 年第 3 期。

王明国：《从观念变革到制度构建：全球安全倡议的实施路径》，《东北亚论坛》2023 年第 2 期。

王明国：《全球发展倡议的国际制度基础》，《太平洋学报》2022 年第 9 期。

王明国：《统筹推进全球发展倡议与全球安全倡议的落实——基于制度化峰会的视角》，《国际展望》2023 年第 2 期。

王志民、陈贞吉：《全球发展倡议：推动世界发展的中国方案》，《思想理论教育导刊》2022 年第 4 期。

卫灵：《中国特色大国外交的理论构建与实践创新》，《人民论坛·学术前沿》2019 年第 10 期。

亚伯拉罕·萨马特：《从"增长"到"基本需要"发展理论的演变》，吴奇译，《国际经济评论》1985 年第 6 期。

严安林等：《全球文明倡议：推动构建新型文明关系的中国方案》，《国际展望》2023 年第 4 期。

杨鲁慧：《三大全球倡议：中国式现代化视域下的全球治理观》，《亚太安全与海洋研究》2023 年第 6 期。

杨泽伟：《中国与联合国 50 年：历程、贡献与未来展望》，《太平洋学报》2021 年第 11 期。

姚遥：《"全球发展倡议"为因应世界变局擘画蓝图》，《红旗文稿》2022 年第 4 期。

要瑶：《构建全球发展命运共同体：内涵、挑战、建构》，《安徽行政学院学报》2022 年第 1 期。

于江、贾丁：《统筹全球发展倡议和全球安全倡议的几点思考》，《国家安全研究》2023 年第 2 期。

张亚勇：《全球安全倡议落地落实的机遇、挑战与实践路径》，《人民论坛·学术前沿》2022 年第 21 期。

赵若祯、张贵洪：《全球发展倡议对接 2030 年可持续发展议程：内涵、动力与路径》，《湖北社会科学》2022 年第 6 期。

周亚敏：《全球发展倡议下的中拉气候合作：基础、机遇与挑战》，《拉丁美洲研究》2022 年第 6 期。

### (三) 中文网站

习近平:《把握时代潮流　缔造光明未来——在金砖国家工商论坛开幕式上的主旨演讲》,中华人民共和国中央人民政府官网, 2022 年 6 月 22 日, https://www.gov.cn/xinwen/2022-06/22/content_ 5697148.htm。

习近平:《把握时代潮流　加强团结合作　共创美好未来——在上海合作组织成员国元首理事会第二十二次会议上的讲话》,光明网, 2022 年 9 月 16 日, https://m.gmw.cn/baijia/2022-09/16/360 30233.html。

习近平:《不忘初心　砥砺前行　开启上海合作组织发展新征程——在上海合作组织成员国元首理事会第二十一次会议上的讲话》,新华社, 2021 年 9 月 17 日, https://www.gov.cn/xinwen/2021-09/17/content_ 5638055.htm。

《习近平出席第二十五届圣彼得堡国际经济论坛全会并致辞》,《人民日报》2022 年 6 月 18 日第 1 版。

《习近平出席上海合作组织成员国元首理事会第二十三次会议并发表重要讲话》,《人民日报》2023 年 7 月 5 日第 1 版。

习近平:《创新增长路径　共享发展成果——在二十国集团领导人第十次峰会第一阶段会议上关于世界经济形势的发言》,《人民日报》2015 年 11 月 16 日第 2 版。

习近平:《登高望远,牢牢把握世界经济正确方向——在二十国集团领导人第十三次峰会第一阶段会议上的讲话》,《人民日报》2018 年 12 月 1 日第 2 版。

习近平:《共同构建人与自然生命共同体——在"领导人气候峰会"上的讲话》,《人民日报》2021 年 4 月 23 日第 2 版。

习近平:《共同开创金砖合作第二个"金色十年"》,《人民日报》2017 年 9 月 4 日第 2 版。

习近平：《共迎时代挑战 共建美好未来》，《人民日报》2022年11月16日第2版。

习近平：《构建高质量伙伴关系 共创全球发展新时代》，《人民日报》2022年6月25日第2版。

习近平：《构建高质量伙伴关系 开启金砖合作新征程》，《人民日报》2022年6月24日第2版。

习近平：《构建新发展格局 实现互利共赢》，《人民日报》2020年11月20日第2版。

习近平《弘扬万隆精神 推进合作共赢——在亚非领导人会议上的讲话》，《人民日报》2015年4月23日第2版。

习近平：《弘扬中阿友好精神 携手构建面向新时代的中阿命运共同体——在首届中国—阿拉伯国家峰会开幕式上的主旨讲话》，《人民日报》2022年12月10日第4版。

《习近平会见联合国秘书长古特雷斯》，新华社，2018年9月2日，https://www.gov.cn/xinwen/2018-09/02/content_5318669.htm。

习近平：《积极树立亚洲安全观 共创安全合作新局面》，《人民日报》2014年5月22日第2版。

习近平：《坚持可持续发展 共创繁荣美好世界——在第二十三届圣彼得堡国际经济论坛全会上的致辞（全文）》，《人民日报》2019年6月8日第2版。

习近平：《坚持可持续发展 共建亚太命运共同体》，《人民日报》2021年11月12日第2版。

习近平：《坚定信心 共谋发展——在金砖国家领导人第八次会晤大范围会议上的讲话》，《人民日报》2016年10月17日第2版。

习近平：《坚定信心 勇毅前行 共创后疫情时代美好世界——在2022年世界经济论坛视频会议的演讲》，《人民日报》2022

年1月18日第2版。

习近平《开辟合作新起点　谋求发展新动力——在"一带一路"国际合作高峰论坛圆桌峰会上的开幕辞》,《人民日报》2017年5月16日第3版。

习近平:《开放共创繁荣　创新引领未来——在博鳌亚洲论坛2018年年会开幕式上的主旨演讲》,《人民日报》2018年4月11日第3版。

习近平:《开放合作　命运与共——在第二届中国国际进口博览会开幕式上的主旨演讲》,《人民日报》2019年11月6日第3版。

习近平:《勠力同心　携手同行　迈向发展共同体——在"金砖+"领导人对话会上的讲话》,《人民日报》2023年8月25日第2版。

习近平:《谋共同永续发展　做合作共赢伙伴》,《人民日报》2015年9月27日第2版。

习近平:《谋求持久发展　共筑亚太梦想——在亚太经合组织工商领导人峰会开幕式上的演讲》,《人民日报》2014年11月10日第2版。

习近平:《努力构建携手共进的命运共同体——在中国—拉美和加勒比国家领导人会晤上的主旨讲话》,《人民日报》2014年7月19日第2版。

习近平:《深化互利合作　促进共同发展——在新兴市场国家与发展中国家对话会上的发言》,《人民日报》2017年9月6日第3版。

习近平:《深化金砖伙伴关系　开辟更加光明未来——在金砖国家领导人厦门会晤大范围会议上的讲话》,《人民日报》2017年9月5日第3版。

习近平:《守望相助共克疫情　携手同心推进合作》,《人民日报》2020年11月18日第2版。

《习近平同俄罗斯总统普京举行视频会晤》,新华网,2021年12月15日,http://www.xinhuanet.com/politics/leaders/2021-12/15/c_1128167133_4.htm。

习近平:《同舟共济克时艰,命运与共创未来——在博鳌亚洲论坛2021年年会开幕式上的视频主旨演讲》,新华社,2021年4月20日,https://m.gmw.cn/baijia/2021-04/20/34777611.html。

习近平:《团结合作抗疫引领经济复苏》,《人民日报》2021年7月17日第2版。

习近平:《团结合作勇担责任　构建亚太命运共同体——在亚太经合组织第二十九次领导人非正式会议上的讲话》,《人民日报》2022年11月19日第2版。

习近平:《团结行动,共创美好未来》,《人民日报》2022年11月13日第2版。

《习近平向第四届联合国世界数据论坛致贺信》,《人民日报》2023年4月25日第1版。

《习近平向国际民间社会共同落实全球发展倡议交流大会致贺信》,《人民日报》2022年8月13日第1版。

《习近平向国际竹藤组织成立二十五周年志庆暨第二届世界竹藤大会致贺信》,《人民日报》2022年11月8日第1版。

《习近平向全球共享发展行动论坛首届高级别会议致贺信》,《人民日报》2023年7月11日第1版。

习近平:《携手共命运　一起向未来》,《人民日报》2022年1月26日第2版。

习近平:《携手构建合作共赢新伙伴　同心打造人类命运共同体——在第七十届联合国大会一般性辩论时的讲话》,《人民日报》2015年9月29日第2版。

习近平：《携手建设守望相助、共同发展、普遍安全、世代友好的中国—中亚命运共同体——在中国—中亚峰会上的主旨讲话》，新华社，2023 年 5 月 19 日，https：//www. gov. cn/yaowen/liebiao/202305/content_ 6874886. htm？ eqid = cc42fcd2000b9a6700000002647d3809。

习近平：《携手努力共谱合作新篇章——在金砖国家领导人巴西利亚会晤公开会议上的讲话》，《人民日报》2019 年 11 月 15 日第 2 版。

习近平：《携手同行现代化之路》，《光明日报》2023 年 3 月 16 日第 2 版。

习近平：《携手迎接挑战，合作开创未来》，《人民日报》2022 年 4 月 22 日第 2 版。

习近平：《与世界相交　与时代相通　在可持续发展道路上阔步前行》，《人民日报》2021 年 10 月 15 日第 2 版。

习近平：《在布鲁日欧洲学院的演讲》，《人民日报》2014 年 4 月 2 日第 2 版。

习近平：《在第二届世界互联网大会开幕式上的讲话》，《人民日报》2015 年 12 月 17 日第 2 版。

习近平：《在第七十五届联合国大会一般性辩论上的讲话（全文)》，《人民日报》2020 年 9 月 23 日第 3 版。

习近平：《与世界相交　与时代相通　在可持续发展道路上阔步前行——在第二届联合国全球可持续交通大会开幕式上的主旨讲话》，新华网，2021 年 10 月 14 日，http：//www. xinhuanet. com/2021-10/14/c_ 11279 58827. htm.

习近平：《在联合国成立 75 周年纪念峰会上的讲话》，《人民日报》2020 年 9 月 22 日第 2 版。

习近平：《在联合国大会纪念北京世界妇女大会 25 周年高级别会议上的讲话》，《人民日报》2020 年 10 月 2 日第 2 版。

习近平：《在2020年中国国际服务贸易交易会全球服务贸易峰会上的致辞》，《人民日报》2020年9月5日第2版。

习近平：《在庆祝中国国际贸易促进委员会建会70周年大会暨全球贸易投资促进峰会上的致辞》，《人民日报》2022年5月19日第2版。

习近平：《在网络安全和信息化工作座谈会上的讲话》，《人民日报》2016年4月26日第2版。

《习近平在亚太经合组织工商领导人峰会上的演讲（全文）》，新华社利马2016年11月19日电。

习近平：《中国发展新起点　全球增长新蓝图——在二十国集团工商峰会开幕式上的主旨演讲》，《人民日报》2016年9月4日第3版。

习近平：《抓住世界经济转型机遇　谋求亚太更大发展——在亚太经合组织工商领导人峰会上的主旨演讲》，《人民日报》2017年11月11日第2版。

陈曦：《风云80载，"发展中国家"内涵几度变迁》，中国商务新闻网，2023年4月13日，https://www.comnews.cn/content/2023-04/11/content_24866.html。

《对南方的挑战——南方委员会报告》，Déisau Sud. Rapport de la commission Sud，Paris，Economica，1990。

《俄媒：美国建军事基地，中国建贸易枢纽，中国不是为了追求霸权》，《环球时报》2022年1月10日第1版。

《共同构建人类命运共同体——在联合国日内瓦总部的演讲》，《人民日报》2017年1月20日第2版。

国务院新闻办公室：《新时代的中非合作》，新华社，2021年，http://www.scio.gov.cn/gxzt/dtzt/2021/xsddzfhzbps/。

《汇聚民间力量　共促全球发展（命运与共）》，《人民日报》2022年8月15日第3版。

《坚定信心携手奋进 共创全球发展新时代——写在全球发展高层对话会召开一周年之际》，新华社，2022年6月24日，http://www.news.cn/politics/2023-06/24/c_1129714200.htm。

《开创全球发展事业更加光明的前景》，《人民日报》2022年9月21日第3版。

李东燕：《全球发展倡议为推动可持续发展注入新动力》，《中国妇女报》2022年5月25日第2版。

《联合国称完全支持"全球发展倡议" 中方：欢迎各国共同参与》，中新网，2021年11月8日，https://www.chinanews.com.cn/gn/2021/11-08/9604697.shtml。

《联合国工业发展组织新任总干事支持全球发展倡议》，《人民日报》2022年2月12日第3版。

《联合国秘书长：可持续发展面临风险，各国需加强行动》，新华网，2023年7月18日，http://www.xinhuanet.com/photo/2023-07/18/c_1129755739_2.htm。

《2021年可持续发展论坛在北京开幕》，《中国报道》2021年9月27日第1版。

《2021年12月28日外交部发言人赵立坚主持例行记者会》，外交部官网，2021年12月28日，https://www.mfa.gov.cn/web/fyrbt_673021/jzhsl_673025/202112/t20211228_10476420.shtml。

《2022年10月19日外交部发言人汪文斌主持例行记者会》，外交部官网，2022年10月19日，https://www.mfa.gov.cn/web/fyrbt_673021/jzhsl_673025/202210/t20221019_10785945.shtml。

潘旭涛：《合力推动全球发展事业迈上新台阶》，《人民日报》（海外版）2022年9月4日第1版。

《铺设合作发展的"快车道"》，《人民日报》2022年9月27日第3版。

《全球发展倡议促进共同发展》,《经济日报》2023年4月21日第1版。

《"全球发展倡议的提出恰逢其时"——访联合国贸易和发展会议秘书长蕾韦卡·格林斯潘》,《人民日报》2022年4月4日第3版。

《全球发展倡议高级别主题宣介活动在联合国总部举行》,国家国际发展合作署,2023年4月20日,http://www.cidca.gov.cn/2023-04/20/c_1212139177.htm。

《全球发展倡议和全球安全倡议意义重大》,人民网,2022年4月29日,http://world.people.com.cn/n1/2022/0429/c1002-32411995.html。

《全球发展倡议可极大加速可持续发展进程——〈全球发展报告〉在京发布》,《光明日报》2022年6月22日第12版。

《全球发展倡议:让希望之光照亮人类未来》,人民网,2022年9月22日,http://world.people.com.cn/n1/2022/0921/c1002-32531201.html。

《全球发展倡议之友小组在联合国总部成功举行高级别视频会议》,中国日报网,2022年5月10日,https://cn.chinadaily.com.cn/a/202205/10/WS6279afeda3101c3ee7ad4852.html。

《全球发展倡议之友小组在纽约联合国总部正式成立》,《人民日报》2022年1月22日第3版。

《全球发展倡议之友小组在纽约联合国总部正式成立》,中国日报网,2022年1月21日,https://cn.chinadaily.com.cn/a/202201/21/WS61ea07b4a3107be497a0338e.html。

《全球发展高层对话会主席声明》,《人民日报》2022年6月25日第6版。

瑞典"一带一路"研究院,"Over 100 Countries Form Friends of

the Global Development Initiative at UN", January 25, 2022, https://www.brixsweden.org/friends-of-the-global-development-initiative-at-un/。

孙吉胜：《发展全球发展伙伴关系，携手构建全球发展共同体》，中国社会科学网，2022年7月5日，http://sky.cssn.cn/gjgxx/gj_bwsf/202207/t20220705_5415631.shtml。

孙美娟：《凝心聚力推进全球发展倡议》，《中国社会科学报》2022年9月26日第1版。

《推进全球发展倡议，共同落实2030年可持续发展议程》，中国日报网，2021年12月9日，https://cn.chinadaily.com.cn/a/202112/09/WS61b1e234a3107be4979fc4f0.html。

《外交部发言人介绍全球发展倡议提出一年来取得的积极进展》，《人民日报》2022年9月22日第3版。

《外交部发言人："全球发展倡议之友小组"部长级会议取得积极成果》，新华社，2022年9月22日，http://www.news.cn/world/2022-09/22/c_1129024248.htm。

《外交部就联合国秘书长表示完全支持习近平主席提出的"全球发展倡议"愿同中方就此加强合作等答问》，外交部官网，2021年11月8日，https://www.mfa.gov.cn/web/wjdt_674879/fyrbt_674889/202111/t20211108_10445594.shtml。

《外交部："全球发展倡议"面向全球开放，欢迎各国共同参与》，新华社，2021年11月8日，https://www.gov.cn/xinwen/2021-11/08/content_5649817.htm。

外交部：《全球发展倡议有效推动国际社会重新重视发展问题》，国际在线，2022年9月21日，https://news.cri.cn/baidunews-eco/20220921/8f2739ea-a0b4-644a-840c-917cab5390b7.html。

王海林、韩晓明：《共谋发展、共创未来的一次盛会》，《人民日报》2021年12月5日第3版。

《王毅出席"全球发展倡议之友小组"高级别会议开幕式并发表致辞》，中国新闻网，2022年5月9日，https://www.chinanews.com.cn/gj/2022/05-10/9750314.shtml。

王毅：《落实全球安全倡议，守护世界和平安宁》，《人民日报》2022年4月24日第6版。

《王毅：全球发展倡议是大势所趋、人心所向》，外交部官网，2022年5月10日，https://www.mfa.gov.cn/web/wjbzhd/202205/t20220509_10683600.shtml。

《为落实全球发展倡议提供智力支持——专家解读〈全球发展报告〉》，《新华每日电讯》2022年6月22日第7版。

《为全球发展合作擘画蓝图（2021·年终专稿）》，《人民日报》2021年12月21日第1版。

《新兴市场国家与发展中国家对话会主席声明》，《人民日报》2017年9月6日第3版。

《学习进行时丨习近平为何多次强调"真正的多边主义"》，新华社，2021年9月22日，http://www.xinhuanet.com/2021-09/22/c_1127889987.htm。

《中共中央关于党的百年奋斗重大成就和历史经验的决议》，中华人民共和国中央人民政府网，2021年11月16日，https://www.gov.cn/xinwen/2021-11/16/content_5651269.htm。

《中国代表在人权理事会宣介"全球发展倡议"》，国际在线，2021年10月5日，https://news.cri.cn/baidunews-eco/20211005/6c5b498e-a9a6-578b-bfdb-5f2aa2c376a2.html。

《中国代表：中方将继续坚定支持77国集团》，新华社，2022年9月23日，http://m.xinhuanet.com/2022-09/24/c_1129029120.htm。

《中国联合国合作立场文件》，《人民日报》2021年10月23日第6版。

中国现代国际关系研究院总体国家安全观研究中心：《深刻领悟全球安全倡议　统筹自身和共同安全》，全球视野，2022年4月30日，http://www.52hrtt.com/admd/n/w/info/K1650613072681。

《"中国向世界发出的时代强音"——国际社会持续关注、高度评价全球安全倡议》，华声在线，2022年4月30日，http://cpc.people.com.cn/n1/2022/0430/c64387-32412525.html。

周宗敏、陈贽、韩墨：《照亮前行方向的希望之光——记习近平主席出席联合国成立75周年系列高级别会议》，《解放军报》2020年10月3日第1版。

《专访中国国际发展知识中心主任赵昌文》，《中国纪检监察报》2022年6月22日第4版。

《专访：中国正在将自身发展经验惠及全球——访美国库恩基金会主席罗伯特·劳伦斯·库恩》，新华社，2021年10月24日，http://news.cnr.cn/native/gd/20211025/t20211025_525642267.shtml。

### （四）外文网址

Alicia García-Herrero, "The Belt and Road Initiative Transformation Makes it a more—not less-useful tool for China", Bruegel, Jonuary 25, 2023, https://www.bruegel.org/newsletter/belt-and-road-initiative-transformation-makes-it-more-not-less-useful-tool-china.

Austin Strange, "Influence Nodes: China's High-Profile Global Develop-ment Projects", Wilson Center, June 1, 2022, https://www.wilsoncenter.org/publication/influence-nodes-chinas-high-profile-global-development-projects.

Ben Norton, "China launches Global South Economic Alliance to Challenge U.S. 'Unilateralism' and 'Cold-War Mentality'",

January 25, 2022, https://janataweekly. org/china-launches-global-south-economic-alliance-to-challenge-u-s-unilateralism-and-cold-war-mentality/.

Brad Glosserman, "China Throws Down the Gauntlet on Development Aid", Japan Times, December 7, 2021, https://www. japantimes. co. jp/opinion/2021/12/07/commentary/world-commentary/china-throws-gauntlet-development-aid/.

Byford Tsang, "China, Climate, Diplomacy: Trends to Watch in 2022", E3G News, February 2, 2022, https://www. e3g. org/news/china-climate-diplomacy-trends-to-watch-in-2022/.

"China—A Great Growth Globalizer", Pakistan Today, December 12, 2021, https:// www. pakistantoday. com. pk/2021/12/12/china- a-great-growth-globalizer/.

Cobus Van Staden, "China is Looking to Transform Global Development-Again", World Politics Review, May 2, 2023, https://www. worldpoliticsreview. com/china-africa-investment-belt-and-road-initiative-xi-jinping/.

Creon Butler, Yu Jie, Alex Vines, "Addressing Debt Distress in Africa", Chathamhouse, January 17, 2022, https://www. chathamhouse. org/2022/01/addressing-debt-distress-africa.

Francesca Ghiretti, "After the Party Congress, Where is the Belt and Road Initiative Going?", King's College London, 2022, https:// www. kcl. ac. uk/after-the-party-congress-where-is-the-belt-and-road-initiative-going.

"Global Development Initiative to Improve Velocity of 2030 Agenda: UN Resident Coordinator in China", Hellenic Shipping News, December 13, 2021, https:// www. hellenicshippingnews. com/global-development-initiative-to-improve-velocity-of-2030-agenda-un-resident-coordinator-in-china/.

Hoang Thi Ha, "Why is China's Global Development Initiative Well Received in Southeast Asia", ISEAS, September 23, 2022, https://www.iseas.edu.sg/articles-commentaries/iseas-perspective/2023-9-why-is-chinas-global-development-initiative-well-received-in-southeast-asia-by-hoang-thi-ha/.

"Inclusive Recovery from Pandemic Requires Greater Push to End Poverty, Hunger, Delegates in Social Development Commission Stress, as 2022 Session Continues", United States, 2022年2月8日, https://press.un.org/en/2022/soc4899.doc.htm.

Jingdong Yuan, Fei Su and Xuwan Ouyang, "China's Evolving Approach to Foreign Aid", June 2, 2022, https://www.sipri.org/publications/2022/sipri-policy-papers/chinas-evolving-approach-foreign-aid.

Jing Gu, "Unravelling the Controversies of Chinese Foreign Aid", May 3, 2022, https://www.eastasiaforum.org/2022/05/03/unravelling-the-controversies-of-chinese-foreign-aid/.

Johannesburg and Nairobi, "How Chinese Firms have Dominated African Infrastructure Western Firms Grumble more but Compete Less", Economist, February 19, 2022, https://www.economist.com/middle-east-and-africa/how-chinese-firms-have-dominated-african-infrastructure/21807721.

Max-Otto Baumann, Sebastian Haug and Silke Weinlich, "China's Expanding Engagement with the United Nations Development Pillar: the Selective Long-term Approach of a Programme Country Superpower", Idos Research, December 23, 2022, https://www.idos-research.de/en/others-publications/article/chinas-expanding-engagement-with-the-united-nations-development-pillar-the-selective-long-term-approach-of-a-programme-country-superpower/.

"Member States Adopt Action Plan to Help Least Developed Countries End Poverty, Recover Stronger from Pandemic, Ahead of March Conference in Qatar", United Nations, March 18, 2022, https://www.un.org/press/en/2022/dev3445.doc.htm.

Nadia Helmy, "Xi Jinping's Global Development Initiative and the Sustainable Development Agenda of China-Africa in 2030", Modern Diplomacy, Novermber 30, 2021, https://moderndiplomacy.eu/2021/11/30/xi-jinpings-global-development-initiative-and-the-sustainable-development-agenda-of-china-africa-in-2030/.

Nishant Yonzan, Daniel Gerszon Mahler, Christoph Lakner, "Global Poverty in the 2020s is on a New, Worse Course", October 14, 2022, https://blogs.worldbank.org/opendata/global-poverty-2020s-new-worse-course.

"Peering into the Year Ahead in Asia", Asia Foundation, January 19, 2022, https://asiafoundation.org/2022/01/19/peering-into-the-year-ahead-in-asia/.

"Policy Brief No. 97", United Nations Conference on Trade and Development, https://unctad.org/system/files/official-document/presspb2022d5_en.pdf.

"Policy Brief, No. 95", United Nations Conference on Trade and Development, 2022, https://unctad.org/system/files/official-document/presspb2022d3_en.pdf.

Rebecca Ivey, "How China's Efforts are Advancing Global Development", We Forum, May 25, 2022, https://www.weforum.org/agenda/2022/05/china-global-development-initiative/.

Semanda Allawi, "Why President Xi's Six-point Global Development Initiative to World Leaders will Bring Global Peace?" New Vision,

September 23,2021, https://www.newvision.co.ug/articledetails/115491.

Shakeel Ahmad Ramay, "China's Global Development Initiative", The News, January 4, 2022, https://www.thenews.com.pk/print/922405-china-s-global-development-initiativeChina's global development initiative.

"Sign Groundbreaking Agreement to Support Developing Countries", IAEA and China's Development Agency, October 15, 2021, https://www.iaea.org/newscenter/news/iaea-and-chinas-development-agency-sign-groundbreaking-agreement-to-support-developing-countries.

Yunnan Chen, Yue Cao, "Changing Tides for China-Africa Cooperation: Our Key Take Aways from the 8th FOCAC", ODI, December 8, 2021, https://odi.org/en/insights/changing-tides-for-china-africa-cooperation-our-key-takeaways-from-the-8th-focac/.